부끄러움이 말해 주는 것들

부끄러움이 말해 주는 것들

자존감을 높여 주는 부끄러움의 비밀 메시지

패트리샤 S. 포터-에프론, 로널드 T. 포터-에프론 지음 | 김성준 옮김

생각속의집

머리말 :
수치심은 희망의 메시지이다

10년 전 우리는 진흙탕에서 논다고 엄마에게 야단맞는 어린 소녀의 이야기로 시작하는《수치심 내려놓기*Letting Go of Shame*》라는 책을 썼다.

"부끄러운 줄 좀 알아."

엄마가 꾸짖는 소리에 소녀는 곧바로 자신은 작고, 나약하고, 더럽다는 느낌을 가졌다. 우리는 독자들 반응에서 소녀의 이야기와 매우 비슷한 이야기도 발견할 수 있었다. 남녀를 불문하고 많은 사람들은 갑작스럽고 예상치 못한 수치심에 동질감을 느껐다. 그 책에서는 수치심이 무엇이며, 어떻게 발생하는지, 지나치게 발생한 수치심을 치료하는 방법 등을 설명했다.

10년이 지난 지금, 우리는 수치심에 대한 두 번째 책을 출판할 기회를 얻었다. 물론 여기에서도 핵심 과제는 '첫 경험'을 향상시키는 방법이다. 독자에게는 첫 경험이 매우 중요하다는 말도 있지 않은가?

우리는 수치심에 대한 두 가지 측면을 특히 강조하려고 한다. 첫째는 사람들이 수치심에 맞서는 데 필요한 희망과 낙천적인 마음의 효과이다. 둘째는 사람들이 자신을 바라보는 방법, 순응을 위한 압박, 자기 무시와 자기 방해, 중독의 형성 등과 같은 매우 일상적인 문제에 끼치는 수치심의 영향이다.

왜 희망을 강조하는가? 수치심은 침울한 감정이고, 갑자기 자발적으로 인지하게 되는 숨겨진 감정이다. 완전히 절망적이고 세상에 죄다 드러난 느낌을 갖게 하고는 마음속 뒤편으로 조용히 물러가 틀어박힌다. 수치심은 함께 치료해 나가는 과정에서는 물론 개인적으로도 견디기 힘든 감정이다. 그런 까닭에 수치심이 다시 몰아대면 오히려 죄책감이 사람들을 치료한다는 말도 있다.

단순한 암시만으로도 수치심은 타인들로부터, 심지어 자기 자신으로부터 스스로 움츠러들게 한다. 수치심은 종종 매우 쉽고 예기치 않게 나약함, 무력감, 좌절의 감정들을 유발한다. 수치심이 모든 것을 아우르듯이 보이기 때문에 많은 사람들은 좌절감으로 괴로워하고 절망의 나락으로 빠져든다. 절망은 생명력, 변화에 대한 욕망, 풍요로운 마음으로 생각하고 느낄 수 있는 능력 들을 잃어버리게 하는 나태와 마비이다. 생존도 포기도 위안을 주지 못한다.

희망은 수치심으로 인한 절망감을 이겨 내는 치료제이다. 그것이 바로 우리가 희망을 강조하는 이유이다. 희망, 낙관, 용기, 유머 모두 스스로에 대한 믿음을 회복하는 방법이 될 수 있다. 우리의 목표는 사람들이 좀 더 새롭고 긍정적인 방식으로 수치심을 이해하도록 도움을 주는 것이다. 비록 파괴적이고 강력한 감정이라 하더라도 수치심을 배우면 긍정적인 변화에 대한 독특한 기회를 얻는다. 또한 수치심과 싸워 나가기 위해 당신의 힘을 떠받치는 지지대에 희망을 더해 준다. 수치심이 압도적인 힘을 발휘해도 이러한 조합은 자신의 정서적인 삶을 제어하는 데 도움이 될 것이다.

본문에서 설명하겠지만, 수치심을 박멸하는 것만이 목적이 아니다. 제한적인 양의 수치심은 인간의 감정적인 영역에서 중요한 위치를 차지하기 때문이다. 수치심은 일시적이며 적당한 강도를 가지고 있는 한 피해를 주지 않는 소중한 감정이다. 자부심과 완전함을 느끼기 위해 사람들에게 필요한 것이 무엇인지 지적해 주기도 한다.

　과도한 양의 수치심은 늑대 인간과 같아서 어둠 속에서 비밀스럽게 성장하며, 밤에 갑자기 나타나 엄청난 피해를 가져온다. 존 브래드쇼는 '중독성 수치심'이라고 불렀고, 거쉰 카우프만은 '수치심에 갇힌 상태'라고 부른 '지나친 수치심'은 자부심을 파괴한다. 결국 사람들이 자신을 좋아하고, 타인과 관계를 맺고, 무언가를 잘하는 것을 막는다. 수치심이 장기적이거나 극심할 때 지나친 수치심이 발생하며, 절망 외에는 아무것도 나타내지 않는다.

　그러나 지나친 수치심은 빛 속에서는 힘을 발휘하지 못한다. 이 책을 읽는 것은 일종의 빛을 비춰 주는 과정이다. 우리의 목표는 수치심과 수치심을 가중시키는 방법들을 포함하는 주제에 충분한 양의 빛을 비추어, 사람들이 자신의 삶을 보다 잘 이해하고 영위해 나가도록 도와주는 데 있다. 그 핵심은 12단계 프로그램에서 밝힌 대로 성장을 위한 또 다른 기회를 제공한다는 것이다.

　우리는 이 책을 두 개의 장으로 구분하였다. 첫 번째 장에서는 '수치심이란 무엇인가?', '수치심이 어떻게 사람들의 삶에 나타나는가?', '사람들은 수치심을 어떻게 방어해야 하는가?', '일반 수치심과 지나친 수치심의 차이는 무엇인가?', 가장 중요한 '사람들의 수치심을 치료하기 위한 기본적인 방법은 무엇인가?' 등 수치심이 지닌 중요한 특징을 설명한다. 또한 수치심과 건강한 자존감의 관계, 세 가지 수치심(존재, 소속감, 행동)을 다루는 법, 사람의 가장 깊은 욕구(동경)를 수치심이 실제로 암시하는 방법, 수치심을 다루는 창의적인 접근 방법 등도 설명한다.

두 번째 장은 수치심이 사람들의 일상생활에 미치는 영향에 관한 내용이다. 우리는 여기에서 다룰 몇 가지 일반적인 문제를 선별했다. 어딘가에 속하기 위해 자신만의 독특함을 포기해야 하는 압박, 많은 남녀들이 자신의 신체를 싫어하고 성적 취향을 인정하지 않는 이유, 어떻게 수치심과 분노가 결합하여 죽음의 분노가 형성되는지, 너무나 많은 관계를 파괴하는 수치심/책임 게임, 수치심과 중독의 과정, 지나친 수치심을 가진 사람들이 자기 무시·자기 방해·자기 공격을 통해 어떻게 자신에게 상해를 가하는지 등이다. 여기에 나오는 내용들은 아무런 과장 없이 솔직하게 말하기에는 고통스럽고 어려운 주제이다. 우리는 그러한 논의로 향하는 길뿐만 아니라 빠져나오는 길도 제공하기 위해 최선의 노력을 기울였다.

각각의 장은 당신의 삶에 얽힌 수치심에 관한 의미를 탐구해볼 기회를 제공한다. 약간의 훈련들은 당신의 수치심을 성숙한 풍요로움으로 변환할 추가적인 기회를 제공할 것이다. 이 책에서 이끌어 주는 방법들은 또한 수치심의 파괴성에서 벗어나 희망, 자존감, 낙관, 사랑으로 당신을 인도해 줄 것이다.

Chapter 1

수치심에 관해 알아야 할 것들

수치심이란 무엇인가?

수치심에 대한 경험

정의를 한번 내려 보자. 수치심이란 '인간으로서 기본적인 결함에 대한 고통스러운 믿음'이다. 수치심은 부분적으로는 순수한 감정이고, 부분적으로는 믿음의 집합체라고 할 수 있다. 모든 감정들과 마찬가지로 수치심 또한 거의 뚜렷하지 않은 경험에서 압도적인 경험으로 이어지는 강렬함의 연속체로 작동한다.

사람들은 때때로 약간의 수치심을 느끼며, 많은 수치심으로 괴로워하기도 한다. 약간의 수치심은 대개는 당혹스러운 감정인 반면(마치 당신이 알아채기도 전에 누군가가 갑자기 당신에게 관심을 집중하는 것처럼), 강한 수치심은 종종 굴욕적인 느낌을 나타낸다(마치 당신이 여전히 존재하기보다 바닥 아래로 꺼지는 듯한 느낌을 받거나, 자신에게 아무런 가치가 없다고 여기는 것처럼).

수치스러운 일이 발생하는 동안 사람들에게는 몇 가지 불편한 생각과 느낌이 생겨난다. 강한 수치심을 가진 사람은 아래 목록 중 거의 전부를 경험하게 된다는 사실을 기억하라.

- 눈에 다른 사람들이 들어오지 않는다.
- 수치심으로 얼굴이 화끈거리는 것을 느낀다.
- 사람들이 꿰뚫어 보는 듯이 자신의 모든 것이 노출되는 느낌을 받는다.
- 자신에게 뭔가 부족하거나 결함이 있다고 판단한다.
- 자신이 작고 나약하다고 느낀다.
- 타인들의 평가로 인해 자신이 형편없고, 쓸모없고, 무능력하고, 못생기고, 어리석고, 눈에 잘 띄지도 않는다고 자주 느낀다.
- 당시에는 자신에 대한 타인들의 평가가 100% 옳다고 동의한다.

- 자신이 아주 형편없다고 여긴 나머지 좋은 일을 할 자격이 없다고 생각한다.
- 스스로 세상에 노출되어 취약하다고 느끼며, 신체적 감정적으로 가라앉아 멀리 떠나고픈 열망을 자연스레 가진다.
- 사람들이 자신에 대해 다시는 좋은 감정을 가지지 못할 것이라고 생각한다.
- 자신이 형편없고, 자격 없고, 사랑스럽지 않고, 어딘가에 속할 수도 없으며, 아예 존재하지도 말아야 한다는 생각에 맞서 몸부림쳐야 한다.

강한 수치심을 느끼는 사람들은 스스로 존재할 권리조차 없다고 생각한다. 극단적인 경우 심한 수치심을 느끼며, 계속해서 삶을 이어 가느니 차라리 죽는 편이 낫다고 생각해 순간적으로 자살하고픈 충동에 사로잡힐 수도 있다. 게다가 그들은 소외되고 혼자이며, 다른 이들로부터 단절되어 정신적인 구심점을 잃은 상태다. 심지어 자기 자신에게서도 단절된 듯한 느낌을 받을지도 모른다. 간단히 말해, 수치스러운 상황이 일어나는 동안 자신이 완전한 인간이 아니라는 느낌을 받는 것이다.

과거 20년 동안 많은 작가들이 수치심의 경험에 대해 설명했고, 이러한 고통스럽고 쇠약해진 느낌을 이해하려고 노력해 왔

다. 먼저 우리는 새롭게 등장한 몇 가지 오해와 수치심에 관한 중
요한 측면을 요약하고자 한다.

수치심의 핵심

수치심에 관한 글을 쓰는 많은 작가들은 '포기 두려움'이 수
치심 경험의 핵심이라고 믿는다. 그들의 논리로 수치심이란 존
중으로 서로를 대하면 발생하는 우정과 신뢰, 유대감 같은 '대인
관계의 다리'를 끊는 신호이다. 이러한 작가들은 포기 두려움을
스스로의 힘으로 생존할 수 없는 유년기 시절까지 거슬러 올라
가 찾는다. 유아기의 아동은 '내가 잘하지 못하면 엄마가 사랑해
주지 않을 거야. 음식도 안 줄 거고. 나를 버리지 않게 엄마가 원
하는 일을 하고, 엄마가 원하는 사람이 되는 편이 더 나아'라고
생각할지도 모른다.

수치심은 누군가 중요한 사람이 당신을 탐탁지 않게 여긴다
는 사실을 보여 주는 확실한 단서이다. 수치심이 발현되는 순간
당신이 하는 일과 생각, 말, 느낌까지도 바뀔 수 있다. 나이를 먹

어 감에 따라 감정적인 포기 두려움은 물질적인 포기 두려움만큼이나 강하게 변한다. 아마 당신은 필요할 때 사람들이 곁에 있어 주기를 오랫동안 갈망해 왔을 것이다. 이런 종류의 두려움을 가진 사람에게 줄 수 있는 치유적인 메시지는 우리도 진정으로 당신과 함께하기를 원한다는 말이다.

우리는 지금까지 두 가지 중요한 두려움이 자주 수치심과 연관되어 있다는 점을 알아냈다. 첫째는 스스로를 통제할 수 없다는 두려움이다. 이것은 포기라는 주제가 지닌 또 다른 이면을 나타낸다. 때때로 당신은 거기에 맞추기 위해 진정한 자신 또는 진실된 자아를 버려야 할지도 모른다. 그때 당신은 자신의 본성과 맞지 않는 거짓된 모습에서 수치심을 경험하게 된다. 마치 스스로 벗지 못하는 마스크를 쓰고 있는 것처럼 거짓되고 날조된 느낌을 받을 것이다.

당신은 결국 자신을 조종당하는 '무엇', 즉 물건처럼 취급할 수도 있다. 이는 공허감과 개인적 절망을 비롯해 아마도 자살 경향으로까지 이어지는 쓰라린 경험을 야기할 것이다. 이런 종류의 수치심이 주는 메시지가 있다. 바로 타인을 기쁘게 하기보다 자신이 누구인지를 알고 보다 깊은 내면의 자아에게 충실하게 행동하는 것이 더욱 중요하다는 점이다. 개인적인 수치심은, 만일 너무나도 오랫동안 포기했다면, 당신의 진정한 자아는 도저히 회복이 불가능할지도 모른다고 여기는 두려움을 반영한다.

두려움과 관련된 세 번째 수치심은 무능력에 관한 것이다. 자연스럽게 사람들은 무언가 하기를 원하고, 기왕이면 잘하기를 원한다. 모형 기차 수집이든, 자녀 양육이든, 기업 경영이든, 차고를 새로 짓는 일이든, 사람들의 자존감은 자신이 할 수 있는 일을 자랑스러워함으로써 생긴다. 이 영역에서의 수치심은 직무와 성과 지향적인 사회에서는 아주 일상적이다. 모든 사람들이 일을 수행하고 성공하기를 바라는 시대에서는 상대적인 실패에 따른 수치심을 피할 정도로 자신의 능력이 충분하지 않을까 봐 두려워한다.

수치심이 발생하는 5가지 근원

그렇다면 어디에서부터 수치심이 비롯되었을까? 10년 전에도 대답은 상당히 명확했다고 보인다. 수치심은 대개 불가피하게 발생하는 부모의 불쾌한 어조, 상스러운 말, 어쩌면 일어났을지도 모르는 과도한 신체적 체벌에서 온다고 여겨지고 있다. 아이들은 마침내 원래의 근원이 무엇인지 잊을 때까지 부모의 수치스러운 목소리들을 서서히 포함시킨다. 비록 머릿속에 들리는 수치스러운 목소리들이 자신에게서 나온 것 같아도 실제로는 부모가 내뱉은 말이 위장된 것이다. 개인적인 성장은 그런 목소리들을 좀 더 자기 긍정적인 목소리들로 교체하는 동안 부모가 던진 가혹한 메시지들을 끊는 것과 관련이 있다.

원가족^{family of origin}이 수치심에 대한 내면화된 메시지의 주요 근원이 될 수 있다는 사실에는 의심의 여지가 없다. 실제로 우리가 고객에게 실시한 치료법은 종종 위에서 언급한 형태를 정확하게 취했으며, 그 속의 부정적인 메시지들은 긍정적으로 바뀌었다. 물론 원가족만큼이나 수치심에 강력한 영향을 미치는 다른 근원들도 존재한다.

성인의 수치스러운 관계

+

결혼, 직업, 우정, 종교 들은 모두 성인들이 수치심의 메시지를 받아들여 내면화하는 영역에 속한다. 지나친 수치심을 경험하지 않고 티 없이 행복하게 자랐다 하더라도, 결국 엄청난 양의 수치심을 만들어 내는 성인으로 변해 가는 경우도 가끔 있다. 당신을 얼간이나 게으름뱅이라고 부르며 힘을 얻거나, 항상 불평만 늘어놓는 배우자를 만날 수도 있다. 창피를 주고 위협을 주는 것이 업무를 처리하는 좋은 방법이라고 믿는 상관을 만날 수도 있다. 소위 친구라는 사람들도 등 뒤에서 당신을 험담할 수 있다.

30년 전에 당신에게 일어났던 모든 일들은 잊어라. 스스로 왜 초라하다고 느끼는지를 설명해 줄 현재의 수치심들도 차고 넘치기 때문이다. 여기서 당신에게 물어볼 한 가지 간단한 질문이 있다.

"과거 24시간 동안 당신은 얼마나 많은 칭찬과 비난을 받았는가?"

그렇다면 지난주는 어떠했는가? 지난달에는? 작년에는?

사회적(집단적) 수치심
+

모든 국가에는 비합리적인 편견과 선입견이 존재한다. 미국에서는 이성애자, 백인, 남자, 개신교인, 안락하고 부유한 유럽계 가족 출신이 아니라면 누구든 태어나는 순간부터 수치심이 시작된다. 보다 많은 수치심은 운동을 잘하지 못하거나, 똑똑하지 못하거나, 반대로 너무 똑똑하거나, 살이 찌거나, 나이가 너무 많으면 나타날 것이다. 바로 사회적 수치심이다. 일부 집단 구성원이 스스로 우월감을 느끼기 위해 전체 구성원을 부분적으로 경시하는 현상이다.

비록 자신에게는 해당되지 않는다 할지라도 사회적 수치심을 거부하기는 매우 어렵다. 결국에는 너무나도 쉽게 자신과 자신이 속한 집단에 대한 편견을 가지게 된다. 한 여성이 다른 여성에게 가지는 편견, 한 아프리카인이 다른 아프리카인에게 가지는 편견, 게이 남성이 다른 게이 남성에게 가지는 편견, 비만인 사람이 다른 비만인에게 가지는 편견 등이 모두 사회적 수치심이다.

모든 사람들이 자신의 소속 집단에 편견을 가지고 있는 것은 아니다. 일부 사람들은 가능한 한 편견을 무시하는 경향이 있다. 다른 사람들은 의식적으로 자신의 공동체나 집단에 자부심을 가지고 편견과 맞서 싸우기도 한다. 또 다른 이들은 자신이 속한 특별한 집단이 다른 집단보다 월등히 나은 점을 들어 스스로를 납득시킨다. 그때는 자신을 업신여기는 사람들을 경멸하는 태도를 보인다. 두말할 필요도 없이 이와 같은 방식으로 집단적 수치심을 다루면 안 된다. 단지 집단적 수치심이 영속되는 것을 보장하는 꼴이 되고 만다.

우울증

+

우울증은 전체 인구의 10%에서 발생할 정도로 흔한 문제이다. 상황적인 원인으로 인한 경우와 생화학 약품에 의한 경우가 일반적이다. 생화학 약품에 의한 우울증은 뇌에 필요한 세로토닌이라는 물질의 부족과 연관되어 있다. 세로토닌 부족은 충동적인 폭력과 중독을 발생시키기도 한다. 많은 사람들의 경우 생화학적 우울증은 수치심, 가치 없다고 여기는 끔찍한 감정, 사랑스럽지 못함, 현실과는 아무런 관련 없는 자신의 악의적 감정 등을 유발한다. 수치심과 관련된 우울증은 적어도 부분적으로는 항우울제에 대한 정상적인 반응이다.

자아 수치심

+

만화 《포고Pogo》에 나오는 유명한 대사를 기억해 보라.

"적을 만났는데, 그게 바로 우리야?"

글쎄, 수치심과 관련된 대사라면 아마 이렇게 될 것이다.

"내게 수치심을 주는 녀석을 만났는데, 그게 바로 나야."

때때로, 심지어 자주 사람들은 자신에게 최고의 악당이 될 수 있다. 그때가 바로 자신에게 끔찍한 욕설을 퍼붓고, 끊임없이 타인들과 비교하며, 자신은 그럴 만한 가치가 없다고 여겨 돌보지 않고, 소중히 아껴야 할 자아가 아니라 통제해야 할 대상으로 취급하는 경우이다. 그런 수치심은 원래 다른 사람의 말이나 행동으로 인해 발생하지만, 지금은 자신이 수치심을 발생시키는 근원이다.

궁극적으로 자아 수치감은 대부분의 사람들에게 가장 고통스러운 문제이다. 당신에게 가족과 결별하거나 직장을 그만두어야 하는 상황이 발생할 수 있고, 그로 인해 당신은 편견과 맞서 싸우며 우울증 약을 복용할 수도 있다. 그러나 당신은 자신의 개인화된 경멸로부터 달아날 수 없다. 대신 당신이 스스로 어떻게 모욕감을 주는지 제대로 인지하고 수치심을 불러오는 과정들을 자기 돌봄self-caring으로 전환하는 법을 숙지해야 한다.

수치심과 함께 생활하는 법

사람들은 보통 수치심을 가끔씩 경험한다. 수치심 경험은 문화적, 지리적 경계를 교차해서 발생한다. 당신이 이동하는 어느 지역에서도 수치심에 대한 비언어적인 신호를 인지할 것이다. 프랑스, 호주, 일본, 나이지리아와 같은 나라에서 얼굴을 붉히고, 손으로 눈을 가리고, 몸을 움츠리면 현지에 사는 모든 사람들은 당신이 지금 부끄러워하고 있다고 여길 것이다.

수치심을 느끼는 능력은 인간의 조건 중 일부에 해당한다. 수치심이 사회적인 강한 무기로 사용되는 문화에서는 수치심이 더욱 가혹하게 변한다. 자신의 모든 수치심을 근절하는 것을 목표로 설정한다면 정말로 비현실적이다. 수치심은 다른 감정과 마찬가지로 단지 당신의 일부로서 구실을 다할 뿐이다. 오로지 당신의 수치심과 함께 생활하며 자신에게 유리하게 사용하는 법을 배우려고 노력해야 한다.

우리는 삶을 파괴하는 힘이 아니라 자신에게 도움을 주는 하나의 신호로 수치심을 사용하는 법을 강조하고 싶다. 이해를 통해 길들여진 수치심은 소중한 조력자이다. 당신이 관점을 잃고 방황할 때 필요한 것이 무엇인지 알려 주는 일종의 소중한 친구도 된다. 심지어 수치심은 이해심 많고 도움을 주는 친구들과 공유할 하나의 경험도 된다. 비록 지금까지 수치심이 정말로 재미있었던 적이 없었을지라도 당신에게 균형 감각과 공감하는 능력을 제공해 줄 것이다.

수치심의 역사

과거에는 모든 사람들이 수치심을 인식하더라도 좀처럼 논의의 대상이 된 적은 없었다. 그러다 1980년대 들어 미국 문화에서 알코올과 약물 중독, 섭식 장애에 이르는 많은 문제가 생겨났다. 이를 치료하는 과정에서 심한 수치심을 느낀 환자들의 증상이 악화되면서 이의를 제기하게 되었다. 사람들은 보다 개방적으로 수치심을 이야기하기 시작했다. 이야기의 초점은 너무나도 자주, 그리고 강하게 수치심을 느낀 나머지 집에서나 직장에서의 삶이 엉망이 되고, 결국 수치심으로 삶 자체가 완전히 파괴된 사람들에 관한 것이었다.

수치심이 자신의 철천지원수라고 믿는 사람들을 누가 비난하겠는가? 수치심은 사람들의 내부로부터 삶을 갉아먹는다. 수치심이 원하는 바는 영원히 사람들의 인생을 파괴하는 것이다. 존 브래드쇼는 이러한 압도적인 느낌을 '중독성 수치심'이라고 불렀다. 중독성을 지닌 지나친 수치심은 너무나 해롭다. 아주 강력한 적처럼 여겨지며 반드시 파괴되어야 한다. 여전히 많은 사람들이 중독성 수치심으로 고통을 받고 있다. 만일 당신도 같은 부류에 속한다면, 수치심 때문에 인간관계에서 무언가가 끔찍하게 잘못되고 있다는 사실을 잘 알 것이다.

사실 수치심은 미생물이나 바이러스가 아니다. 당신의 영혼을 침략하기 위해 외부에서 침입한, 따라서 반드시 박멸해야 하는 적이 아니다. 오히려 중독성 수치심은 단지 소량만 필요한 처방약을 과잉 투여한 것과 비슷하다. 당근은 비타민을 제공해 주는 식품이지만, 오로지 당근만 먹는다면 몸이 서서히 오렌지색으로 변해 갈 것이다. 비타민 C가 중요하다고 해서 너무 과다하게 섭취하면 설사가 발생한다. 적혈구와 백혈구는 둘 다 몸에 중요한 물질이지만, 너무 많이 가지면 몸에 심각하고 뚜렷한 징후가 나타난다.

수치심은 당신의 생존을 위해 필수적인 요소이다. 인간으로 살아간다는 의미는 수치심을 느낀다는 것과 같다. 이 점이 바로 수치심을 근절하려는 노력이 아무런 쓸모도 없으며 비합리적인 이유이다. 한번 생각해 보라. 세상 누구도 고통을 좋아하지는 않는다. 다만 건강에 매우 도움이 되는 중요한 신호가 될 수 있다. 당신이 화상을 입을 상황에 놓여 있다면 고통은 위험하다는 신호를 주는 것이다. 더 이상 고통을 느끼지 못하는 사람이라면 화상을 입거나, 칼에 베이거나, 심지어 심각한 상황에 놓여 있다는 사실조차 모른 채 부상을 입을지도 모른다.

고통을 느끼고 인식하는 것은 어떠한 행동에 있어 좀 더 안전하고 분별 있는 결정을 내리는 데 도움을 준다. 손가락을 베인 고통은 날카로운 도구를 사용할 때는 주의하도록 상기시켜 준다. 수치심을 느끼고 인지하는 것 역시 고통을 받아들이는 과정과 유사하다. 술에 취해서 저지른 행동에 부끄러움을 느끼면 알코올에 좀 더 주의하라는 경고를 주는 것이다. 누군가를 뒤에서 헐뜯었던 행동을 부끄러워하는 것은 아무도 다치지 않는 친절이 더 낫다는 사실을 상기시켜 준다.

유용한 수치심

수치심의 연속체

수치심을 못 느낌 ──────── 유용한 수치심 ──────── 중독성 수치심

수치심의 연속체를 생각해 보자.

한쪽의 끝은 수치심을 못 느끼는 사람들의 행동을 나타낸다. 자신이 어떠한 일에 말려들더라도, 원하는 것을 얻으려고 다른 사람에게 상처를 입히더라도, 쓰레기 처리장처럼 자신의 몸을

함부로 사용하더라도, 수치심으로 얼굴에 홍조를 띠거나 부끄러움을 느끼지 못하는 사람들이다. 그중 일부는 수치심이나 죄책감이 부족한 반사회적 인격 장애자, 소시오패스^{sociopath}이다. 다른 경우도 있는데, 대개 수치심을 방어하기 위해 수치스럽지 않은 체하는 것이다. 실제로는 너무 많은 수치심을 가지고 있어서 전혀 직시할 수 없는 사람들이다.

중독성 수치심을 가진 사람들은 연속체의 반대편 끝을 차지한다. 수치심으로 인해 너무나 많은 고통을 받아 몸이 쇠약해져가는 사람들이다. 그들의 수치심은 종종 다른 사람이 무심코 던지는 "이런, 오늘 약간 피곤해 보이는군. 괜찮아?" 같은 말로 인해 생겨난다. 더구나 일단 수치심이 촉발되면 강렬함에 완전히 유린되고 압도당한다. 중독성 수치심에 갇힌 사람들은 수치심에 완전히 패배했다고 느낀다. 굴욕감에서 벗어나려고 발버둥 치지만, 전혀 빠져나갈 곳을 찾지 못한다.

유용한 수치심은 연속체의 중간에 위치하고 있다. 주요한 세 가지 특징은 수치심에 대한 경험이 일시적이며, 강도를 낮춰 주고, 다른 사람들이 자신에 대해 좀 더 좋은 감정을 가지도록 만드는 것이다. 유용한 수치심을 알게 하는 한 가지 사례를 보자.

학생인 제리와 마티는 서로 사랑에 빠졌다. 예상대로 서로에게 너무나 열중한 나머지 공부에는 무관심한 상태였다. 어느 날

제리는 발칸 반도 지역의 복지 역사를 요약하여 발표해야 했다. 그는 아무런 준비도 하지 않았다. 학생들 앞에 서자 그는 수치심으로 얼굴이 화끈거렸다. 그는 바보가 된 듯한 느낌이었으며, 더욱이 초라한 발표로 인해 형편없는 성적까지 받았다.

제리가 중독성 수치심으로 인한 고통을 받았다면, 과목에서 낙제하는 것은 물론이고 대학에서 퇴출될 수도 있다. 대신 그는 방에 들어가 충분히 생각해 보았다. 그는 자신에게 실망을 안겨 준 사람이 본인이라는 사실을 깨달았다. 비록 세계 최고의 학생은 아니었지만, 그는 자신의 학업을 항상 자랑스러워했다. 그는 앞으로 삶에서 어떠한 일이 일어나더라도 반드시 미리 대비하는 사람이 되겠노라고 다짐했다.

제리는 다시 학업으로 돌아가 발칸 지역에 관한 훌륭한 보고서를 작성하여 나쁜 성적을 만회했다. 오래지 않아 그는 다시 자신에게 좋은 감정을 가지게 되었다. 그는 자부심을 가지고 거울을 똑바로 바라보게 되었다. 그의 수치심은 공격을 멈추었으며, 실패를 생산적으로 잘 극복한 자신에게 약간의 자부심도 느끼게 되었다.

유용한 수치심도 끔찍한 느낌을 안겨다 주며, 대부분 자발적으로 느끼려는 감정이 아니다. 하지만 유용한 수치심은 매우 가치 있는 감정 중 하나이다. 당신 스스로 자부심, 명예, 고결함, 완전성과 같은 감정을 느끼도록 이끌어 준다.

수치심의 유용한 기능

우리는 수치심 경험이 주는 한 가지 가치를 언급했다. 수치심은 자신에 대한 좋은 감정을 가지는 데 필요한 것을 상기시켜 준다. 정상적인 수치심은 또한 몇 가지 다른 쓰임도 가지고 있다.

첫째, 수치심은 개인적이고 취약한 자아를 과다한 노출로부터 보호하도록 도움을 준다. 가장 신뢰하는 친구에게만 말할 수 있는 중요한 사실을 생각해 보라. 자신의 성적 병력, 가슴 깊이 간직한 소망, 영적인 경험 등을 말한다. 좋은 것이든 나쁜 것이든 사적인 영역은 수치심에 의해 보호받고 있다.

한 가지 사례를 들어 보자. 친구인 조가 샘의 애정 생활에 대해 물었다. 샘의 수치심은 조에게 공개하지 말라고 경고했다. 샘이 생각했다.

"오, 조가 나와 제니의 성생활을 듣고 싶어 하는군. 하지만 제니와 나 사이의 문제야. 만약 조에게 말한다면 제니는 나를 절대 신뢰하지 않을 거야. 그러면 난 상당히 난처해지고 나 자신이 부끄러울 거야."

샘의 수치심이 두 사람의 사생활을 보호하는 것이다. 수치심은 사생활 침해를 막아 친밀감이 형성되도록 도움을 준다. 수치심이 없다면 어떤 것도 특별하거나 신성하지 않다. 수치심은 완전히 공개된 것과 사적인 것의 경계를 형성하도록 돕는다.

둘째, 수치심의 예측은 부적절하거나 과도한 충동, 바람, 욕구 들로부터 당신을 보호한다. 예측된 수치심은 '나는 지금 _____ 을 원하지만 여기서는 안 돼, 지금은 안 돼, 그건 너무 지나쳐' 같은 생각을 만들어 낸다. 유용한 수치심은 당신이 쟁반 위에 있는 도넛 7개 모두를 먹는 것을 막아 주거나, 친한 친구의 배우자를 향한 성적 유혹도 방지해 준다. 유용한 수치심은 절제와 도덕성이라는 분별 있는 목소리로 행동한다.

끝으로 정상적인 수치심은 솔직한 자신의 모습을 드러내 보여 준다. 수치심은 자신이 어떠한 사람이며, 어떤 모습이 자신과 맞지 않는지 깨닫게 해준다. 수치심이 주는 메시지는 좋고 나쁨을 떠나 개인의 진실성에 관한 것이다. 가령 '아니, 그건 내가 아니야. 만일 내가 _____ 하다면 스스로 부끄러울 거야' 같은 내용이다. 수치심은 개인들 각자가 '나는 누구인가?', '나는 어떠한 사람이 될 것인가?'처럼 명확한 해답이 없는 흥미로운 질문에 답을 하도록 도와준다.

수치심에 대한 심리적인 방어

수치심은 상처를 준다. 때로는 너무나 깊은 상처를 주어서 도저히 참을 수 없는 지경에까지 이르게 한다. 그러면 사람들은 고통으로부터 스스로를 보호하기 위해 심리적인 방어 수단을 만든다.

'부인'은 수치심에 맞서는 가장 기본적인 심리적 방어 수단이다.

"아니, 그런 일은 일어나지 않을 거야. 나는 기분 나쁘지 않아. 나는 수치스럽지 않아."

부인하는 사람들은 현실을 외면함으로써 수치심을 받아들이기를 거절한다. 그들은 현실에서 실제로 일어나는 일에는 눈을 가린다. 다시 눈을 뜨면 주변을 배회하던 수치심이 모두 사라지기만을 바란다.

'침잠'은 아마 수치심에 맞서는 제일 일반적인 방어 수단일 것이다. 멀리 달아나거나 다른 사람과의 접촉을 피하면서 스스로 안전하다고 느끼는 집에 홀로 칩거하며 지낸다. 침잠을 방어 수단으로 이용하는 사람들은 과거에 대단히 심한 수치심을 자주 경험한 경우이다. 훨씬 더 심한 창피함이 발생할 가능성에 대한 두려움을 학습해 온 것이다. 그들은 비평과 불만 같은 미약한 조짐이라도 보이면 바로 물러나 숨는다. 그들은 '그곳에 가지 않아서 사람들이 나를 찾을 수 없으면, 더 이상 누구도 나를 수치스럽게 하지 못할 거야'라고 생각한다.

'완벽주의'는 수치심에 맞서는 또 다른 방어 수단이다. 완벽주의자들은 완벽하지 않은 모든 것은 수치스럽다고 여겨서 무엇이든 실수를 저지를까 두려워한다. 그들은 모든 일을 정확하고도 올바르게 수행함으로써 (심지어 완벽하게 하지 못할 일은 아예 하지 않음으로써) 자신의 수치심보다 한발 앞서가려고 노력한다. 궁지에 몰리거나 하던 일이 완벽하지 않으면, 단지 '시간이 없어서' 그런 것처럼 보이도록 차라리 일을 미루고 지연시킬지도 모른다.

'타인에게 망신을 주는 행위'가 네 번째 방어 수단이다. 다른 사람들이 수치심을 느끼도록 빈정거림, 경멸, 직접적으로 수치심을 주는 공격(깔아뭉개는 말) 등을 사용한다. 다른 사람들이 그들의 결점에만 신경 쓰게 하여 아무도 자신의 결점에는 관심을 가지지 못하도록 하는 것이다. 타인들을 속상하게 만들어 스스로 쾌감을 느낀다. 대화의 초점이 오로지 다른 사람들의 실수나 단점에 맞추어져 있어야만 수치심을 느끼지 않는다.

'타인을 대상으로 하는 힘과 통제력을 추구하는 것'은 수치심으로 인해 발생한 나약하고 무능한 느낌을 방어하기 위한 방책이다. 수치심을 느낀 사람들은 자신의 몸과 마음을 완전히 통제할 능력이 더 이상 없다는 듯이 개인적인 힘에 대한 감각을 잃는다. 이런 내부적인 나약함에 맞서 싸우기 위한 한 가지 방법은 다른 사람들을 통제할 능력을 가지려는 노력이다. 마치 자신에게 아래와 같이 말하는 것과 같다.

"음, 나는 마음이 공허하고 너무나 취약해. 도저히 통제 불능이야. 다른 사람들이 나의 나약함을 보지 못하도록 그들을 통제하는 편이 더 낫겠어."

그럼에도 불구하고 다른 사람들을 지배할 힘을 얻고자 하는 욕망은 결코 내면적인 수치심을 치유하지 못한다. 타인을 지배하기 위한 모든 힘이 정작 자신을 제어하기 위한 힘으로는 작용하지 못하기 때문이다.

수치심에 대한 여섯 번째 방어책은 '오만함'이다. 수치심은 종종 마음이 위축되어 자신을 작게 느끼도록 만든다. 수치심 경험의 많은 부분을 차지하는 위축되는 느낌에 저항하기 위해 오만함을 이용해 자신을 추켜세운다. 자신이 다른 사람들보다 큰 것처럼 행동한다. 세상 모든 사람보다 특별하고 우수하며, 더 낫다고 자신을 납득시키기 위해 노력한다. 하지만 그러는 외중에도 정작 자신은 그 반대임을 안다. 즉 작고, 면목 없고, 열등하고, 하찮은 존재임을 자인하는 것이다.

앞서 우리는 수치심에 맞서는 일곱 번째 방어 수단인 '뻔뻔함'을 언급하였다. 사람들은 근본적으로 완전히 뒤집어서 생각하기도 한다. 자신을 수치스럽게 만드는 무언가를 정상화시키기 위한 노력으로 오히려 과시하고 자랑한다. 동시에 문제의 핵심을 숨기기 위해 필사적으로 행동한다. 만약 외모나 성적인 부분을 매우 거북하게 느낀다면, 신체적인 수치심이 없다는 듯이 노출이 과한 의상을 입고 뽐내며 돌아다니는 식이다. 성적으로 아무런 문제가 없음을 증명하기 위한 방법으로 난잡한 성교를 하거나, 술과 관련해서 아무런 문제가 없다는 증명을 하기 위해 술로 모든 사람들을 이기려고 한다.

수치심에 맞서는 일반적인 방어 수단 중 마지막으로 격렬한 '분노'를 살펴보자. 격분하는 사람들은 자신에게 수치심을 가져다준다고 여겨지는 누구에게나 기본적으로 공격을 가한다. 물론 전 세계 사람들 모두를 대상으로 하지는 않는다. 그들이 전하고자 하는 메시지는 유치하고 단순하다. '만일 내 수치심을 건드린다면 넌 반드시 후회하게 될 거야!' 이런 분노는 언어적인 폭력과 물리적인 폭력 모두와 관련되어 있다.

인간은 고통과 불쾌함을 피하기 위해 방어 수단을 사용한다. 다른 사람들이 당신이 당혹스러워할 비밀을 알아내지 못하도록 당신은 아마도 거짓말을 하고 있을 것이다. 더욱 나쁜 점은 당신의 수치심을 관리할 필요가 없도록 자신에게도 거짓말을 하고 있다는 것이다. 사람들은 현실에 너무나 수치스러움을 느끼면 자신에게도 거짓말을 한다.

칼을 삼키는 행위는 생계를 꾸릴 진짜 직업을 원하지 않는 부도덕하고 미친 사람이 단지 관심을 끌기 위한 짓이라고 당신이 여긴다고 하자. 비록 당신이 과거에 칼을 삼키는 행위를 해보았더라도 당신은 칼을 삼키는 사람이 되려고 하지 않을 것이다. 자신에게 거짓말을 하면 당신의 참모습을 부인할 가능성이 생긴다. 당신은 절대 칼을 삼키지 않을 것이기 때문에 전혀 수치스러워할 필요가 없는 것이다.

반면 칼을 삼키는 행위는 단지 잠재적인 건강 문제와 관련될뿐, 아무도 수치스러워할 필요가 없다고 생각한다면 어떨까? 과거 당신이 시도했던 칼을 삼키는 행위가 신체적인 상처를 야기했는지, 단순히 재미있는 취미에 불과했는지를 스스럼없이 알아볼 것이다. 당신이 수치심을 두려워하지 않아야 질문하고 정보를 얻는 것이 보다 쉬워진다.

사람들에게는 방어 수단이 필요하다. 방어 수단이 없다면 어쨌든 살아가면서 힘겨운 시간을 보내야 했을 것이다. 결국 수치심을 다루는 최선의 방법은 정면으로 맞서는 것이다. 자신의 수치심이 어떤 느낌인지, 언제 유발되며, 매우 고통스런 느낌을 이겨내는 방법은 무엇인지 배워야 한다. 당신에게는 방어 수단들을 제쳐 두고 수치심에 맞서 방어하는 방법을 익힐 용기가 필요하다.

수치심 치료

수치심을 놓아 버리기 위해 우리는 수치심에 대한 '이해와 행동'이라는 2단계의 치료 과정을 설명했다. 비록 수년간에 걸쳐 약간의 수정을 가하긴 했지만, 기본적인 목표는 여전히 그대로이다. 첫째 목표는 수치심과 자신만의 독특한 관계를 이해하는 것이다. 둘째 목표는 자신에게 필요한 방향으로 관계를 변화시키는 것인데, 중독성 수치심이 자신의 삶을 지배했을 경우에 더 많은 변화가 요구된다.

당신이 이해 과정을 통과하려면 호기심을 가지고 인내하며 받아들여야 한다. 수치심은 감정들 중에서 가장 많이 숨겨져 있어서 인내가 특히 중요하다.

필자인 패트리샤 포터 에프론은 깊은 수치심을 겪고 있는 고객에게 집으로 돌아가서 일주일 동안 숲속을 거닐라고 했다. 그러면서 '떡갈나무는 어떻게 자라는가?'라는 한 가지 질문만 생각해 보라고 했다. 고객의 대답은 매우 심오했다.

"떡갈나무는 매우 느리게 자랍니다."

수치심 치료도 떡갈나무가 자라는 만큼이나 느리게 진행된다. 어쨌든 떡갈나무가 반드시 자라나듯 치료도 반드시 이루어진다. 당신이 환자이지만 자신에게 많은 시간을 투자한다면 지나친 수치심은 치료될 것이다.

당신의 수치심에 호기심을 갖는 것은 이해 단계의 또 다른 측면이다. 아래에 당신이 대답해야 하는 몇 가지 질문이 있다.

- 언제 수치심을 느끼는가? 수치심을 일으키는 계기는 무엇인가?
- 내 몸의 어느 부위에 수치심을 느끼나?
- 수치심을 어떻게 방어하는가?
- 수치심은 어디에서 왔는가?
- 지금 당장 자부심, 완전함, 자기 가치감 들을 느끼지 못하

게 가로막는 것은 무엇인가?

- 나의 수치심은 가족, 직장, 다른 사람들과의 관계에 어떤 영향을 미치는가?
- 일반적인 수치심을 주는 메시지들 중(나는 좋은 사람이 아니야, 나는 잘하지 못해, 나는 불쾌한 사람이야, 나는 어디서든 환영받지 못해, 난 존재하지 말았어야 해) 가장 많은 영향을 미치는 메시지는 무엇인가?

위의 질문들에 개인적인 대답을 찾아내면 숨어 있는 수치심이 밖으로 드러난다. 비록 당신이 수치심을 하나의 괴물처럼 여긴다 하더라도, 어디에서 공격해 올지 모르는 상황보다는 정면으로 맞서는 편이 훨씬 더 낫다. 자신의 수치심에 스스로 호기심을 가지면 수치심을 드러내 보여 덜 위협적이고 덜 강력하게 만든다.

"오, 나는 지금 어떤 일이 일어나고 있는지 알아. 그것이 나를 다시 엉망으로 만들려는 수치심이야."

"내게 어떤 일이 일어나고 있는지는 모르지만, 끔찍한 것이라는 사실은 알고 있어."

두 말 사이에는 엄청난 차이가 있는 것이다.

수용은 이해 단계에서 당신에게 필요한 세 번째 주요한 도구로, 자아 수용Self-acceptance과 현실 수용이 있다. 무엇보다도 수치심

수용은 인간의 조건 중 일부에 해당된다. 사람들은 먼저 자신의 수치심을 수용해야 한다. 단순한 수용이라도 수치심과 사람들 사이의 관계에 변화를 주기 시작한다. 수치심은 더 이상 근절해야 하고 싸워야 하는 적이 아니다. 대신 자신의 일부이며 기쁨, 분노, 두려움과 같은 다른 여러 감정만큼이나 중요하다.

인내와 호기심, 수용은 이해 단계에서 필요한 특별한 적발 도구이다. 행동 단계에서는 당신에게 개인적 책임, 계획, 인내력 들도 필요하다.

개인적 책임은 변화를 위한 초석이다. 자신의 수치심에 책임을 진다는 것은 '나는 나의 수치심을 이해하기 때문에 오로지 나만이 바꿀 수 있다는 사실을 잘 알고 있다'는 말로 요약된다. 나를 공격하는 유일한 사람이 바로 자신인 자아 수치감과 관련된 사건에서는 특히 잘 들어맞는 말이다. 심지어 다른 사람들이 망신을 주려고 할 때도 당신의 책임은 오로지 자신의 행동까지만 해당된다.

누군가가 모욕적인 말을 한다고 해서 당신이 반드시 받아들여야 할 필요는 없다. 대신 당신은 무엇인지 인지하고 받아들이기를 거절할 수 있다. 당신의 수치심에 개인적 책임을 지는 것은 당신의 고통이 다른 사람 탓이라고 비난하지 않는 것과 같다. 당신의 삶을 위한 길잡이가 되겠다는 자발적인 의지 없이는 수치심은 간단히 치유되지 않는다.

개인적 책임을 받아들이기 위해서는 용기가 필요하다. 변화는 혼란을 수반하기 때문에 용기가 필요하다. 잘 모르는 것을 얻기 위해서는 잘 알고 있는 것을 포기해야 한다. 물론 수치심에서 자부심으로 인도하는 당신의 여행을 도울 지도를 가지고 있으면 도움이 되지만, 당신 외에는 어떤 누구도 정확한 이동 경로를 예측할 수 없다.

수치심을 가지고 있는 상태에서 당신은 '나는 지금 수치심에 무엇을 추가하고 있는가?' 같은 어려운 질문을 던져야 한다. 수치심 치료는 단순히 어려운 질문을 하는 것을 훌쩍 뛰어넘는다. 자신을 생각하는 방식과 대하는 태도를 바꾸기 위한 도전이다. 수치심 치료를 위해서는 의식적인 계획은 필수적이다. 각 개인은 자신의 삶에서 수치심이 발생하는 모든 근원들을 집중적으로 다룰 수 있는 계획을 세워야 한다. 물론 각자의 계획은 서로 다르다.

수치심을 이해하려면 끈기 있는 인내심 역시 필수이다. 단지 하룻밤 만에 자신에게 모욕을 주는 행위를 멈추지는 않는다. 무엇보다 시간이 필요하다. 치료 과정 중에는 실망하는 경우도 분명히 발생할 것이고, 아마 수치심이 온 힘을 다해 겉으로 드러나는 상황도 벌어질 것이다. 그래도 끈기 있게 계속 진행해 나가야 하며, 수치심에 완전히 패배했다고 생각하지 않는 것이 중요하다.

수치심은 이해와 행동을 통해 치료될 수 있다. 지나친 수치심은 정상적인 수준으로 낮아지며, 자기혐오는 자기애로 바뀐다. 이 것이 바로 이 책에서 중점적으로 다루는 희망의 메시지이다. 수치심 치료는 당신에게 주어진 성장 기회를 이용한다는 의미이다.

만일 당신이 수치심에 맞서서 비밀을 파헤칠 준비가 되었다면 몇 가지 기본적인 규칙을 명심해야 한다. 그 과정을 단순하고 쉽게 만들어 주는 몇 가지 제안과 더불어 기본 사항들을 함께 정리해 두었다.

스트레스를 다루는 기본 규칙

+

1. 당신의 수치심에 대한 근원을 살펴 그로부터 멀리 떨어져서는 안 된다. 일종의 강박적 수단인 도피를 사용하는 사람들은 명확하게 자신을 바라볼 수 없다. 타인을 비평하는 데에만 집중하는 사람들 역시 자신을 제대로 보지 못한다. 그들은 잘못된 방법으로 바라보고 있다. 당신을 괴롭히는 수치심의 근원과 이유를 제대로 바라보기 위해 최선을 다하라.

2. 당신의 감정을 두고 타인을 비난하지 말라. 인생을 살아가는 동안 당신을 비평하거나, 무능하다고 생각하는 사람들이 존재할 것이다. 그들은 당신이 느끼는 최악의 두려움을 강화한다.

하지만 당신에게는 자신을 위해 무엇이 올바른지 결정할 책임이 있다. 당신의 수치심을 치료해 나가면서 그들에게 동의할 필요가 없다는 사실을 발견할 것이다. 그들에게 모욕감을 되돌려 주는 것은 전혀 도움이 되지 않는다. 자신과 관련하여 믿고 받아들이는 모든 일들에 책임을 지는 사람은 바로 당신이다. 그들의 진부한 행위들을 당신의 생활에서 분리해 내라. 당신이 점점 더 강해지고 있다는 사실을 스스로 인식하라. 책임을 받아들이는 것은 당신의 모든 감정과 사고를 어떻게 이용하는지 책임지는 행위이며, 앞으로의 삶을 보다 나은 방향으로 이끌 것이다.

3. 당신이 수치심을 느낀다고 무언가가 나쁘다고 추측하지 말라. 당신에게 수치심을 느끼도록 했던 몇 가지 긍정적인 요소들은 자신의 욕구를 인식하기, 사랑을 표현하기, 자신을 돌보기, 자신이 믿고 있는 것을 지지하기, 즐거움을 만끽하기 등이다. 이것들은 저절로 나쁜 것으로 변하지 않는다. 당신의 수치심이 지나치지는 않은지 생각해 보라.

4. 수치심이 당신에게 보내는 긴급 메시지를 찾아라. 지금 당신이 수치심에게 받은 메시지가 정확한지 스스로 물어보라. 정확하다면 자신에게 좋은 감정을 가지기 위해 어떤 행동을 바꿔

야 하는지 자문해 보라. 만일 게으르고 하루에 8시간씩 TV를 봐서 속상하다면, 당신의 감정 상태를 개선할 방법을 생각해 볼 수 있을 것이다. 몇 시간 동안 일한 후 휴식을 취하는 것까지 게으르다고 생각된다면, 좀 더 설득적으로 수치심과 대화하려고 노력해야 한다.

5. 수치심으로 여러 차례 불쾌함을 느끼거나, 수치심이 영원히 지속될 것 같은 느낌이 들 수도 있다. 수치심으로 인한 힘겨운 시간은 반드시 끝난다. 당신은 잘해 낼 것이다. 행동과 감정의 패턴을 내려놓으려면 우선 제대로 바라볼 필요가 있다. 수치심에서 벗어나는 방법도 마찬가지다. 당신은 수치심을 제대로 바라보고 이해하여 지각 있는 결정을 내려야 한다. 당신의 수치심을 쓰레기 더미에서 끄집어내다 보면 끔찍한 기분을 경험해야 할지도 모른다. 만약 당신이 잠시라도 쓰레기 더미에서 떠날 수 있다면 훨씬 더 좋아진 느낌을 가질 것이다.

6. 몇 가지 대비책을 마련해 두라. 수치심이 침범해 오더라도 대화할 만한 누군가나 당신이 진행할 만한 10가지(또는 20가지) 긍정적인 일의 목록을 준비해 두어야 한다. 다음과 같은 일들을 목록으로 작성해 보라.

- 평소에 당신이 즐겨 하는 것
- 당신에게 희망을 느끼게 하는 것
- 창의적인 것
- 긴장을 풀고 쉬도록 도와주는 것
- 당신을 안전한 자연환경으로 데려다줄 수 있는 것

7. 수치심을 치료해 나가는 동안 당신의 감정이 왜곡될 수 있다. 과음과 너무 잦은 술자리는 피하고, 처방받지 않은 약물은 적당히 사용한다. 일시적으로 당신의 수치심을 증가시키든 감소시키든 상관없다. 그것들은 당신이 명확하게 생각하지 못하게 한다. 또한 수치심의 내면에 감싸인 긍정적인 열망들을 감지하기 위한 당신의 생각과 감정도 방해한다.

몇 가지 추가적인 제안

+

1. 자기 존중은 부분적으로 타인을 존중하는 마음에서 나온다. 분노가 대신 자리를 차지하도록 해서는 안 된다. 당신을 압도하는 분노가 느껴져 휴식 시간이 필요하다면, 두 가지 중 하나를 선택하라. 화를 내든가, 휴식을 취하든가.

2. 창의적인 사고를 하라. 글을 쓰거나, 이야기를 꾸며 내거나, 그림을 그리거나, 조각을 하거나, 목공예를 하거나, 뜨개질을 하면서 지금 하고 있는 일이 대화를 걸도록 만들라. 내면의 자아는 당신의 생각보다 현명하다. 당신이 놀랍고 매력적인 존재라는 사실을 발견할 것이다.

3. 당신만의 차이점들을 소중히 하라. 독특한 자기 본래의 모습을 즐겨라. 당신이 속해 있는 집단에서도 특별하고 긍정적이라고 생각하라. 남들과 다른 하나의 독특한 인격체로서 당신에 대한 자부심을 가지려고 노력하라.

4. 당신을 포기하지 말라. 심지어 타인들이 당신을 비판하고 모욕할 때도 당신은 스스로를 신뢰하고 존중해야 한다. 스스로 위로할 수 있다면 다른 사람들이 당신을 포기한다 해도 두려움은 덜할 것이다.

5. 당신이 성인이라는 사실을 기억하라. 현재의 모습이 진정한 당신의 모습이다. 다른 사람이 당신 앞에 서서 모습을 가리게 해서는 안 된다. 당신의 모습을 잃는 느낌이 들 때마다 본인만의 신체와 지능, 경험을 가지고 있다는 사실을 기억하라.

6. 안전하게 공유하라. 당신에게 많은 창피를 주거나 나중에 당신이 한 말을 무기로 사용할 가능성이 있는 사람들과는 수치심과 관련된 문제를 공유해서는 안 된다. 당신에게 할 일을 알려 주는 사람(비록 당신이 원하더라도) 대신 당신의 말에 귀를 기울여 주는 사람을 찾아라. 긍정적인 방식으로 당신에게 용기를 주는 사람들과 대화하라. 세상 어떤 누구도 타인을 완벽하게 이해하지 못한다는 사실을 명심하라. 누구도 수치심을 느낄 필요가 없다면 대화 당사자 모두 다르게 느끼고 생각할 수 있다.

연습 문제

연습을 통해 당신이 이 책의 내용을 개인적으로 적용하는 법을 잘 익힐 것이라 믿는다. 연습을 시작하기 전에 책의 서두에서 말한 내용을 기억하기 바란다. 연습 문제들은 당신이 원하는 대로 활용해도 된다는 점이다. 정답과 오답은 없으며, 당신이 말하고 쓰고 행해야 하는 내용에 대한 예상도 없다. 다만 당신이 시간을 내어 공책이나 일지를 활용해 보기를 제안할 뿐이지만, 그

또한 선택적인 사항이다.

1. 신체적인 고통은 자기 치료가 필요하다는 메시지를 전한다. 당신은 그 메시지를 신체를 돕는 데 이용했을 것이다. 그러면 수치심이 당신에게 상처를 주는 나쁜 짓을 했다는 메시지를 전한 순간을 떠올려 보라. 자신을 돕기 위해 당신은 메시지를 이용했는가? 어떻게 이용했는가? 만일 당신을 도우려는 메시지를 활용하지 않았다면, 오랜 수치심이 여전히 돌아다니는 것이 느껴지는가? 그렇다면 '내면의 자아'에게 당신이 메시지를 받았다고 알려 주기 위해 어떠한 행동을 취해야 한다고 생각하는가?

2. 공통적인 보유 가치에 대한 목록을 작성해 보자. 아래 목록 중에서 당신에게 가장 중요한 것이 무엇인지 순위를 정해 왼쪽에 써 보라. 그다음 왼쪽에 쓴 내용을 위반했을 때 가장 많은 수치심을 느끼는 것부터 가장 낮은 수치심을 느끼는 것까지 순위를 정해 오른쪽에 써 보라.

당신의 목록은 좌우 순위가 서로 유사한가, 아니면 모순적인가? 내용이 잘 맞지 않다면 당신은 일부 영역에서 중독성 수치심을 습득하고 있거나, 아직 당신의 자아보다 자신을 잘 모르고 있는 중이다.

_____ 책임감을 느낀다 _____

_____ 동정심을 느낀다 _____

_____ 자립적이다 _____

_____ 믿을 만하다 _____

_____ 정직하다 _____

_____ 공정하다 _____

_____ 근면하다 _____

_____ 도덕적이다 _____

_____ 검소하다 _____

_____ 협조적이다 _____

3. 일지로 사용할 만한 공책을 한 권 구하라. "넌 어디에도 어울리지 못해", "존재하지 말았어야 했어"처럼 당신에게 공허하고 나쁘고 모자라고 사랑스럽지 않은 감정을 유발하는 어떠한 생각이나 느낌, 그림, 경험 등을 기입한다. 예를 들어 보자.

"메리는 교사로서 스스로 부족하다고 느낀다고 말하지만, 나는 그렇지 않다고 생각한다. 나는 내가 매우 적합하다고 느끼지 않는다. 하지만 적합하지 않다는 느낌과 실제로 적합하지 않다는 것은 다르다. 메리는 다른 교사보다 자신에게 더 엄격하게 대한다. 나도 다른 사람들보다 자신에게 더 엄하게 대하는 것 같다. 내가 '부적합하다'고 느낄 때란 간단히 말해 '나는 당시 자신을 제대로 볼 수 없었다'는 뜻이다."

"제프는 '누구도 나를 원하지 않을 거야. 난 너무 못생겼으니까'라고 말했다. 가끔 나는 제프의 말이 사실처럼 느껴진다. 제프가 그런 말을 할 때는 추남 자체인 듯하다. 아마 제프는 내가 자신을 원하지 않을까 봐 두려워서 그럴 것이다. 제프가 내게 부끄러워하는 것처럼 그 이유가 무엇인지 질문해 봐야 한다."

당신은 위의 느낌들과 벌이는 논쟁에 익숙해져야 한다. 그럴수록 당신에게 수치심을 주는 경우나 모욕을 참고 견디기 위한 대안이 실제로 존재한다는 사실을 발견할 것이다.

4. 다음 격언들 중에 마음에 드는 것 하나를 골라 종이에 적어
보자. 지갑이나 핸드백에 넣고 다니며 하루에 여러 차례씩 반복
해서 읽어 본다.

a) 자신을 보고 웃을 수 있는 사람들은 진정으로 축복받은 이
들이다. 그들은 영원히 즐거워할 수 있으니까. - 미상

b) 인내심을 충분히 갖고 기다리면 계란도 걷게 된다. - 나이
지리아 속담

c) 인생에 깊은 슬픔이 새겨질수록 당신은 더욱 큰 기쁨을 누
릴 것이다. - 칼릴 지브란

d) 우리가 넘어질 때 잡아 줄 손은 어디에나 있다. - 미상

e) 달은 개 짖는 소리에 부끄러워하지 않는다. - 미국 원주민 속담

f) 아무도 당신의 양심을 설명할 수 없다. - 북미 원주민 속담

수치심의 반대는 무엇인가?

수치심은 자의식이 강한 판단

    수치심은 순수한 신체적 감각을 훨씬 뛰어넘는다. 우리는 이미 수치심은 자신의 결함에 대한 고통스러운 믿음이라고 정의 내렸다. 그 믿음은 어쩌면 당신이 일하고 놀고 상호 작용 하면서 자신을 돌아보는 독특한 능력을 강조하는지도 모른다. 사람들은 자신을 관찰하고 자신의 행동을 판단한다. 자신의 행동이 왠지 실패한 것으로 판단되면 수치심을 느낀다. 부적합하다거나,

똑똑하지 못하다거나, 충분히 매력적이지 않다는 등의 말로 자신을 판단한다. 다시 말해, 자신에 대한 무언가가 부족하다는 것이다. 그런 다음 사람들은 말 그대로 온몸이 수치심으로 가득 차오르는 증상을 느낀다.

수치심은 자아가 내리는 자기 판단으로, 자의식이 강한 감정이다. 그 판단은 당신에 관한 단순히 부정적인 느낌, 즉 당신이 가지고 있는 추상적이고 정의되지 않은 느낌으로 남아 있지 않는다. 수치심은 감각을 통한 느낌에서 단어로 빠르게 전환된다. 수년에 걸쳐 사람들은 수치심과 관련된 어휘들을 개발해 왔다. 효과적으로 자기비판의 의미를 담고 있는 노골적이고 미묘한 단어들이다.

몇 가지 예를 들어 보자. '결함 있고, 더럽고, 골치 아픈 존재이고, 못생기고, 멍청하고, 사악하고, 지긋지긋하고, 시시하고, 보잘것없고, 나약하고, 쓸모없다' 등이다. 각각의 단어들은 수치심 경험의 일부분을 나타낸다. 약간씩 서로 다른 의미를 내포하고 있으며, 사람에 따라 다른 의미가 될 수도 있다. 수치심과 관련해 당신도 절망을 표현하는 시인처럼 자신을 수치스럽게 판단하는 단어와 구문을 창조하고 수집할 수 있다.

만일 당신이 시인으로서의 외투를 벗고 수치심을 포기하고 싶다면 어떻게 해야 할까? '수치심의 반대는 무엇인가?'라는 질문이 바로 대안이다. 그렇다면 그것은 당신이 수치심을 느끼거나 느끼지 않거나 하는 중립적인 상태인가? 아니면 수치심 경험의 이면을 뜻하는 긍정적인 무언가가 있는가? 질문에 맞는 대답이 수치심 영역에서 인간의 목표를 결정한다. 따라서 실질적으로 매우 중요한 질문이다.

긍정적인 목표가 없다면 당신이 가질 최대의 희망은 수치심을 제거하는 것이다. 앞에서 언급한 바와 같이, 1980년대에 수치심과 관련된 내용이 처음으로 기술되었을 때는 수치심 제거가 주요한 목표였다. 수치심은 제거되어야 하는 부정적이고 상처를 주는 감정으로 기술되었다. 이제 당신이 단순히 수치심을 없애는 것보다 긍정적인 목표를 찾아낼 수 있다면 어떻게 될까? 그렇기에 고통스런 느낌인 수치심을 스스로 연구하는 노력이 보람찬 것이다. 당신의 수치심은 도대체 무엇으로 전환될 수 있을까?

자부심

수치심이라는 단어는 부정적이고 자기 판단적인 용어들의 덩어리를 나타내기 때문에 수치심의 반대를 뜻하는 단어 하나가 필요하다. 그에 따라 우리가 제시한 단어가 바로 '자부심'이다. 자부심이라는 단어는 자아에 대한 긍정적인 판단을 의미한다.

사실 자부심을 가진 사람들도 여전히 자신을 관찰하고 판단하지만, 부정적이지 않은 긍정적인 의미가 주요 초점이다. '나는 적합한 사람이다. 나는 매력적이다. 나는 어디에든 속할 수 있다. 나는 괜찮다'처럼 말이다. 자부심은 적어도 당신이 적합하다거나 때로는 뛰어나다고 판단할 만한 전체 단어들의 약칭이다. 우리가 정의 내리는 자부심은 '인간의 기본적인 가치에 대한 긍정적인 믿음'이다.

그 전에 먼저 여기에서 설명하는 자부심을 우리가 때로는 '미련한 자부심', '오만함', '거짓된 자부심', '거창함'이라고 부르는 자부심과 구별할 필요가 있다. 이것들은 모두 자연 발생적인 '지나친 자부심'의 형태이다. 사람들은 자신이 다른 사람들보다 낫다고 여기거나, 자신의 중요성을 지나치게 부풀려 말할 때 '거짓된 자부심'을 느낀다.

실제 마음 깊은 곳에서는 자신이 전적으로 공허하고 가치 없다고 여기면서도 겉으로 보기에 대단한 사람이라고 설득하는 '오만함'은 수치심에 맞서는 하나의 방어 수단이다. '거창함'은 수치심에 직면한 오만한 사람들이 주로 행동하는 방식이다. 지나치게 거만한 개인은 자신의 인생이 허풍으로 가득 차 있다는 사실을 깨달아야 비로소 현실을 받아들일 방법을 찾는다. 가끔씩 그들의 자아는 기가 꺾이거나 겸손을 배워야 한다.

우리가 설명하고자 하는 자부심은 후천적으로 습득하며, 보다 현실적인 것이다. '맞아. 나는 적합한 사람이고, 가치 있으며, 유능해' 같은 표현은 자아에 대한 자신의 승인이다. 이른바 사람들이 무언가 잘했을 때, 자식이나 배우자에게 배려와 사랑을 보여 줄 때, 자신과 평화로운 삶을 이어 나갈 때 경험하는 '정당한 자부심'이다. 그렇다고 상대적인 자부심은 아니다. '나는 조나 메리, 팻보다 낫기 때문에 유능하다'는 의미가 아니다. 당신이 세상에 가치 있는 기여를 하고 있다고 스스로 알게 됨으로써 느끼는 은근한 만족감이다.

우리가 논의하는 자부심에 얽힌 한 가지 사례가 있다. 론은 퍼듀 대학에서 사회학을 공부했다. 그의 전공 교수인 월터 헐슈는 '우리 모두는 지식의 포도밭에서 일하는 노동자이다'라는 구문을 제시했는데, 우리에게 정직한 자부심을 반영하는 것으로 느껴지는 말이다. 개인은 각자 해야 할 일이 있지만, 그중 어느 한 가지도 다른 사람의 일보다 중요한 것은 없다는 의미라고 우리는 생각한다. 당신은 인생의 포도밭에서 일하는 노동자이기도 하다. 당신이 해야 하는 일은 정성을 다해 주변의 포도나무들을 가꾸고, 해로움보다는 이로움을 많이 주려고 노력하며, 자신의 실체를 깨닫고 인정하는 것이다. 그것이 바로 진정한 자부심이다.

자부심 원^{Circle}

전체적인 수치심 경험을 설명하는 단어가 없지만, 자부심을 설명하는 커다란 단어 모음은 존재한다. 각각의 단어는 약간씩 다른 자부심의 의미를 나타낸다. 각 단어는 목표나 방향을 나타내기도 한다. 자부심으로 이끌어 주는 로드맵에는 자율성, 힘, 활력, 능력, 목적, 존중, 존엄, 겸손, 수용, 완전성, 진실성 등의 단어들이 가득하다. 물론 어떤 단어도 단독으로 완전한 의미를 나타내지는 않는다.

개인의 진실성에 대한 감각에 기여하는 경험이 능력 있고, 고귀하며, 활력적이라고 느끼게 해주는 것은 당연하다. 각각의 단어는 다른 단어들과 중복되는 의미를 함축하고 있지만 충분히 구별된다. 가장 중요한 것은 각각의 용어에 맞는 경험을 한 사람들을 자부심으로 향하는 원의 중심을 향해 이끌어 준다는 점이다.

진실성   자립   힘

완전성   활기

수용   자부심   능력

겸손   목적

존엄 존중 명예

〈자부심 원〉

　자부심을 중심으로 나침반 형태로 정렬된 12개의 단어들은 나름대로의 순서를 가지고 있다. 나침반의 동서남북을 가리키는 4개의 주요 단어(능력, 수용, 존중, 자립)는 자부심에서 가장 중요한 4가지 측면임을 나타낸다. 특히 수치심을 처리하는 과정에 있는 사람들에게는 더욱 그러하다. 북쪽과 동쪽 사이에 위치한 단어(힘, 활기)는 자율성과 능력의 혼합물을 설명한다. 동쪽과 남쪽 사이의 단어(목적, 명예)는 원의 주변에서 능력과 존중 같은 단어들을 결합한다.

　4개의 주요 단어를 중심으로 조금 더 자세히 설명해 보겠다. 자신을 존중하는 법을 배우는 것은 삶에서 수치심의 영향력을 줄이고 싶어 하는 사람들에게 매우 중요하기에 먼저 '존중'이라는 단어부터 시작한다.

존중

+

사전적인 정의는 다양하지만, 핵심은 그가 누구이며 무슨 일을 하는지를 가치 있게 여기는 것과 관련되어 있다. 누군가를 존중한다는 것은 칭찬이며, 심지어 지식이나 지혜로움에 경의를 표하는 행동이다. 당신은 그들의 말에 귀를 기울이고, 그들의 생각을 진지하게 받아들이며, 그들을 공격하거나 모욕하는 짓을 자제하면서 존중해 준다.

어쩌면 여기서 다루는 '존중'이 자기 존중이나 타인 존중과 관련 있는지 궁금할지도 모르겠다. 정답은 '두 가지 모두 관련되어 있다'이다. 이 세계에 퍼져 나갈 정도로 충분한 선의가 있다고 당신이 진정으로 믿을 때, 두 가지 중 하나가 나머지 하나를 이끌기 때문이다. 상담을 하거나 글을 쓰면서 우리는 만일 당신이 자신에게 더 좋은 느낌을 가지고 싶다면 타인들을 모욕하는 행위를 멈추고 존중할 것을 강조한다. 다만 이 책에서는 자기 존중에만 집중하고자 한다.

당신 자신을 존중한다는 말은 도대체 어떤 의미일까? 간단히 말해, 자기 존중적인 태도는 자아 수치심과 자기 공격성을 예방해 준다. 세상에 어떤 누구도 자신을 포함한 사람들에게 끔찍한 욕을 하면서 존중을 표현하지는 않는다. 자기 존중이란 자신이 타인을 칭찬하는 만큼 자신에게도 공손하게 대한다는 의미이다. 아울러 자기 존중은 스스로 최고라고 여기는 긍정적인 성품을 알아내어 잘 기르는 것이다.

당신은 또한 지혜로운 사람들을 존경하기에 중요한 문제에 관한 진실을 감지해 내는 직관적 지혜에 귀를 기울이는 법을 배울 것이다. 인간의 직관적 지혜는 흔적을 찾아다니는 추적견처럼 아무 희망 없이 혼란스러울 때조차도 가야 할 올바른 길을 찾아낸다. 당신의 직관적 지혜는 올바른 냄새를 감지하지 못하는 충고를 매우 잘 물리치는 훌륭한 거짓말 탐지기이기도 하다.

지나친 수치심을 치료하기 위해 당신이 매일 자신에게 던져야 하는 질문은 "오늘 어떻게 나 자신을 존중할 수 있을까?"이다. 긍정적 대답을 얻으려면 시간이 필요하다. "어리석은 짓은 하지 마"라는 대답은 안 된다. 상대를 경시하는 비난이기 때문이다. "오늘 당신이 계속 진행해 나갈 훌륭한 아이디어에 충분한 자부심을 가져라"라는 표현이 보다 적절하다.

수용

+

"나는 받아들여질 수 없다"는 말은 수치심이 보내는 매우 강력한 메시지 중 하나다. 어떤 이들에게는 지금 하고 있는 특별한 무언가 때문에 당장은 받아들여질 수 없다는 의미이다. 다른 이들에게는 이 말에 '전혀'라는 표현이 더해진다. 이러한 수치심에 갇힌 사람들은 치료가 불가능할 정도로 스스로 패배자라고 여기는 치명적인 결함을 가지고 있다.

대답으로 당신이 물어보고 싶은 질문은 아마 "도대체 누구에게 받아들여질 수 없다는 거야?"일 것이다. 당신의 부모에게? 배우자에게? 친구에게? 상관에게? 세상에게? 이런 사람들의 생각은 많은 문제를 안고 있다. 포기라는 직관적인 두려움으로 인해 다른 사람들의 기대에 그대로 순응하는 법을 배운다. 당신이 받아들여지지 못한다는 두려움으로 타인들의 말을 따르려고 스스로 할 수 있는 일을 하는 것은 당연하다.

수치심이 느껴지는 순간 "지금 네가 한 일을 한번 봐. 사람들이 싫어할 거야. 사람들은 너도 싫어할 거야. 너는 지금 당장 멈추는 게 좋겠어. 그건 받아들여질 수 없는 행동이야"처럼 해석될 수 있다. 불행히도 자신이 하는 일이 받아들여지지 못한다는 생각이 자신도 받아들여지지 못한다는 느낌으로 발전하는 것은 너무나 쉽다. 훨씬 더 심각한 점은 자신이 가치 없다는 느낌을 스스로 받아들여 내면화하는 것이다. 그러면 당신은 자신조차도 받아들이지 못한다. 이때가 바로 수치심이 당신의 뇌에 영원히 자리 잡고 정착하는 순간이다. 너무나 못나서 자기는 물론 아무도 자신을 알고 싶어 하지 않는다고 여기는 것이 자기 거절이다.

수치심 치료에 있어 가장 중요한 것은 자신을 보다 수용하는 것이다. 두 가지 주요 과정과 관련되어 있는데, 수치스러워하는 사람들은 먼저 절망적으로 순응하게 만드는 포기에 따르는 두려움을 잘 다루어야 한다. 그다음 자신이 인간이며, 당연히 결점도 가지고 있다는 사실을 인정하고 받아들여야 한다.

포기에 따르는 두려움은 성인과 아이가 다르다. 오로지 아이에게만 포기로 인한 죽음이라는 두려움이 필요하다. 성인에게 있어 자기 수용을 위한 한 가지 방법은 거절당해도 살아남을 수 있다는 사실을 상기하는 것이다. 사실 거절은 상처를 준다. 포기도 확실히 당신을 다치게 한다. 그러나 성인인 당신은 포기와 거절에 직면해도 살 수 있다. 이런 현실성은 다른 사람들이 못마땅하게 여기는 무언가를 말하거나 행하려면 때로 당신은 혼자가 되기도 한다는 뜻이다. 다른 말로 하면, "당신이 나를 거절해도 내가 나 자신을 거절한다는 의미는 아니다. 지금 나는 당신의 불만이 나를 죽이지 않을 것이라는 점을 알고 있다"이다.

자기 용서는 보다 자기 수용적이기 위한 또 다른 방법이다. 자기를 용서하는 사람들은 무언가를 망치는 행동 자체가 인간의 조건에 해당된다고 여긴다. 자신이 실수를 저지르는 것은 당연하다는 사실을 잘 인식하고 있다. 그들은 결점과 한계를 가지고 있고, 완벽하지도 않다. 심지어 단점을 바로잡으려고 노력할 때도 자신은 완벽하지 않다는 점을 이해한다. 그들은 자신의 부족함을 용서하고, 약점을 피해 가며 일한다. 자신을 너무 심각하게 받아들인다고 여겨질 때 사용할 뛰어난 유머 감각도 가지고 있다. 그들이 알아낸 자기 수용에 관한 지혜는 스스로의 향상을 위해 열심히 노력하는 동안에도 자신을 사랑하게 한다.

자립
+

두려움에 갇힌 사람들은 자주 자신의 삶을 스스로 제어할 수 없다고 믿는다. 그들의 수치심은 자신이 약하고 무능하다고 느끼게 만든다. 그들은 자신이 인생이라는 항로를 개척해 가는 선장이라기보다는 의지할 곳 없이 바다 위를 떠도는 나뭇잎이라 생각한다. 타인에게 심하도록 의존하며, 자신이 너무나 쉽게 흔들리는 점에 분노하면서도 스스로 생각하고 선택하는 능력을 믿지 않는다. 이러한 무력감은 지나친 수치심에 나타나는 확실한 징후이다.

자립은 통제력 상실을 해결하는 방법이다. 다른 누군가를 지배하려고 하지 않고 자신의 인생을 책임지는 것이다. 실제로 다른 사람들과 상호 의존적으로 일하도록 도와주는 자신의 능력에 강한 믿음을 갖게 한다. 자립은 당신이 결정하는 능력에 대한 자부심과 관련된다.

우리는 지금 당신이 자신에게 부여하지 못하는 자립심을 이야기하고 있는 것이 아니다. 자립심은 실질적으로 타인들의 바람을 필사적으로 거절하는 '역의존counter-dependence'을 의미한다. 그러나 자부심으로 연결되는 자립심은 그보다 긍정적이다. "내가 긍정적인 대답을 하길 원하는 대상은 무엇인가? 진정으로 내게 중요한 것은 무엇인가?"라는 질문에 관한 대답이다.

능력
+

능력은 '자부심 원'에서 4번째 지침에 해당한다. 자존감과 관련된 문헌에서 자주 빠뜨리는 자기 가치감은 반드시 실질적인 노력과 완성을 기반으로 해야 한다.

심한 수치심을 느끼는 사람들은 종종 자신의 능력이 부족하다고 느낀다. 더 큰 문제는 수치심이 실제로도 스스로 무능하게 만들어 왔다는 점이다. 창피를 당할까 두려워 대중 앞에 나서기를 꺼려 왔던 사람이 능력과 연습 부족으로 대중 앞에서 말을 잘 못하는 것은 당연한 일이다. 회피는 결정적인 소용돌이 속에서 더욱 회피하게 되는 무능함으로 이어진다. 수치심이 수치심을 낳는 것이다.

다행스럽게도 소용돌이는 역회전도 가능하다. 우리는 지금까지 수치심이 자부심으로 바뀐 사람들을 수백 명이나 만나 보았다. 그들은 거의 예외 없이 생각보다 자신의 기술이 뛰어나다는 사실을 발견하였다. 그런 기술은 따뜻한 봄날 피어나는 꽃처럼 갑자기 생겨난 것이 아니다. 꾸준한 훈련과 개발이 필요하다.

35세 산드라의 경우를 한번 살펴보자. 그녀는 인생에서 극심하게 반복적으로 상처를 받아왔다. 너무나 지독하여 그녀는 집에 틀어박혔다. 그녀는 과거의 기억으로 스스로를 위협하며 하루 종일 벽만 응시하며 지냈다. 또한 자신은 어떠한 일도 잘해 낼 수 없다고 자책했다. 특히 다시는 사람들을 만나고, 직장에서 일하며, 사람들과 관계를 맺지 못할 것이라 확신했다. 실제로 그녀는 모든 노력에도 불구하고 수년 동안 실패를 경험해 왔다. 매번 실패를 경험할 때마다 자신이 하찮은 존재라고 스스로 설득했다.

그러다 산드라는 수치심과 관련된 문제를 풀려고 노력하기 시작했다. 차츰 그녀에게 내재된 무능력함에 도전해 나갔다. 그녀는 위험을 무릅쓰고 과감히 집 밖으로 나왔다. 처음에는 단지 자신이 생존할지 여부가 궁금했다. 2~3년이 흐르는 동안 그녀는 자신감과 능력을 회복했다. 마침내 그녀는 지속적으로 잘할 만한 아르바이트 자리도 구했다. 진정한 친구들도 사귀었고, 자신을 학대하지 않고 존중해 주는 남자 친구도 생겼다. 점점 더 많은 자부심이 수치심을 몰아냈고, 수치심과 실패가 있던 자리는 자신감과 능력으로 대체되었다.

존중과 수용, 자립, 능력은 자부심의 원에서 4개의 주요 핵심 포인트이다. 비록 서로 다르지만 동등한 개념을 가지고 있다.

존엄
+

때때로 자기 존중은 사람들이 걷고 말하는 방식에서 나타난다. 존엄을 가진 사람들은 가슴을 펴고 당당히 걷는 경향이 있다. 자신감이 넘치는 걸음걸이로 몸을 곧게 펴고, 눈은 정면을 응시하며, 두려움과 수치심이 없는 상태로 활보한다. 그들은 자기 확신과 자부심을 전달하는 메시지로 주변에 꽉 차고 충만한 분위기를 만들어 낸다. 그렇다고 스스로를 뽐내지 않으며, 거드름을 피우는 것(아마도 거짓된 존엄)으로 비춰지지도 않는다. 다른 사람들보다 잘나고 좋아 보이기 위해 노력하지 않는다.

존엄 있는 태도는 수치심을 가진 태도와는 정반대이다. 수치심은 사람의 눈을 아래로 향하게 만든다. 수치심에 사로잡힌 사람들은 큰 걸음으로 활보하지 않는다. 위축되고 주눅이 들어 발을 질질 끌며 걷는다. 수치심으로 고통받는 사람들은 나약한 몸동작을 취하며, 팔다리를 몸 가까이 붙이고 다닌다.

확실히 비언어적인 버릇도 거짓이 된다. 언뜻 보기에 자신감 있어 보이는 사람이라도 실제로는 흔들리는 젤리 덩어리를 몸 안에 가지고 있는 것과 같다. 반면 수치심 없는 걸음걸이는 더 큰 자신감을 조성하는 데 도움이 된다.

존엄이라는 개념은 단순한 외모 이상을 다룬다. 사람들은 존경하는 사람, 특히 일부러 겉으로 드러내지 않아도 내면에서 우러나오는 훌륭함을 지닌 사람에게 '조용한 기품'이라는 표현을 자주 사용한다. 조용한 기품을 가진 사람들은 다른 사람들이 혼란스러워해도 당황하지 않으며, 대화 중에 험담을 하지 않는다. 그들에게서 구체적인 정보뿐 아니라 개인적으로 충만한 삶을 살아가는 법을 배울 수 있다.

겸손

+

지속적으로 서로를 비교하기 때문에 수치심은 수직선상에 존재한다. '누가 더 나은가? 누가 더 나쁜가? 무엇에 대해? 언제?

어떻게?' 명백하게 수치심에 사로잡힌 사람들은 항상 비교할 때 나약해진다. 자신이 타인보다 훨씬 못하다고 여기기 때문이다. 그렇다면 자신이 항상 우월하다고 생각하는 사람들은 어떨까? 그들의 우월감은 종종 자신의 싸움을 수치심으로 가리는 건 아닐까? 도대체 왜 그들은 충만한 자신감을 느낄 때조차 계속해서 자신의 우월함을 증명하려고 할까?

단순한 비교 행위도 잠재적인 수치심을 증가시킨다. 그것이 바로 학교에서 A 학점을 받은 학생, 10점 만점을 받은 체조 선수, 종잇장처럼 야윈 모델 들이 여전히 자신이 멍청하고, 어설프고, 뚱뚱하다고 느끼는 이유이다. 그들은 아무리 성공한다 하더라도 다른 사람들과 비교하는 과정에 사로잡힌다. 누군가 더 똑똑하고, 더 우아하고, 더 날씬한 사람은 필연적으로 나타날 수밖에 없다. 가끔은 비교가 유용할지라도, 잠재적 수치심을 줄이려면 타인과의 비교는 당장 중단해야 한다. 그곳에 겸손이라는 개념이 등장한다.

겸손의 원칙은 '세상 누구도 다른 사람보다 본질적으로 더 낫거나 더 나쁘지 않다'는 것이다. 모든 사람은 독특한 재능과 미덕을 지니고 있다. 어떤 이는 다른 사람보다 많은 재능을 타고날 수도 있다. 하지만 깊은 단계인 인간성의 핵심으로 들어가면 차이가 나기보다는 유사한 특징을 지닌다.

수치심에서 자부심으로 가는 여정은 종종 비교의 사다리에서 한 발짝 내려서는 것과 관련된다. 타인보다 우월하거나 열등하다고 느끼려는 초대장을 거절하는 행위를 의미한다. 또한 자신을 타인과 분리하기보다는 연결해 주는 무언가를 찾는 행위이다. 진정한 겸손은 사람들 사이에 공통적인 모든 것과 자신을 연결시켜 준다.

명예
+

명예라는 말은 '원칙에 대한 충실'이라는 뜻을 내포한다. 명예로운 사람은 정직하고, 공평하며, 자기 믿음에 성실한 모습을 보인다. 행동은 믿음직스럽고 도덕적이다. 명예는 시간이 지남에 따라 획득할 수 있는 탁월함이다. 가끔 한 가지 용기 있는 행동으로 명예로워지지만(명예 훈장을 받는다거나), 그보다 자주 사람들은 책임감 있고 출중한 행동이 길게 이어진 경력을 인정받았을 때 더욱 명예로움을 느낀다.

그렇다면 명예가 어떻게 수치심과 관련되어 있는가? 불명예스럽다는 말을 생각해 보자. 사람들은 자신이나 사회에 거짓된 행동을 하면 스스로 불명예스러운 행동을 했다고 여긴다. 불명예스러운 행동은 수치심을 불러일으키며, 반대로 명예로운 행동은 건강한 자부심을 느끼게 해준다.

　명예 모두가 사회의 판단에 의한 것은 아니다. 당신은 일상 행동에서 스스로 명예로움을 느낄 방법을 찾아야 한다. 주의해서 자신의 일상과 행동을 살펴보라는 의미이다. '오늘 내가 하는 행동이 자부심을 느끼기에 도움이 될 것인가?' 자문해 보라. 많은 명예를 삶 속으로 가져오기 위해 당신은 다음 질문을 해볼 수 있다.

　"나의 핵심적인 믿음과 가치를 명예로워하는가? 나는 자신에게 불명예를 안겨 줄 것인가? 만일 그렇다면 변화가 필요하다."

목적

+

　사람들은 목적과 의미를 삶에 주입하기 위해 노력한다. 거쉰 카우프만의 말대로 부모와 동료 같은 중요한 다른 사람들이 당신의 목표를 비웃을지도 모른다. 부모에게 농부가 되고 싶다고 말한 아이가 있다. 부모는 "우리는 지금까지 너무나 열심히 일했다. 우리 아이 중 하나가 힘겹게 손으로 일하게 할 수는 없다"고 대답했다. 아이에게는 무슨 일이 일어나겠는가? 예술가 지망생이 배우자에게서 "예술은 시간 낭비이며 미술 용품을 사기 위한 돈은 없다"는 말을 들었다면 어떤 일이 일어날까?

　아마도 위의 아이나 예술가 지망생은 수치심에 갇힐 가능성이 매우 높다. 그들은 농사를 짓거나 그림을 그리기를 원한다는 사실에도 유감스러운 감정을 가질 것이다. 심지어 삶에 어떠한 의미를 두는 것조차 수치스럽게 여길지도 모른다. 삶에 목적을 부여해 주었던 일을 외면하다가, 마침내 자신이 무언가 원대한 꿈을 꾸었다는 사실조차 잊을 것이다. 너무나 바쁜 나머지 자신의 꿈에 주파수를 맞추지도 못하게 된다. 비록 인생의 여정에서 정착지를 찾긴 하겠지만, 수치심이 너무나 많은 비난을 만들어 어떠한 의미나 목적과 관련된 메시지도 전달될 수 없을 것이다.

사람들은 삶에 의미와 목적을 가져다주는 것을 발견하거나 다시 연결되었을 때 자부심을 느낀다. 농사든, 미술이든, 기도든, 돈 계산이든 상관없이 그러한 일을 행할 때에야 비로소 특별한 무언가가 된다. 더욱이 당신은 진정으로 중요한 것이 무엇인지 알아내기 위해 자신과 깊게 연결되어야 한다. 수치심을 치유하는 과정에서 얻는 가장 훌륭한 선물은 인생에 참 의미를 더해 주는 개인의 목표를 발견하는 것이다.

활기와 힘

+

활기와 힘은 자부심 원에서 자립과 능력 사이에 위치한다. 독립적인 선택과 실행에서 긍정적인 에너지가 필수적이기 때문이다. 자부심을 구성하는 이 두 가지 측면은 '활력^{vitality}'이라는 단어 아래 통합될 수 있다. 지나친 수치심이 사람들의 에너지를 배출시키듯이 자부심은 활력을 증가시킨다. 수치심이 힘을 약화시키는 반면, 자부심은 육체적으로나 감정적으로 힘이 샘솟는 느낌을 준다. 지나친 수치심이 줄어들면서 사람들은 임상 우울증이라고 여기는 에너지 부족, 무기력, 권태 같은 증상들이 실제로는 수치심에서 비롯되었다는 사실을 발견하였다. 지나친 수치심은 이 단어들이 나타내는 모든 의미의 우울함을 나타낸다.

자부심은 그냥 일어나는 현상이 아니다. 자부심을 가진 사람들은 일반적으로 적극적이고, 의미 있는 일을 하느라 바쁘고, 에너지가 넘친다. 자신이 세상에 공헌한다 여기고 자부심을 느낀다. 개개인마다 힘이 넘치고, 강하고, 활동적이며, 삶 자체에 흥분하여 활력이 샘솟는다.

진실성
+

진실성은 자신에게 숨김없이 완전한 솔직함을 보이고 신념을 완수하는 것이다. 어떤 이는 이런 말을 했다.

"나는 자신에게 솔직해져야 한다. 그러기 위해 내가 진정으로 원하는 것이 무엇인지 생각할 여유가 필요하다."

'개인의 진실성 탐구'를 의미하는 말이다. 이와 같은 솔직함은 자기 존중감을 높여 주고, 건강한 자부심으로 이끌어 준다. 개인적 진실성을 가진 사람들은 순응을 강요하는 압박에 좀처럼 굴복하지 않는다. 그들은 개인적 가치를 보존하기 위해 사회적 수치심에 저항한다.

완전성

+

완전성은 자부심을 향한 움직임의 최종 결과이다. 수치심이 자아를 파괴하고 찢어 놓아도, 자부심이 다시 연결하고 결합한다. 그 결과가 바로 그날그날의 행동, 사고, 기분이 삶 속의 기쁨과 영적 인식, 타인에 대한 축하 등의 긍정적인 행복으로 반영되는 완벽한 인간이다. 이런 사람은 한 가지의 존재 이유를 가지고 우주 속에 자리하고 있다.

완전성은 유연함을 허용한다. 누구나 판단하거나 결정하는 일 없이 자신의 다양성과 모순을 감지할 수 있다. 따라서 그들은 놀거나 일하고, 진지하거나 어리석고, 영화를 보거나 기도를 하며, 절제하며 먹거나 마음껏 탐닉할 수도 있다. 그들은 유연성을 가지고 있기 때문에 모든 일을 할 수 있는 것이다. 과거에 타인들에게 받아들여지지 못했던 자신의 특성을 단념할 필요는 없으며, 수치심과 거절을 피하기보다는 인생의 모든 부분을 포용하며 살아야 한다.

연습 문제

1. 수치심 경험의 반대편을 살펴보자. 수치심을 경험하지 않은 사람의 특성을 선택한다면 다음과 같은 사람을 발견하게 된다.

- 다른 사람의 눈을 똑바로 쳐다볼 수 있다.
- 자신이 누구인지에 대해 무언가 올바른 면을 느낀다.
- 적당하고 효과적이라고 자신을 판단한다.
- 모든 것이 사실처럼 느껴진다.
- 다른 사람들이 자신을 훌륭하고, 능력 있고, 잘생겼고, 똑똑하다고 판단하는 것으로 느껴진다.
- 다른 사람들의 긍정적인 판단에 100% 동의한다.
- 자신은 좋은 평가를 받을 자격이 있다고 생각한다.
- 좋은 평가를 철회시키거나 회피할 필요는 없다고 생각한다.
- 자신에게 좋은 감정을 가질 수 있다고 느끼고 실제로 그

렇게 행동한다.

- 인간으로서 훌륭하고, 적당하며, 사랑스럽고, 세상에 속할 자격이 있다고 여기며, 자신이 세상에 존재한다는 것이 좋은 일이라고 생각한다.
- 비록 혼자이고 소외되었다 하더라도 타인들, 자신들의 영적 중심, 자아와 연락하며 지낼 수 있다는 사실을 알고 있다.
- 자신들이 완전한 인간이며, 인간이 된다는 것은 좋다는 사실을 알고 있다.

만일 당신이 이와 같은 경험을 한다면 무엇이라고 칭하겠는가 (비꼬는 말은 사용 금지)? 중립적이거나 긍정적이라고 여겨지는가? 당신은 자부심, 자기 존중, 능력, 수용, 완전성 또는 '자부심 원' 안에 있는 다른 단어 중 하나로 부르기를 원하는가? 당신의 경험을 최대한으로 잘 설명해 주는 단어는 무엇인가? 비록 수치심이 인생에서 커다란 부분을 차지한다 하더라도, 위에 있는 단어 중 하나 이상은 당신의 경험을 인지하도록 만들 수 있다. 모든 사람은 인생에서 어느 정도의 성공을 경험하고 자신에 대한 좋은 느낌을 가지게 하는 말을 찾을 수 있다.

과거 당신의 수치심에 반대되는 느낌으로 이끈 것은 무엇인가? 일지에 적어 보고 당신에게 더 좋은 느낌을 가져다주었던 경험의 특징들을 알아보라. 자신의 본질에 대한 것은 어느 것인가?

당신의 존재 이유에 관한 특징은 무엇인가? 당신이 지금까지 이루어 온 것과 관련된 특징은 무엇인가? 그러한 특별한 경험들이 지금 당장 당신에 대한 더 좋은 느낌을 가지도록 도움을 주는가?

2. 잘 지워지지 않는 특별한 장소를 찾아 '나는 존중받을 만하다'라는 글을 써서 규칙적으로 눈에 들어오는 곳에 붙여 둔다. 가능하다면 여러 장소에 여러 번 눈에 띄게 한다.

패트는 자석 글자로 써서 냉장고와 쿠키 통 뚜껑, TV 위, 욕실 거울 등에 붙여 두었다. 기다란 종이테이프에 적어 각 옷장 서랍 속에도 넣어 두었고, 슬리퍼에도 하나 붙여 놓았다. 나중에는 소를 키우는 울타리에도 붙이고, 자신에게 편지로 써서 보내기도 했다. 꽃밭에는 자갈로 써 놓았으며, 천에다 수를 놓아 벽에 걸어 두기도 했다. 그녀는 약어나 기호를 사용해 어려운 문자로 표현하려고도 했지만, 읽기도 어려울뿐더러 일이 너무 많아서 포기했다.

당신 스스로 우리가 지금까지 생각지 못한 아이디어를 떠올릴 거라 확신한다. '나는 존중받을 만하다'라고 써서 어딘가 특별한 곳에 적어 두고 하루에 한 번씩 여전히 그대로 있는지 확인해 보라. 지루해지거나 누군가가 제거했으면 확실히 찾을 만한 다른 장소를 물색해 보라. 이 글이 사실이라는 확신이 들 때까지 항상 주위에 두는 것이 좋다.

3. 다음 설문 중 자신에게 해당되면 '참', 거짓이면 '거짓'이라고 표시하라. 시간이 지난 후 목록을 다시 살펴보고 '참'으로 변한 내용이 있으면 밑줄을 긋고 반드시 일지에 기록하라.

<u>존중 :</u>

_____ 나는 단지 나이기 때문에 소중하다. 누구도 나와 같은 방식으로 세상을 바라보는 사람은 없다.

_____ 스스로 내가 좋아하는 점이 무엇인지 알아냈고, 같은 방식으로 계속 살아가라고 자신을 격려한다.

_____ 상황이 매우 혼란스러우면 내 속에 존재하는 내면의 현명한 소리에 진심으로 귀를 기울인다.

<u>수용 :</u>

_____ 나는 인생에 일어나는 일이 마음에 들지 않아도 받아들일 수 있다.

_____ 비록 때로는 어렵게 느껴져도 나를 절대로 포기하지 않을 것이다. 내가 아는 것이 내가 할 수 있는 최선이라는 사실을 받아들인다.

_____ 내가 저지른 실수라도 나를 용서할 수 있다.

자립 :

_____ 나의 인생을 타인이 결정해 주기를 바라기보다는 스스로 결정한다.

_____ 인생에 책임을 지는 것은 잘못된 일을 두고 타인을 비난하기보다 쉽다.

_____ 때로는 타인들이 내린 결정이 나를 힘들게 할지라도 그들 스스로 알아내야 한다는 사실을 알고 있다. 질문을 받지 않으면 어떠한 경우에도 조언하지 않는다.

능력 :

_____ 나는 인생에서 성공하기 위해 배우고 연습한다.

_____ 능력은 경쟁보다는 완성이다.

_____ 나는 완벽함을 기대하지 않는다. 그저 적절하면 충분하다.

존엄 :

_____ 내가 가진 가치는 나와 어울려 다니는 사람이 아니라 나의 내면에서 나온다.

_____ 다른 사람들이 타인을 험담하면 듣고 싶지 않다고 말한다. 정말로 중요하다고 생각되는 주제인 나의 인생에만 집중한다.

_____ 나와 타인에 대한 지속적인 존중감을 가지고 있기 때문에 충분히 잘해 내리라 확신한다.

겸손 :

_____ 나는 다른 어떤 사람보다 낫거나 못하지 않다.

_____ 개인은 각자 유일하고 중요한 존재이다. 내가 타인들과 공유할 수 있다는 사실에 행복감을 느낀다.

_____ 나는 누구인가라는 질문이 무엇을 가졌고, 어떻게 생겼으며, 인생에서 얼마나 많은 사람들을 이겨 왔는지 등보다 중요하다.

명예 :

_____ 나는 다른 사람들이 동의하지 않아도 신념을 위해 일어설 수 있다.

_____ 살아가는 방식에서 나의 진정한 가치를 시연한다.

_____ 정직하고 공정한 행동은 스스로 신뢰하도록 도와준다.

목적 :

_____ 나는 인생에 공헌할 무언가 중요한 것을 가지고 있다고 믿는다.

_____ 나는 정해진 경로를 벗어날 때 자신을 붙잡을 정도로 충분한 배움을 얻었다.

_____ 인생에서 내가 하려는 중요한 일이 있다.

활기 :

_____ 내가 진정으로 필요로 하는 모든 에너지를 획득할 방법을 알아냈다.

_____ 인생에서 적극적으로 활동하는 것은 좋은 느낌이다.

_____ 나이를 먹을수록 스스로 느끼는 삶은 더욱 생동감이 넘치고 흥분된다.

힘 :

_____ 나는 강한 사람이다.

_____ 내 힘을 이용해 활력이 넘치는 삶을 살고 있다.

_____ 스스로 인간으로 살아갈 정도로 강해지기는 힘들지만, 내가 하면 할수록 쉬워진다.

진실성 :

_____ 나에 대해 명확하게 살펴보는 것은 성장에 도움이 된다.

_____ 언행일치가 되지 못하면 내부로부터 나약해진다. 나는 일

관되게 잘해 나가는 법을 배웠다.

_____ 나를 신뢰하는 것은 중요하므로 정직해야 한다.

완전성 :

_____ 양측 모두가 진실이면 역설은 모순된다. 나는 과거보다
훨씬 더 모순적이다.

_____ 세상에는 좋은느낌과 나쁜느낌이 존재하지않는다. 적절히
행동하는 한 나의 느낌을 그대로 고수하는 것은 정당하다.

_____ 다양성은 인생의 양념과도 같다. 나와 타인이 '다름'을 감
사하게 생각한다.

인생을 헤쳐 나가기 위해 스스로 가장 많이 개발한 수치심의
반대 개념은 무엇인가? 내년에 당신이 노력하려는 가치는 무엇인
가? 오늘 당신이 삶에 추가할 만한 가치, 긍정적인 방식으로 삶을
풍요롭게 해줄 가치는 무엇인가? 질문에 답해 보고 기회가 올 때
마다 새로운 마음가짐으로 연습에 임하라. 주말에는 당신이 완전
히 마스터했는지 따지기 전에 노력한 자신에게 선물 하나를 주라.

세 가지 수치심 :
희망으로 가는 세 가지 경로

세 가지 수치심

수치심과 관련된 한 가지 주요 메시지가 있다면 아마 '근본적으로 무언가 내게 잘못된 것이 있다'일 것이다. 수치심은 항상 부족한 점, 약점, 단점 같은 것을 지적한다. 수치심이 가리키는 것이 정확하게 어떤 약점인지 구체적으로 생각해 볼 수는 없을까? 수치심은 누군가의 가치를 두고 일반적이고 포괄적인 공격인 '일괄 기소' 형태를 취하고 있는가?

우리는 자주 사람들이 수치심의 3가지 중요한 형태를 설명하는 모습을 보아 왔다(아마도 그 이상의 유형들이 존재하겠지만, 가장 많이 언급되는 것은 3가지이다). 우리는 사회적 수치심, 능력적 수치심, 존재적 수치심이라고 명명했다. 수치심을 경험하는 사람들에게는 세 가지 수치심이 각각 다르게 느껴진다. 각기 다른 문제를 지적하며, 세 가지의 약간 다른 경로를 통해 희망으로 이끌어 줄 것이다. 각각을 이해하면 수치심이 만들어 내는 복잡한 생각을 무사히 통과하는 최적의 길로 인도해 줄 것이다.

첫째 유형은 사회적 수치심이라고 불리는데, 사람들에게 사회에 적응하고 순응하고 받아들여지기를 강요한다. 사회적 수치심은 사람들의 일상생활에 조심스레 맞춰지고, 경제 체제에서 사회 체제 전반에 이르기까지 모든 영역에 영향을 주기 때문에 가장 쉽게 알아볼 수 있다.

사회적 수치심은 두 가지 주요 범주로 나뉜다. 집단 사회적 수치심과 개별 사회적 수치심이다. 겹치는 부분이 있긴 하지만, 둘 사이에는 특별히 중요한 차이점이 존재한다. 집단 사회적 수치심은 일반적으로 '아웃사이더'들에 의해 시작되고, 종종 '편견'이나 '선입견'으로도 불린다. 집단 사회적 수치심은 이미 앞서 논의한 바 있다.

개별 사회적 수치심은 타인에 의해 발생한다. 즉, 타인과의 비교를 통해 내부적으로 기인한다. 그것은 '사람들이 어떤 생각을 할까?'에 중점을 두고 있다. 사회적 수치심은 주로 포기 두려움에서 발생한다. '만일 무언가 잘못된 일을 한다면 나는 거부당하고 사람들이 떠날 것이다. 나는 홀로 남을 것이고, 어디에도 속할 수 없을 것이다' 같은 포기 두려움은 유아기 시절에 양육되기를 바라는 욕구까지 완전히 거슬러 올라간다.

태어난 이후 몇 년간은 홀로 생존할 수 없다. 아이들은 자연스럽게 자신을 돌보는 사람들로부터 멀어지는 두려움을 갖는다. 그때 사회적 수치심은 아이들에게 안전에 대한 확신을 심어 주기 위해 작동한다. 나중에 성인이 되어서는 상대의 반감을 불러오는 말이나 행동을 삼가게 된다. 때로 사회적 수치심은 모든 사람들이 규칙을 준수하도록 집단이 사용하는 무기가 되기도 한다. 그렇더라도 최선의 사용은 대다수 사람들의 최대 행복을 위해 사회적으로 받아들여질 만한 일반적인 범위와 기준을 설정하는 것이다.

다음은 능력적 수치심이다. 주요한 믿음은 '나는 부적절하다. 나는 어떤 일도 제대로 해낼 수 없다'이다. 능력적 수치심은 할 수 있는 일과 해야 한다고 생각하는 일 사이의 차이에서 비롯된다. 능력적 수치심이 심한 수준이면 사기를 당하거나 실패한 느낌을 갖게 된다. 또한 능력적 수치심은 어느 정도 가치도 가지고 있다. 사람들에게 일을 잘하도록 권유하고, 가장 자랑스러워할 업무를 완수하도록 요구한다.

　세 번째 유형의 수치심을 존재적 수치심이라고 부른다. '나는 쓸모없다. 내 인생은 의미가 없다. 나는 살아야 할 이유가 없다'는 핵심 메시지 때문에 효과적으로 대처하기가 가장 어렵다. 존재적 수치심은 개인의 존재할 권리를 공격한다. 대부분의 경우 삶의 희망을 앗아 가고, 그로 인해 자살 경향을 예측할 수도 있다.

　다른 한편으로 존재적 수치심은 자신의 행동을 깊게 고찰하도록 도움을 준다. 종종 삶의 목적에 대한 깊이 있는 변화와 기본 환경에 대한 면밀한 조사의 필요성을 나타낸다. 적절하게 사용되면 사람들을 새로운 행동으로 이끌기도 한다. 자신들의 존재를 괴로워하는 사람들은 삶에서 좀 더 잘할 수 있는 무언가를 찾기 위한 요구로 해석한다.

　우리의 목표는 세 가지 유형의 수치심이 사람에게 영향을 주는 특별한 방법들을 살펴보는 것이다. 또한 사회적 수치심, 능력적 수치심, 존재적 수치심의 세 가지 유형들을 희망을 향한 세 가지 경로와 연결해 볼 것이다.

사회적 수치심

　사회적 수치심은 집단에 소속되지 못한 데 따른 수치심이다. 사람들은 세상의 어느 한 곳에 소속되어 함께 어울리기를 열망한다. 그렇지 않으면 혼자 남겨지거나 버려지는 것을 싫어하고, 때론 두려워하기도 한다. 물론 모든 사람들은 홀로 남겨진 상황에서 살아남는 법을 배운다. 심지어 어떤 사람들은 고독의 즐거움을 발견하기도 한다. 가끔은 사람들로부터 멀리 떠나 혼자 걷고, 독서하고, 사색할 여유를 가지는 것은 좋다. 혼자만의 시간을 보내는 것은 엄청나게 보람 있는 일이 될 수도 있다. 고독과 사적인 자유를 동시에 누린다면 참으로 멋진 일이며, 오로지 선택에 관한 문제이다.

　당신이 혼자 있을 시간과 기간을 마음대로 정할 수 있는 한 좋은 것이고 두렵지도 않다. 하지만 동료와의 관계, 결합, 소속감이 필요하지만 함께할 사람이 아무도 없다면 어떨까? 마치 타인과의 유대를 이어 주는 끈이 끊어져 영원할 것처럼 느껴진다면 어떻게 될까? 그때가 바로 지독한 소외감을 느끼는 경우이다. 절대적 고독은 사람들의 영혼을 갉아먹는다.

　사회적 수치심이 하는 일은 포기로부터 보호하는 것이다. 사회적 수치심이 단지 조그만 꼬마에 불과한 당신에게 말을 걸고 있다고 잠시 동안 상상해 보라. 아마 당신의 사회적 수치심은 이렇게 말할지도 모른다.

"애야, 너는 인생의 교훈을 배워야 한단다. 너를 주변에 맞추며 살아야 한단다. 애야, 네가 원하는 것이 되고 싶거나 하고 싶은 일을 하려고 마음대로 떠나 버리면 안 돼. 아니, 아니, 절대로 안 돼. 그렇게 하면 정말 너에게 좋지 않은 일이 일어날지도 몰라. 엄마는 너를 보고 더 이상 미소 짓지 않을 거고, 아빠는 네게 심술궂은 행동을 할 거야. 맙소사, 네가 그렇게 하면 아마 네게 음식도 안 줄지 몰라. 그러니 애야, 너는 친절해야만 해. 네게 시키는 일을 해야만 하고, 그들이 원하는 사람이 되어야 한단다. 그건 그리 나쁜 일도 아니란 걸 너도 곧 알게 될 거야."

당신도 사회적 수치심이 정말 친절한 목소리로 말을 걸어올 거라는 상상을 할 수 있을 것이다. 그렇지 않으면 "내가 시키는 대로 해. 안 그럼 가만 안 둬"라는 식의 냉혹하고 부담이 큰 목소리가 들릴 수도 있다. 어쨌든 사람들이 원하는 대로 하면 당신이 존재할 수 있다는 점에서 두 가지 모두 같은 것이다. 그들이 원하는 일을 하지 못하거나 원하는 사람이 되지 못한다면 당신에게 벌이 가해질 것이다. 그럼 언제 사회적 수치심이 당신에게 공격을 감행할까? 당신의 말과 행동이 타인들로부터 허락받지 못한다는 사실을 정확하게 깨달을 때이다.

쿠키를 구워서 엄마를 기쁘게 해주고 싶었던 8살짜리 딸은 그 저 엄마에게 혼자 부엌에 들어가면 안 된다는 잔소리만 들을 뿐이었다. 18살 소녀는 학과 수업에서 A를 너무 많이 받는다는 이유로 또래 집단에 들어가기를 거절당했다. 28살 청년은 파티에서 대화하다 여자 친구로부터 '또 바보 같은 짓을 하고 있군'이라는 불쾌한 시선을 경험해야 했다. 38세 여성은 시댁 식구들을 기쁘게 하기 위해 부단한 노력을 했지만, 관심 없다는 한숨 소리만 들을 뿐이었다. 결혼 20년 차인 48세 남자는 이제는 아내가 지겹다고 이혼을 요구하고 있다. 58세 남자는 자신이 암에 걸렸다는 사실을 밝히면서부터 친구들이 피하고 있다. 최근에 남편과 사별한 68세 여성은 다시 데이트를 즐기려고 하자 가족들에게 너무 이르다는 비난을 받았다. 78세 부부는 자녀들이 선택한 양로원을 거부하고 집에 머물기로 했다가 조용한 반대에 직면해야 했다.

"너 또 그랬지. 그렇지? 지금 _____ 이 당신을 정말로 싫어해. 앞으로 우리와 어울리겠다는 생각 자체를 안 하는 게 어때? 너는 절대로 우리와 함께할 수 없을 거야. 너는 패배자야"

당신의 귀에는 사람들을 비난하는 수치심의 목소리가 들리지 않는가? 이러한 목소리는 사람들이 전체적인 사회적 환경을 피하게 만들기도 한다. 사회적으로 무능하다고 설득당하면 타인과의 접촉을 피하게 된다. 아마 사람들의 내면에 존재하는 사회적인 비평은 그 정도로 비열하지는 않을 것이다. 어쩌면 다음과 같은 메시지가 더 적합할지도 모른다.

"네가 망쳐 버렸어. 지금 사람들이 너한테 화가 많이 나 있어. 그래도 너는 그들과 잘 지낼 수 있어. 그들이 말하는 대로 해 줘. 그들이 원하는 사람이 되어 줘. 그러면 너를 받아들일 거야."

이러한 목소리는 사람들이 순응하게 만들고, 허락받지 못한 부분을 포기하며, 받아들여질 수 있는 특성을 지나치게 강조하는 경향을 보인다.

어느 정도의 사회적 수치심은 긍정적이고 생산적으로 작용한다. 결국 그에 맞춰 살아가는 것이 중요하다. 아마 어떠한 느낌도 사회에 진정으로 받아들여지고 감사하게 여기는 마음보다는 못할 것이다.

사회적 수치심이 드는 순간에는 타인들과의 순조로운 관계를 파괴하는 무언가 잘못을 저질렀다는 인식을 하도록 도와준다. 그것으로 사람들은 자신의 행동을 바로잡을 수 있다. 당신은 피해가 너무 심각해지고 광범위해지기 전에 타인들과 연결된 대인관계의 연결 고리를 바로잡을 수 있다. 비록 지독한 경험을 하긴 하지만, 실제로 사회적 수치심과 관련된 대부분의 사건들은 해로움보다는 이로움이 더 많다.

불행하게도 사회적 수치심이 마음속에 너무 오랫동안 자리 잡는 경우도 발생한다. 소위 말하는 '기질화'인데, 누군가의 성격 중 일부가 되는 것을 말한다. 장기적인 사회적 수치심을 가진 사람들은 진정한 자신의 모습을 반드시 숨겨야 한다는 확신을 가지고 있다. 다른 사람들이 알면 반드시 거절할 것이라는 확신 때문이다. "우웩, 저리 가!"라는 말이 사람들이 생각하거나 자신에게 할 말이라고 생각한다.

"너는 달라. 어디든 속할 수 없어. 너는 우리와 함께할 수 없어."

실제로 그런 식으로 대답할 수도 있고, 하지 않을 수도 있다. 중요한 것은 철저하게 사회적 수치심에 사로잡힌 사람들은 자신의 실질적 자아를 사람들이 거절할 것이라고만 예상한다는 점이다.

극단적인 소속감 수치심을 가지고 있는 사람들은 진정한 자아, 즉 나쁘게만 여겨지는 자아가 노출되는 것을 대단히 무서워한다. 결과적으로 그들은 기본적인 성품을 감추기 위해 과민 반응을 한다. 일부 사람들은 사람들을 기쁘게 해주려고 '사회적 카멜레온'이 되어 시간, 날짜, 상황에 따라 모습을 바꾼다. 어떤 사람들은 '거짓된 자아'라 불리는 것을 만들기도 한다. 다른 사람들이 싫어하는 자기 모습의 일부를 완전히 거부하기 위한 행동을 보이는 것이다.

만일 아버지가 자식의 소극성을 참을 수 없다면 아들은 '행위자'로서의 자질 외에 모든 것을 포기해야 할 것이다. 그 과정에서 멈출 줄 모르고 느낄 줄도 모르는 일 중독자가 되어 간다. 보다 수동적이고자 하고 세상에 대한 통제력을 잃고자 하는 아이의 충동은 무의식 속에 아무렇게나 깊이 뿌리박게 된다. 수동적이면서 아버지의 사랑은 받을 수 없기 때문에 아이는 결국 완전히 적극적인 모습으로 변하는 것이다.

거절 두려움은 외모나 이미지와 관련해 빠르게 진행되는 우리 사회의 스트레스와 많은 연관이 있다. "나 어때 보여?"라는 말은 서로 잘 알아 가려고 하지 않을 때에는 특히 비판적인 질문이 될 수 있다. 실제로 많은 개인과 가족들은 현실적인 것보다는 외모에 더 많은 관심을 가지는 듯 보인다. 겉으로 좋아 보이는 한, 그리고 현재 모습을 그대로 유지하는 한, 모든 일은 틀림없이 잘 돌아가고 있는 것이다. 수치심은 이러한 사람들을 지배해 왔다. 정확히 말해, 이것이 바로 그들을 제어하는 수치스러운 거절 두려움이다.

사회적 수치심이 나타나는 것은 언제인가? 누군가의 대중적 정체성이 위협받는 경우에는 언제든 발생하고, 개인 정체성이 노출되었을 때에도 발생한다. 대중적 정체성은 대체로 역할(부모, 교사 등), 역할을 수행하는 방식(부모로서, 교사로서 행하는 특별한 방식), 타인들이 생각해 주기를 바라는 자신의 모습(친절하고, 경쟁력 있고, 현명한 등), 자신과는 맞지 않는 모습에 대한 명확한 생각(농촌 소년, 모험가, 독단적인 사람 등)으로 구성되어 있다. 그럼에도 대중적 정체성은 한 개인의 전부를 나타내는 것은 아니다.

사람들은 또한 개인 정체성도 타인들에게 보여 주는 모습과 어느 정도 조화를 이루게 한다. 대부분 마음 놓고 있을 때 자신들이 행동하는 방식과 느낌, 경험, 바람 등 가장 은밀하고 사적인 부분을 타인들이 알기를 원하지 않는다.

대중적 정체성은 타인들이 보는 곳에서 착용하는 마스크와 같다. 그러나 사용 후 아무 생각 없이 던져 버리는 마스크와는 달리, 공적인 자신의 모습을 심각하게 받아들인다. 대중적인 모습에 의해 일부 숨겨진 개인의 정체성처럼 대중적인 인격 또한 당신의 일부이다. 그래서 누군가가 대중적 정체성을 자극하는 말을 하면 확실한 고통을 느끼게 된다.

교회 신자에게 성적으로 추근대다 고소를 당한 성직자의 반응이나, 직장에서 갑자기 해고당해 제복을 입은 보안 요원들의 호위를 받으며 작업장을 빠져나갈 때의 굴욕감을 상상해 보라. 상당히 낮은 수준이지만(핵심적인 정체성을 향한 도전이 아닌), 정장에 얼룩이 있다거나 바지가 찢어졌다는 말을 듣고 당황하는 모습을 상상해 보라.

거의 예외 없이 일관성은 대중적 정체성의 핵심적인 측면 중

하나이다. 사람들은 매일같이 똑같은 일상이기를 기대한다. 그래서 가능한 빨리 자신의 손상된 대중적 이미지를 수선하려고 한다. 자신에 대해 다시 한 번 옳은 방식으로 생각하도록 좋은 이미지를 명확하게 만들기를 원한다.

개인적 자아의 갑작스럽고 억제되지 못한 노출은 거의 확실히 수치심을 동반한다. 어머니가 갑자기 새 여자 친구에게 자신의 어릴 적 사진을 보여 준 아들, 공격적인 동성애자 권리 옹호 단체에 의해 동성애자로 밝혀진 국회 의원, 아들이 익사했다는 소식을 접한 부모가 비탄에 빠져 눈물 흘리는 모습 등이 텔레비전 뉴스에 방영되는 경우를 생각해 보라. 매우 개인적이고 사적인 부분이 노출된 경우이다. 예상치 못한 관심에 당황하고 침해당한 느낌을 받는 것은 당연하다. 두말할 필요 없이, 개인적 자아가 타인들에 의해 옳지 못한 것으로 판명될 경우 수치심은 더욱 악화될 것이다.

지금까지 우리가 논의한 사회적 수치심의 내용을 요약해 보자. 첫째, 포기 두려움을 기반으로 한다. 둘째, 사회적 수치심은 거절당할지도 모르는 무언가를 행하고 말함으로써 외부로부터 단절될 위험에 처해 있다고 알려 준다. 셋째, 이러한 정보는 다른 이들에게 받아들여질 수 없는 일을 그만두거나 타인들이 원하는 일을 시작함으로써 위험을 격리하는 선택을 하게 한다. 넷째, 사회적 수치심은 대중적 이미지가 위협받거나 사적인 자아가 갑자기 노출되는 두 가지 조건에서 유발된다.

사회적 수치심의 기원에 해당되는 정의와 그것이 말하는 바를 제대로 이해했을 것이다. 당신은 사회적 수치심을 삶에서 긍정적인 힘으로 전환시킬 좋은 위치에 와 있다. 이제 그 방법론을 설명할 것이다.

사회적 자부심 : 희망으로 가는 첫 번째 경로

앞에서 '자부심'이 어떻게 지나친 수치심에서 벗어나는 과정을 개괄하는지 설명했다. 사회적 자부심은 자신의 사회적 자아에 좋은 감정을 가지고 있을 때 생겨난다. 이러한 긍정적인 느낌은 타인들에게 편안함을 느끼고, 소속감을 느끼고, 유대와 친밀감을 형성할 수 있을 때 나타난다. 대체로 그들은 자신이 우주의 한 곳에 자리하고 있어서 지나친 거절과 포기 따위는 두려워하지 않는다고 믿는다.

다음은 사회적 자부심을 향상시키기 위해 스스로 할 수 있는

5가지 주요 사항이다.

- 과거에 경험했던 포기와 효과의 영향을 인지하고 처리한다.
- 포기 두려움이 당신의 삶에 영향을 주었고, 계속해서 영향을 미치는 방식을 중점적으로 다룬다.
- 사회적 수치심 때문에 버려졌던 자신의 모습을 재발견하고 받아들인다.
- 수치심을 주지 않고 비난하지도 않는 친구와 동료로 구성된 네트워크를 형성한다.
- 정신적인 면을 포함해 당신 존재의 모든 수준에서 소속감을 형성한다.

과거의 거절들을 처리하라

+

　포기 두려움은 어디에서 온 것인가? 우리가 다루었던 어린 시절의 본능적인 두려움을 제외하면 실질적인 상실과 거절에 대한 후유증으로 자주 나타난다. 다시 말해, 포기 두려움은 자신의 인생 여정에서 포기한 것을 반영한다. 자신의 상처를 축소하거나 과장하지 않고 인지하는 것은 중요하다.

　시작하기 좋은 방법 중 하나는 어린 시절과 성인이 된 지금을 기준으로 버림받았거나 거절된 주요 시간을 중심으로 목록을 작성하는 것이다. 스포츠에 서툴러서 제일 나중에 선택되었다거나, 부모님이 가난하여 유행이 지난 옷을 입어야 했던 것처럼, 다른 사람들에게는 사소하게 비칠지 몰라도 당신의 영혼을 가장 많이 녹슬게 한 사건들에 집중하고 싶은 마음이 들것이다.

포기 두려움을 집중적으로 다루어라

+

과거의 모든 거절들을 그대로 과거에 남겨 둘 수 있다면 상관없다. 그러나 현재 시간 속으로 침입해 들어온다면 어떻게 될까? 당신이 어떤 일을 하면 다시 거절될까 두려워하는 형태로 뇌리를 떠나지 않는다면 어떻게 될까? 아마도 당신은 무슨 일을 하든 거절당할 것이라는 확신을 가질 것이다. 그렇다면 왜 귀찮게 다른 사람들에게 계속 다가가려고 노력하겠는가?

자부심으로 가는 두 번째 단계는 포기 두려움이 현재의 삶에 어떻게 영향을 미치는지 알아내는 것이다. 어울리고 싶은 욕망이 생기면 당신은 무엇을 하는가? 어떠한 일을 하지 않는가? 인생에서 얼마나 많은 기간 동안 거절 두려움으로 고민해야 했는가? 당신의 두려움은 얼마나 현실적인가? 만일 당신이 적대적이고 지속적인 거절에 따른 수치심을 가진 사람과 함께 생활하거나 일해야 한다면 별개의 문제이다. 사람들이 실제보다 많이 거절할 것이라고 예상하는 것 역시 매우 다른 경우이다. 그것은 사람들이 포기에 대한 불합리한 두려움을 가지고 있을 때 발생한다.

숨겨진 발견

+

우리는 사람들이 거절당하지 않기 위해 자신의 특정 부분을 어떻게 포기하는지 설명했다. 과도한 사회적 수치심을 치료하는 과정의 일부는 잃어버렸던 부분을 발견하고 되돌리는 것이다. 감정을 드러내지 않는 부모를 기쁘게 하기 위해 열정을 포기했던 사람은 다시 열정을 회복할 것이고, 마음껏 놀 권리를 포기했던 사람은 성인 취미 클럽에 가입할 것이다. 창의력을 포기했던 사람은 계속해서 시를 쓸 것이다. 물론 처음에는 거의 대부분 두려움을 느낀다. 수치심과 포기 두려움을 유발하기도 한다. 그럼에도 결국에는 자신의 모든 것을 재발견해야 치료가 이루어진다.

새로운 친구

+

사회적 수치심을 치료하기 위한 최선의 방법 중 하나는 수치심을 유발하지 않는 사람들과 가능한 한 많은 시간을 보내는 것이다. 가족이나 친구들이 당신을 원한다는 사실을 아는 것보다 좋은 일이 또 있겠는가? 그들은 당신을 참아 주는 것도 아니고 비웃지도 않는다. 진정으로 당신에게 감사하며 함께하기를 기대하고 있다. 당신은 그들의 관심과 보살핌을 받아들이고 인정해야 한다. 그것이 바로 당신이 해야 할 일이다. 진정으로 사람들이 당신을 좋아할 때 그러는 것은 훨씬 더 쉽다. 사랑의 테두리 안에 당신의 자리를 마련해 두고 있는 사람들을 찾아 기쁜 마음으로 합류하라.

소속감
+

과도한 사회적 수치심의 마지막 치료는 진정으로 자신의 존재를 깨달았을 때 일어난다. 이 말의 의미는 단순히 환경에 맞추는 것 이상이다. 당신의 인생이 가치 있고, 당신의 기여가 상당히 중요하며, 당신의 존재가 타인들에게 중요하다는 의미이다. 그것은 보다 넓고 정신적인 수준에서의 소속감을 요구한다. 당신은 우주의 일부이며, 전체 세상의 한 부분이기도 하다.

타인들도 역시 우주의 일부분과 연결되어 있기에 당신도 잘 받아들일 수 있다. 보다 큰 개념의 소속감은 단순한 교감을 뛰어넘는다. 더 큰 세계의 완전한 인간으로서 감정적으로 타인들과 결합하고 전념하게 한다. 사람이 전체적인 완전함을 느끼고 세상과 하나 됨을 안전하게 느낄 때 포기 두려움은 진정된다.

능력적 수치심

수치심에 대한 5가지 핵심 메시지가 있다. '나는 잘하지 못한다', '나는 적합하지 않다', '나는 어디에도 속할 수 없다', '나는 사랑받을 수 없다', '나는 존재하지 말았어야 한다'이다. 이 중 '나는 잘하지 못한다'는 우리가 만나 본 많은 미국인 고객과 학생들이 가장 일반적으로 하는 말이다. 문화적이거나 보편적인지는 명확하지 않지만, 확실히 경쟁적이고 능력을 비교하는 미국 사회의 경향은 결코 유능해질 수 없다는 생각을 고착화시키는 데 지대한 기여를 했다.

"성공하라, 성공하라, 성공하라!"

우리 사회는 늘 외쳐 댄다.

"일등이 되어라. 2등에 안주하지 마라. 야망을 가져라. 노력해라. 당신은 당신이 원하는 무엇이든 될 수 있다. 당신은 당신이 원하는 무슨 일이든 할 수 있다. 최고가 되지 못한 자신이 부끄러운 줄 알아라. 최고가 아니라면 당신은 실패자일 뿐이다."

이 나라의 직업의식은 정확히 양날의 검과 같다. 열심히 일하도록 강요하고 성과를 달성하게 밀어붙이는 힘은 당신이 멈추어야 할 시기를 알아채지 못하게 막는다. 무자비한 경쟁은 실패에 따르는 두려움을 가져왔으며, 절대로 적합한 사람이 될 수 없다고 여기는 능력적 수치심을 조장한다.

능력적 수치심은 실수할 때마다 나타나는 경향이 있다. '나는 실수를 저질렀다'에서 '내 자체가 실수이다'로, 또는 '나는 한 번 실패했다'에서 '나는 완전한 실패자다'로 아주 쉽게 발전한다. 능력적 수치심을 가지고 있는 사람들은 스스로 나약하고, 부족하고, 무능력하다고 느낀다. 그들이 저지르는 모든 실수는 단순히 본질적인 결함을 입증해 줄 뿐이다. 당연히 너무나 많은 사람들이 완벽주의자가 되어 자신의 수치심보다 한발 앞서가려고 노력하고 있다.

완벽주의는 오로지 능력적 수치심을 잠시 늦춰 줄 뿐이다. 수치심을 경감하거나 치료하지 못한다. 모든 인간은 완벽하지 않으며, 필연적으로 실수를 범하기 때문이다. 완벽주의자들은 자신의 내면에서 나오는 비난에 몸서리친다.

"너는 형편없어. 넌 엉터리야. 넌 어떤 일도 제대로 할 수 없어. 넌 패배자야."

능력적 수치심은 다른 경우에도 발생한다. 너무나 공들여서 준비한 팬케이크가 오븐에서 새까맣게 타서 나오거나, 60세가 되어 수척해진 모습을 발견하고 결코 기업 대표가 될 수 없을 거란 사실을 깨달을 때처럼, 목표와 이상이 좌절된 경우에도 수치심은 유발된다.

능력적 수치심이 발생하는 또 다른 근원은 자신과 타인과의 비교를 멈추지 못할 때이다. 그렇다면 질문은 '나는 적합한 사람인가?'에서 '나는 _____보다 못한가?'가 된다. 비교하는 질문을 자신에게 하면 수치심은 보다 쉽게 침범해 온다. 당신은 오늘 다른 누구보다 뛰어날 수 있지만, 경쟁을 시작하면 내일 타인과의 경쟁에서 일어날지도 모르는 패배를 염려해야 한다.

능력적 수치심은 한 가지 보완적 가치를 가지고 있다. 자신의 업무를 정직하게 처리하지 않을 경우 후회를 하게 해준다. 그것이 능력적 수치심의 주요 목적이다. 능력적 수치심이 없다면 자신의 일에 거의 자부심을 가지지 못할 것이다. 우리가 다른 수치심을 논의해 온 바와 마찬가지로 너무 많은 수치심을 느끼면 문제가 발생한다. 그때 최선을 다하라고 재촉하지 않는다면 수치심은 자연히 쇠약해진다. 지속적으로 실패를 느끼는 것은 결코 적절하지 않다. 도전을 취소하게 만들고 성공으로 가는 길에 방해만 될 뿐이다.

능력적 수치심의 반대는 능력적 자부심이다. 사람들을 능력적 자부심으로 이끌어 주는 단계들은 다음과 같다.

- 당신의 힘을 활용하기 위해 노력하고 약점을 보완하라.
- 완벽함보다는 적절함을 받아들이는 법을 배워라.
- 자신에게 맞는 적당한 목표를 설정하라.
- 심리적으로 도전적인 과제를 지향하라.
- 오로지 자신과만 비교하라.

강점과 약점
+

각각의 인간은 타고난 재능을 가지고 있다. 어떤 사람은 숫자에 능하고, 인상적인 운동 능력을 가지고 있거나, 유창한 말솜씨를 자랑하기도 한다. 어떤 사람은 온화하며 예술적이고 촉각이 뛰어나다. 그에 반해 모든 인간은 약점도 가지고 있다. 많은 사람들은 조직적인 기술이 부족하고, 촉각을 이용하는 예술가는 직관적으로 원근법을 파악하지 못한다.

수치심과 자부심은 우리의 타고난 강점과 약점을 정확하게 반영하지 못한다. IQ 150인 사람은 어떤 자부심을 가질 수 있을까?

물론 높은 지능을 가지고 태어나는 것은 행운이다. 그러나 능력에 대한 수치심과 자부심은 후천적으로 습득된다. 당신이 자신에게 좋은 감정을 가지는지 여부는 타고난 재능을 어떻게 사용하느냐에 달려 있다.

사람들은 스스로 잘할 수 있는 일뿐 아니라, 그저 어떤 일을 할 수 있어도 자부심을 느낀다. 첫째로 당신의 타고난 재능을 잘 활용할 수 있으며, 둘째로 당신의 약점을 적절하게 보완할 수 있다. 타고난 운동선수는 자신이 활용할 조직적인 시스템을 고안하기 위해 도움을 받을 수 있다. 촉각을 이용하는 예술가는 자신의 결점을 최소화하기 위해 원근법과 관련된 수업을 듣거나, 원근법이 적게 필요한 장면을 만드는 데 집중할 수 있다.

당신이 타고난 재능은 무엇인가? 타고난 결점은? 목록을 만들 때는 당신에게 솔직해야 한다. 재능을 과대평가하면 세상이 당신의 탁월한 재능을 존경하지 않을 경우 실망만 하고 만다. 반면 과소평가하면 스스로를 수치심에 가두게 된다. 당신이 어떠한 일을 성취하는 것을 방해하는 것이다.

적합성
+

능력적 자부심을 개발하는 다음 단계는 '적합성의 원리'에 따라 사는 법을 배우는 것이다. 당신이 완벽주의자거나 제대로 못한다는 이유로 스스로 어떠한 일을 하지 않는다면 적합성의 원리는 특히 더 중요하다.

당신이 무언가를 충분히 잘하는 때는 언제인가? 일반적으로 당신에게 '수확체감의 법칙^{law of diminishing returns}'이 적용될 때는 프로젝트에서 얻는 가치보다 투입하는 에너지가 더 많아진다는 의미이다.

한 가지 예가 있다. 당신이 정원을 가꾸는 법을 배우고 싶어 한다고 가정해 보자. 무언가 경험해 본 적 없거나 보지 못했던 일이 발생하면, 당신은 책을 읽고 많은 것을 배울 것이다. 거기에서 영감을 얻었다면 또 다른 책을 읽게 되고, 계속해서 다른 책을 읽어 갈 것이다. 하지만 머지않아 당신은 이미 정원과 관련된 거의 모든 지식을 알고 있다는 사실을 깨닫게 된다. 당신은 밖으로 나가 성공적으로 정원을 심고 가꿀 적합한 지점에 도달한 상태이다. 당신이 계속해서 독서를 할 수 있다는 점은 확실하지만, 더 이상 당신의 정원 가꾸기 계획에 도움을 주지는 못하는 것이다.

합리적인 목표

+

삶에서 우리가 해 왔던 일과 성취하고자 하는 일 사이에는 차이가 존재한다. 각자 개인의 마음속에 '이상적인 자아'를 품고 있기 때문이다. 당신의 이상적인 자아는 최고의 상태에 있는 자신이다. 현실과 이상의 차이는 실제로 매우 생산적이기도 한데, 당신에게 새로운 기술을 개발하도록 강요할 수도 있는 것이다. 때로는 차이가 너무 커서 당신의 부적절성을 과도하게 인식하게 만들기도 한다.

자신의 목표로 나아갈 방법을 찾을 수 없을 때 능력적 수치심을 느낀다. 반대로 비록 완전히 도달하지 못했다 하더라도 자신의 이상을 향해 나아감으로써 능력적 자부심을 경험한다. 합리적이고 성취 가능한 목표 설정은 당신의 이상적 자아를 명예롭게 하고 능력적 자부심을 느끼게 하는 중요한 방법이다.

합리적인 목표는 일반적으로 생산이 아닌 과정에 초점을 맞추고 있다. 하루에 3장씩 글을 쓰는 작가는 단순히 영감을 얻어야만 글을 쓰는 작가보다 성공할 가능성이 높다. 두 사람 모두 글을 쓰기를 원하지만, 한 명은 구체적인 계획을 가지고 있는 반면 다른 사람은 단지 욕구만 가지고 있어서다.

도전을 받아들여라

+

자신의 삶에서 몇 가지 도전을 받아들이면 능력적 자부심이 발현된다. 그렇다면 그다음에 할 일은 무엇인가? 어떤 위험을 감수해야 하는가? 능력적 자부심을 가진 사람들은 재능을 개발하기 위한 새로운 영역을 물색한다. 새로운 기술을 습득하기 위해 가끔씩 발생하는 위험은 기꺼이 감수한다. 그래서 진출할 기회를 새롭게 잡으면 초대장을 선뜻 받아들인다.

능력 있는 연구원들은 효과적인 실천가들이 소위 말하는 '대처 반응'을 가지고 있다는 사실에 주목한다. 그들은 강요받으면 회피하기보다 오히려 도전을 향해 앞으로 나아간다. 도전을 받아들이면 당신의 자아 존중감을 높여 준다. 끊임없이 변화하는 세상에 스스로 잘 대처해 나갈 믿음을 가지도록 도와준다. 자존감과 능력적 자부심을 높이기 위한 한 가지 방법은 최근에 가려는 길에 등장한 것이 어떠한 도전인지 스스로 물어보는 것이다.

다른 사람들과 비교하지 마라

+

능력적 자부심은 강력한 개인 상품이다. 자신의 기술과 능력에 기반을 두는 행동에 대한 좋은 느낌과 관련된다. 가장 빠른 달리기 선수가 다른 경쟁자가 있음에도 불구하고 자신과 경쟁하는 이유이다. 그들의 목표는 다른 모든 사람을 이기기보다는 자신의 능력을 향상시키는 것이다. 자신을 타인과 비교하는 대신 자신의 현재와 과거를 비교한다.

수치심은 자신을 타인들과 비교하는 데 너무 많은 시간을 허비할 때 번창한다. 지나친 비교는 시기심을 조장하고, 타인들이 가진 것을 잃어버리기를 바라는 마음이 기쁨을 가져다준다. 그러나 타인을 패배시키는 것은 진정한 자부심으로 이끌어 주지 못한다. 능력적 자부심으로 가는 유일한 길은 일을 잘해 내겠다는 자신의 약속을 지켜 나가는 것이다.

존재적 수치심

당신이 존재할 권리를 의심해 본 적 있는가? 당신이 하찮은 존재이며, 세상에 부담이고, 심지어 신이 저지른 실수라 여기는가? 당신이 없는 세상은 더 잘 돌아갈 것이라 확신하는가? 타인과의 관계보다 자신과의 관계에서 많은 공허와 단절이 느껴지는가? '나는 누구인가'라는 질문에 '나는 아무도 아닌 하찮은 존재이다'라고 답하는가? 자살을 생각하지는 않지만, 당신의 삶은 희망도 의미도 없다고 여겨지는가? 이 모든 것들이 존재적 수치심이 나타날 징후이다.

존재적 수치심은 자아가 스스로를 포기할 때 발생한다. 그렇다면 발생하는 방식과 이유는 무엇인가? 원가족의 관점에서 보면, 어린 시절 부모가 자신을 원하지 않는다는 느낌에서 기인한다. 그들은 부모님의 눈에서 사랑의 따뜻한 온기를 느끼기보다는 오로지 냉담함과 성가심을 느꼈다. 곧이어 자신들이 근본적으로 무언가 잘못되었다고 여기게 되었다. 하지만 자신들과 제대로 유대를 형성하지 못하는 부모의 잘못이나 부족함 때문이라 생각하지는 않는다. 너무나도 위협적이어서 유일하게 자신들의 생존에 책임을 지는 사람들이 치명적인 결점을 가지고 있다고는 감히 생각하지 못하는 것이다. 이것은 아이 자신의 잘못이다. 무언가 본질적인 잘못이고, 치명적인 결함이 되었다. 그들은 경멸과 혐오로 자신을 외면하기 시작했다. 자신들이 존재할 권리마저 인정하지 않게 된 것이다.

확실히 설득력 있는 설명이지만, 주의할 부분이 있다. 원가족의 책임을 면제해 주는 대안적 설명이 있기 때문이다. 당신은 지금 생화학적인 우울증을 야기하는 장기적인 고통을 겪고 있을수도 있다. 비슷한 생각과 느낌을 경험한 사람은 반드시 정신 건강 전문가로부터 우울증 진찰을 받아야 한다. 당신과 관련해서 현재의 관계와 문화적 편견 같은 수치심의 근원을 고려해 보는 것도 중요하다. 끝으로 성인인 당신은 자신의 인생에 궁극적인 책임을 져야 한다는 사실을 명심해야 한다.

존재적 수치심을 설명하는 또 하나의 가능성이 있다. 수치심과 관련된 경험을 가진 모든 이들에게 해당되는 것은 자기 삶의 핵심적인 의미가 무엇인지 질문하는 시기이다. 어쨌든 당신은 지금 여기에 자신이 있는 이유를 말해 주는 점괘를 가지고 태어나지는 않았을 것이다. 당신이 존재하는 목적을 깊이 있게 고민해 보라. 그래야 당신의 목적이 그저 환상처럼 여겨져서 겪게 되는 절망감을 잘 다룰 것이다.

다른 모든 수치심과 마찬가지로 존재적 수치심도 단기적이고 너무 강력하지 않을 때 유용하다. 그때가 바로 당신에게 '이 가게에서 평생 동안 일하기를 원하는가? 당신뿐 아니라 타인을 도우며 살겠다던 약속은 어떻게 되었나?' 같은 메시지를 전할 시기이다.

존재적 자부심을 느낄 가능성으로 이끌어 주는 존재적 수치심은 유용하다. 당신이 자신을 받아들이거나 인생의 의미를 발견하는 것은 상상도 못 할 중독성 존재적 수치심에 매장되는 상황과는 다르다. 여기 존재적 수치심을 존재적 자부심으로 전환할 4가지 방법이 있다.

- 당신의 자기 파괴자와 정면으로 맞서라.
- 당신 자신에게 호기심을 가져라.
- 당신의 인생에 의미를 부여하는 것을 찾아라.
- 당신이 존재할 권리를 단호히 주장하라.

당신의 자기 파괴자에 정면으로 맞서라

+

과도한 존재적 수치심을 가진 사람들에게는 결정적으로 중요한 조언이다. 당신의 존재적 수치심이 학교 운동장에서 약자를 괴롭히는 불량배라고 상상해 보라. 당신을 전멸시키기 위해 소리치고 으르고 협박한다. 거기에 굴복하면 당신은 나약함을 느끼게 된다. 불량배는 당신의 두려움과 수치심을 먹고 성장한다.

불량배를 다루는 유일한 방법은 일어나서 맞서 싸우는 것이다. 불량배가 당신은 하찮은 존재라고 말하면 거짓말이라고 강력히 주장하라. 사실 당신은 몇 차례 굴복한 적이 있었을 것이다. 하지만 전혀 중요하지 않다. 당신이 자신을 비난하도록 더 이상은 내버려 두지 않을 것이라는 사실을 불량배가 받아들일 때까지 계속해서 싸워야만 한다. 불량배를 마음속에서 완전히 제거하지는 못하겠지만, 적어도 당신에게 가하는 힘을 제한하고 통제할 수는 있다.

호기심을 가져라

+

　존재적 수치심을 가진 사람들은 종종 자신에게 향하는 관심을 잃어버린다. 자신이 누구인지도 모르고, 아예 관심조차 두지 않는다. 자신들이 기본적으로 불완전한 존재라는 사실을 언제부터 믿기 시작했을까? 자신들의 결점을 점점 더 많이 알고자 하는 사람들은 누구인가?

　존재적 수치심을 치유하기 위해 자아에 대한 관심을 다시 불러일으키는 것은 중요하다. 자신이 누구이며, 어디로 가고 있으며, 자신을 움직이게 만드는 원동력이 무엇인지 궁금해하는 것이다. 물론 당신은 완전한 인간으로서 자신의 나쁜 점보다는 좋은 점을 알아야 한다. 호기심을 갖는 것은 자기 수용의 주요한 구성 요소이다. 당신의 본모습을 알고 나서야 비로소 자신을 받아들이게 된다.

인생의 의미를 찾아라

+

　의미 있는 삶은 그냥 생겨나지 않는다. 자신이 어떤 일을 해야 하고, 어떻게 세상에 존재하기를 원하는지 깊이 숙고한 결과이다. 어떠한 행동이나 직업도 항상 의미 있지는 않다. 어느 한 사제가 자신의 삶에서 완벽한 가치를 발견하였더라도, 다른 사제는 지금 시간 낭비를 하고 있다는 느낌을 몰래 가질 수도 있다. 어느 간호사는 직업에 지루함을 느끼지만, 그녀의 동료는 다음 날 출근을 몹시 기다릴 수도 있다. 문화적인 판단도 매번 유용하지는 않다. 미국 사회에서 은행원들이 사회복지사보다 많은 보수를 받지만, 그렇다고 은행원들이 자기 삶에 만족하고 있다는 의미는 아니다.

삶에서 의미를 찾아내는 것은 당신의 책임이다. 자부심으로 충만하려면 당신은 어떤 일을 해야겠는가? 당신은 죽은 뒤 어떻게 기억되기를 바라는가? 당신은 인생에서 겪은 어떤 실패를 후회하는가? 일상에서 당신은 어떠한 행동이 소중하게 여겨지는가? 자신에게 좋은 느낌을 갖도록 당신은 어떻게 세상에 기여하고 있는가?

한 가지 완벽한 직업이나 기여, 활동을 찾기 위해 애쓰지 말라. 의미 있게 개인적 가치에 추가할 많은 일들이 존재하고, 경험할 기회도 많다. 매일매일 개인은 어떤 방식으로든 확실히 공통의 선에 기여한다. 그 목적은 사회적으로 의미 있는 노력들 중에서 당신에게 옳다고 느껴지는 것을 발견하는 것이다.

당신의 존재를 주장하라

+

당신이 존재할 기본 권리를 주장해야 한다는 말이 이상하게 들리는가? 이것은 창조되도록 요청하거나 출생을 약속하는 계약에 서명하는 것이 아니다. 단지 당신이 여기에 존재하기 때문에 인생이 가치 있다는 사실이 믿기지 않는가?

'나는 여기에 있다', '나는 존재한다'는 말은 단순하지만 존재적 수치심을 치유하는 데 있어서 매우 중요한 구문이다. 오직 판단을 내리기 위한 것만은 아니다. 존재적 자부심은 좋거나 나쁘다고 말하는 것이 아니라, 당신의 존재에 대한 그저 단순한 확언이다. 존재적 자부심을 가지는 궁극적인 치료는 당신의 존재를 의미 있게 확언할 수 있을 때 가능하다. 당신은 어떤 일을 하든 상관없이 가치를 지니고 이 세상에 존재한다. 당신의 존재는 결코 복제될 수 없는 유일무이한 예술 작품이다.

'당신 스스로가 존재의 의미 자체이다'는 달리 설명하는 말이다. 당신은 확실히 자신의 몫을 다하기를 원하고, 그렇게 하기도 할 것이다. 그러나 당신의 존재 자체가 이미 본질적으로 가치를 가진다. 당신이 존재할 권리를 두고 질문할 필요조차 없기 때문이다. 당신은 존재하며, 그것으로 충분하다.

연습 문제

1. 카멜레온은 환경에 맞추어 피부색이 변하는 도마뱀이다. 모래 위에 앉아 있으면 갈색으로 변하고, 짙은 회색을 띤 바위 위에 앉아 있으면 피부색도 짙은 회색으로 바뀐다. 다른 개체들이 잘 못 보게 하기 위한 훌륭한 위장술이다.

많은 수치심을 가진 개인은 카멜레온과 같다. 당장 처한 환경에 시각적으로 맞추기 위해 자신을 변화시킨다. 너무 많이 튀는 것을 두려워하며, 주변에 있는 사람들과 유사하게 바뀐다. 하지만 너무 자주 위장하면 문제가 발생한다. 심지어 정확한 자기 정체성을 잃어버릴 수도 있다.

주변 사람들과 동화되기 위해 당신의 행동을 변화시켰던 경험을 떠올려 보라. 그러면 사람들이 당신을 다르게 인식하지 않았다는 사실을 알게 될 것이다. 주변 사람들이 당신을 어떻게 판단했다고 생각하는가? 당시 사람들이 어떤 행동을 보였다고 생각하는가? 자신을 숨김으로써 무엇을 얻었는가? 무엇을 잃었는가?

2. 거절에 관한 최고의 해결책은 두려움이 아니라 조사이다. 이번 연습의 목표는 실제로 거절을 20번 경험해 보는 것이다. 지금 누군가에게 전화를 걸어서 함께 무언가를 해주기를 부탁했

는데, 그는 이미 다른 계획을 가지고 있다면 진짜 거절이 아니다. 당신이 전화를 걸어 "네가 나와 함께 그걸 하고 싶지 않다는 걸 알아"라고 말했는데, 상대방이 "그래, 맞아"라고 한다면 역시 진짜 거절이 아니다. 실제로 상대방이 "아니, 나는 너와 함께 그걸 하고 싶지 않아"라고 말했다 하더라도 당신의 요청에 대한 승낙도 거절도 아니다. 누군가와 함께 어떤 일을 하려고 하지 않는 사람에게 말하는 요청도 포함시켜서는 안 된다.

만일 당신이 거절 두려움을 극복하려면 20번 거절당할 준비가 되어 있어야 한다. 당신은 이번 연습의 목표가 단지 거절에 익숙해지는 것이라고 생각할지도 모른다. 미리 알아 두어야 할 점은 20번 거절당하기 위해서는 충분히 많은 사람들에게 전화를 걸어야 한다는 사실이다. 당신은 단지 몇 명의 사람에게 전화를 걸어도 상대방이 내린 승낙으로 상당히 바빠질 것이다. 어떤 사람들의 경우 순식간에 일정표가 꽉 찼다고 한다.

진정으로 원하는 것을 요청하는 법을 이해하면 승낙은 거절과 균형을 이루는 것 이상의 결과를 보여 준다. 20번 거절을 목표로 도전해 보고 결과를 확인해 보라. 승낙을 받아 내고 갑자기 두려운 생각이 들면 어쩔지 걱정하지 말라. 걱정은 단지 혼란스러운 자극일 뿐이다. 어쨌든 승낙 결과를 분석해 보라.

3. 수치심으로 고통받는 많은 사람들은 자신들에게 너무나 비판적이다. 때문에 타인들의 칭찬을 받아들이는 데 어려움을 겪는다. 누군가가 칭찬하면 그가 단지 친절하거나 판단력이 떨어진다고 생각하기까지 한다. 수치심을 가진 사람들은 상대방의 본심은 그렇지 않다고 확신하기 때문이다.

당신은 타인들의 칭찬을 듣는 것에 어려움을 겪고 있는가? 칭찬을 들으면 당신의 머릿속 이성은 어떤 말을 하는가? 당신이 칭찬을 너무 빨리 반대로 생각하는 바람에 내면의 소리를 들을 수 없는 상황인가? 당신은 겉으로 어떤 말을 하는가? 칭찬을 받아들이는가, 거절하는가, 아니면 칭찬이나 칭찬한 사람을 깎아내리는가?

앞으로 며칠 동안 칭찬을 받아들이는 연습을 하라. 크고 깊은 심호흡을 하고 침투해 들어오는 칭찬을 허락하라. 칭찬을 듣고 대답하기 전에 다시 숨을 내쉬어라. 포옹과 가벼운 신체 접촉, 미소, 감사의 말에도 같은 행동을 하라. 이것은 자신을 돌보는 쉽고도 놀라운 방법이다.

4. '연습이 완벽함을 만든다'는 말이 있는데, 아주 효과적인 표현이다. 당신은 노력하면 할수록 점점 더 많은 것을 얻게 된다. 당신이 어떤 일에 정말로 적합하지 않다고는 생각하지 않거나,

일을 지속적으로 하기 위해 완벽해지는 것에 너무 불안해하거나 염려하지 않을 경우에 그렇다. 당신이 자신에게 "나는 예전에도 제대로 했던 일이 없어서 지금도 마찬가지일 거야" 같은 허위 사실을 이야기하면 안 된다. 당신이 아이에게 "제대로 좀 할 수 없니?"나, 과잉보호하듯 "내가 해줄게. 너는 엎지르고 말 거야"라고 말하면 아이에게 같은 상황이 일어난다.

완전히 이해할 때까지 당신의 능력적 수치심을 조사해 보도록 도움을 주는 몇 가지 훈련이 있다.

a) 당신이 옷에 관한 완벽주의자라면 단색 외투를 하루 종일 입고 다녀 보라. 무슨 일이 있어도 옷에 생긴 보푸라기를 제거하지 말라. 하루를 지나는 동안 당신의 기분이 어떤지 살펴보고 일지에 기록하라. 주변 사람들이 당신의 옷에 생긴 보푸라기를 발견하면 편안한 느낌으로 당신을 대할 것이란 점을 명심하라.

b) 일주일 동안 매일 의도적인 실수를 범하라. 사무실에서 중요한 알파벳을 틀리거나, 밥을 태우거나, 색상이 맞지 않는 양말을 신거나, 틀린 가사로 노래를 부르거나, 누군가에게 잘못된 물건을 가져다주거나, 맨 아래 시트를 침대 위에 덮어 보라. 사람들이 당신의 실수를 눈치채지 못한다면, 눈치챌 때까지 몇 가지 실수를 더 시도해 보라. 당신의 실수를 눈치채더라도 고의로 실수를 저지른 것이라 여전히 제어할 수 있다는 사실을 명심하

라. 아니면 다음에 당신이 실수를 저지를 때는 고의로 그런 듯이 행동하라. 손바닥에 '기운 내'라고 쓰고 틈날 때마다 확인하라.

c) 당신이 좋아하는 분야지만 잘하지 못해 포기한 것이 있는지 확인해 보라. 알아냈으면 바로 가서 수업을 신청하라. 타인과 자신을 비교함으로써 진행 과정을 평가하고 싶어도 그러지 않도록 노력하라. 진행 과정을 파악하고 싶으면 오로지 다시 배우기 시작했던 곳에서 당신의 예전 능력과 비교하라.

d) 당신이 완전히 이해하고 따르도록 계속 반복해서 되뇌는 주문도 도움이 된다. 다음 문장 중 하나를 골라 주문으로 삼고 매일 여러 차례 되뇌어 보라.

"충분히 좋다면 그걸로 좋은 거다."

"나는 완전한 인간이다."

"어제가 오늘을 소비하게 만들지 마라."

"모든 일에는 시작이 있다."

"나는 존재한다."

"나는 세상에 속해 있다."

"나는 유능하다."

5. 존재적 수치심은 당신이 누구이며, 인생에서 목표가 무엇인지 점차적으로 알아 감에 따라 치료된다. 각자 개인들은 무언가

배울 것이 있고, 줄 것도 있다고 생각한다. 당신이 이 세계에 여전히 몸담고 살고 있다면 분명 끝내지 않은 '숙제'가 있을 것이다. 당신이 죽기 전에는 여전히 배울 것이 있고 할 일도 남아 있다. 자신에게 보다 많은 가치를 부여하는 법을 배우는 것은 세상에서 당신이 해야 할 일을 발견하는 데 필요한 단계이다.

다음 질문에 10번씩 답해 보라. 당신이 지금 10가지의 다른 대답을 할 수 없다면 정답이 무엇인지 집중해서 생각해 보고 나중에 추가하라. 당신이 지금 10가지 대답을 했더라도 그중 일부는 긍정적으로 받아들일 수 없을 것이다. 한 번에 하나씩 선택해서 당신의 인생에 추가할 만한 수준으로 바꾸어라.

- 질문 1 : 나는 누구인가?
- 질문 2 : 나는 어떤 사람이 될 것인가?

당신의 숨겨진 열망 :
수치심의 비밀 메시지

열망이란 무엇인가?

　찰리 메이즈는 지금까지 20년 동안 트럭 운전을 해 오고 있다. 심한 육체노동을 하며 늙어 가는 탓에 그의 몸은 여기저기 고장 나기 시작했다. 알코올 중독에서 회복 중이라 그는 이른바 '마른 주정$^{dry\ drunk}$'을 가끔씩 경험하고 있다. 술을 먹지 않아도 여전히 술이 취한 듯한 불쾌감을 느끼는 증상이다. 찰리는 집에서는 성미가 급하고, 직장에서는 지루해하며, 어렴풋하게 불안감을 느끼고, 약간의 우울감도 있다. 하고 싶은 일이 무엇이냐는 질문을 받으면 "몰라요"라고 대답하고 화제를 바꾼다. 재차 물어보면 무언가 아쉬워하는 눈빛을 보이고는 멀리 가 버린다. 그는 "다시 행복해지고 싶을 뿐입니다"라고 말하며 울기도 한다.

찰리는 역시나 알코올 중독에 학대하는 부모와 함께 자라 행복하지 못한 어린 시절을 보냈다. 사실 찰리는 행복을 가장 중요하게 여기는 사람들을 비웃으며 철 좀 들라고 말해 왔다. 그는 술이 깨고 난 후 잠시 동안은 행복감을 느꼈다. 진정으로 만족스러운 느낌이었다. 그는 지금 필사적으로 새로운 친구인 '행복'이 다시 찾아오기만을 열망하고 있다.

아네트 토마스는 스스로 만족해야 한다고 말한다. 마침내 그녀는 가구 디자이너로서 뉴욕에 좋은 직장을 구하게 되었다. 예의 바르고 사랑스러운 두 명의 자녀와 괜찮은 결혼 생활을 하고 있다. 그녀에게는 바라는 것이 하나 있다. "나는 너무 피상적입니다"라고 그녀는 말한다. 그녀는 자신에게 의미 있는 영적인 직업이나 활동을 원한다. 그때마다 그녀는 왠지 자신은 그런 생각을 하거나 말을 하면 안 되는 것처럼 당황스러움을 느낀다.

아네트는 예전에도 같은 느낌을 받았지만 대수롭지 않게 여기고 신경 쓰지 않았다. 지금 그녀는 자신이 수치심을 느끼고 있다는 사실을 깨달았다. '이게 이상한가? 인생에서 보다 심오한 목적을 찾으려고 하면 매번 수치심이 느껴진다. 왜일까?'라고 항상 궁금하게 여겼다.

아네트의 질문은 훌륭한 것이었다. 당신도 진정으로 원하는 일을 생각하면 수치심을 경험하게 될지 모른다. 때때로 수치심이 내면 깊숙이 자리하고 있는 바람, 욕망, 소망, 꿈과 같은 것들을 포기하도록 하기 때문이다. "지금 네가 의사가 되고 싶다니 정말 기특한 일이구나. 하지만 우리는 네가 경영학 학위를 취득하고 농장을 경영하기 위해 다시 돌아왔으면 한단다"라는 말을 부모에게서 들은 아들이나, "안 돼. 애들을 키워야 하는데 직장을 그만둔다고? 대체 무슨 소리야. 그건 바보 같은 짓이야!"라는 말을 배우자에게서 들은 사람은 자신의 진정한 바람에 귀를 기울이려다 수치심을 느낀다.

먼저 '열망'이라는 말의 의미를 설명해 보자. 정신 건강 치료 전문가인 우리의 경험에 비추어 보면, 결혼이 파탄 나기 직전이거나, 불안과 우울증을 겪고 있거나, 무엇을 원하는지 알지 못하거나, 화를 참지 못해 어려움을 겪는 등 구체적인 문제를 가지고 상담하러 온다. 처음 문제가 무엇이었든 간에 그들은 '당신이 열망하는 것은 무엇인가?'라는 간단한 질문에 아주 강력한 반응을 보였다. 대답을 주저하고 무언가 아쉬워하는 눈으로 먼 곳을 응시했다가 말하기 시작했다. 자신들이 오랫동안 잊고 지냈던 소망과 바람에 관한 내용이었다.

"나는 현명해지기를 열망한다."

"나는 창의력을 열망한다."

"나는 황홀함을 열망한다."

"나는 사랑받기를 열망한다."

"나는 평화를 열망한다."

"나는 돌아다니며 발견하기를 열망한다."

"나는 부유해지기를 열망한다."

"나는 권력을 열망한다."

"나는 안전함을 열망한다."

"나는 신을 찾을 수 있기를 열망한다."

"나는 지식을 열망한다."

"나는 ……을 열망한다."

열망이란 무엇인가? 사전적 정의는 '특히 여린 마음과 슬픔이 동반될 때의 깊은 갈망'이다.

열망은 특별하다. 생각과 느낌 이상의 의미를 담고 있다. 각자에게 가장 훌륭한 안전, 만족, 기쁨을 제공해 줄 근원에 대한 몹시 개인적인 선언이다. 열망은 민감하고 부서지기 쉬워서 수치심이 의식의 배경에 쉽게 침투할 수 있다. 단지 "오, 지금 보니 넌 정말 멍청하구나. 너는 그걸 원하면 안 돼"라는 몇 개의 메시지만으로도 열망은 후퇴하여 숨어 버린다.

한편 열망은 놀라운 내구성을 가지고 있다. 비록 숨어 버린다 해도 결코 완전히 멀리 떠나 버리는 일은 없다. 열망은 항상 복귀할 준비가 되어 있으며, 다시 자신의 존재를 알릴 적절한 시기만을 기다린다. 사막에 버려진 씨앗처럼 수년간의 가뭄을 견뎌내고 마침내 싹을 틔워 아름다운 꽃을 피우게 된다. 열망은 물이 아니라 안전한 환경, 호기심, 격려, 건강한 자부심을 먹고 자란다는 것이 유일한 차이점이다.

열망은 마음속에서 우러나오며, 뇌의 무의식 속에 뿌리를 박고 있다. 항상 의식적으로 지각할 수 있는 것은 아니라는 의미이다. 열망은 생각의 일부이며 감정의 일부이기도 하다. 일반적으로 당신이 열망을 인식하면 "맞아. 그것이 바로 내가 하고 싶어 하는 일이야"라고 말하는 확신성을 동반한다.

열망은 종종 자신이 가장 원하는 곳에서, 가장 하고 싶은 일을 하며, 가장 가까이 지내고 싶은 사람과 함께 있는 모습으로 상상된다. 특히 당신이 안전하고, 안락하고, 평화롭고, 만족을 느끼면서 동시에 당신의 이미지에 의해 약간의 활력마저 느낀다면, 장소와 활동이라는 둘의 연계로 이루어진 조합이 무의식에서 유발된 모습 그대로 열망을 나타낸다.

열망은 논리적이거나, 현실적이거나, 상식적이지 않아서 이해하기가 불가능하다. 비논리적이고, 비현실적이며, 비상식적이다. 비합리적이고 매우 강력한 내면의 목소리이다. 영화 〈꿈의 구장 Field of Dreams〉에서 주인공은 미국 아이오와 주의 옥수수밭 한복판에 야구장을 건설하려는 열망에 반응한다. 처음에 그가 들은 목소리는 "야구장을 만들어라. 그러면 그들이 올 것이다"였지만, 정확하게 표현하면 "야구장을 만들어라. 그러면 누가 오든 깊은 만족감을 맛볼 것이다" 정도가 된다.

열망은 오직 한 사람을 위해 작곡된 멜로디와 같다. 각각의 노래가 유일하다 할지라도 선율에 맞춰서 진행되는 음표를 설명하는 것은 가능하다. 열망의 노래는 다음의 음표들로 구성되어 있다.

가장 깊은 욕구인

열망이라는 노래에서 하나의 고집스러운 박자는 당신에게 가장 깊은 내면의 욕구를 들려주는 것, 즉 열망 그 자체이다. 열망은 정당성에 대한 느낌을 동반한다. 사람들은 자신의 열망을 발견하면 'YES'라는 단어를 감지한다.

"그래, 이것이 나의 모습이고, 올바른 일이야."

인간은 자신의 열망에 경의를 표하는 삶을 살아간다. 대학에 진학하여 프랑스어나 독일어 교사를 꿈꾸었던 한 여성은 재능을 살려 세상의 아주 외딴 지역까지 영역을 넓히는 관광 가이

드가 되거나, 알 수 없는 언어를 유창하게 구사하는 컴퓨터 프로그래머가 될 수도 있다. 그럼에도 운명은 그녀를 언어와는 전혀 관계없는 직업으로 안내했다. 여전히 그녀는 상황을 발견하고 글자 그대로 그 상황을 다양하게 생각해 보고 싶은(다중 언어 능력자가 되기 위해 중요한 부분) 열망에 사로잡혀 있다. 그녀의 깊은 욕구를 실현하기 위해 휴일마다 전 세계를 폭넓게 여행하거나, 외국어로서 영어를 가르치는 자원봉사자가 될 수도 있다.

강력한

열망은 강제성을 느끼게 한다. 단순히 '원하는' 것보다 더욱 강력하다. 소망은 이루어지면 좋은 느낌이 되고 그렇지 못하면 좌절감을 맛보게 한다. 열망은 소망보다 강력해서 충족되면 아주 굉장한 느낌을 선사한다. 반면 좌절되면 끔찍한 실망감을 경험하게 된다.

위에 예로 든 여성의 경우를 보자. 그녀의 장기간 터키 여행이 갑자기 취소된다면 어떤 느낌일지 상상해 보라. 남편에게는 그저 짜증스러운 정도일지 몰라도 그녀는 완전히 망연자실하게 된다. 남편은 단순히 해외여행을 원했지만, 그녀는 실제로 말하는 다른 언어를 듣거나, 외국 도시의 사람들과 뒤섞여 주변의 생소한 소리를 듣거나, 모르는 길을 따라 걷기도 하면서 완전히 다른 관점에서 생각해 보기를 열망했기 때문이다.

얻을 수 없는 것을 갈망하는

집에서 수천 마일이나 떨어진 곳에 배치된 군인은 고향의 풍경과 소리를 갈망한다. 수년간이나 임신을 시도해 온 부부는 전혀 가망이 없어도 언젠가 평범한 가정을 이루리라 희망한다. 심각한 부상을 입은 운동선수는 다시 정상적으로 걸을 수 있을지 의문인 상황에서도 자기 종목에서 또다시 최고가 되리라 단언한다. 이러한 사람들은 거의 불가능해 보이는 것을 얻으려고 열망한다.

열망은 꿈에 관한 것이지만, 비통함을 대변하는 감정이기도 하다. 고통으로부터 보호하려는 주변 사람들로 인해 너무나 자주 좌절을 느끼기 때문이다.

"여보, _____가 되려는 생각은 하지 마. 경쟁이 너무 치열해. 좌우지간 당신은 평범한 직업을 가지면 더 행복해질 거야."

위와 같은 말은 꿈도, 열망도 아니다. 인생에서 무엇이 당신에게 제일 큰 만족을 가져다줄지에 관한 질문도 아니다. 그럼에도 사람들은 계속해서 꿈을 꾸고 있으며, 즉각적인 필요성에 따라 흐려짐에도 불구하고 열망은 사라질 줄 모른다.

개인적personal이고 사적private인

열망은 본질적으로 사적인 의사소통이며, 정신적인 내면에서 나온 메시지이다. 열망은 일지에 기록하거나, 조용하게 산책하는 등 다른 종류의 성찰을 통해 접근할 수 있다. 열망은 타인들과 의사소통은 하지만 완전히 공유되는 경우는 절대 없다. 한 개인은 타인에게 자신의 열망을, 그 열망이 자신에게 어떤 의미인지를 말할 수 있다. 하지만 듣는 사람이 상대의 열망에 아무리 관심을 가진다 해도 완전히 이해하기는 어렵다. 상대의 구체적인 열망을 완전히 느끼고 싶어 하지도 않을 것이다. 화자와 청자 양쪽 모두 같은 열망을 가지고 있어도 그대로 적용된다.

이처럼 한정되는 요인은 미묘하게 불만스러운 느낌을 준다. 서로 왜 논쟁을 벌여 왔는지 알아내려고 애쓰고 있는 팻과 잔 부부를 생각해 보자. 둘의 문제는 도시에 있는 집을 팔아 적당한 규모의 목장을 구매하면서 시작되었다. 그들은 이사한 동기가 서로 일치한다고 생각했다. 그러나 실제로는 많이 달랐고, 결국 문제를 일으키고 말았다.

팻은 말들과 소들을 관리하고, 바람과 비에 대비하고, 울타리를 손보는 등 힘든 일을 하며 햇볕에 거칠어진 얼굴과 피곤한 몸을 자랑스레 예상하고 있었다. 그만큼 목장 일을 열망했다. 잔은 허브를 키우고, 따뜻한 벽난로 옆에 앉아 독서를 즐기고, 친구들과 웃으며 떠들고, 말이 끄는 마차를 타고 다니고, 전통 춤도 즐기는 등 소박한 일상만을 꿈꾸었다.

둘은 목장을 구입할 계획을 세웠고, 각자의 열망에 맞는 목장이 나타나자 덜컥 구매를 결정했다. 불행히도 둘은 각자가 원하는 가장 근본적인 이유를 서로에게 물어보지 않았다. 단지 상대를 완전히 이해하고 있다는 착각에 빠져 있었다. 지금 팻은 잔에게 더 빨리 더 열심히 일하라고 잔소리를 늘어놓고 있다. 잔은 팻이 계속해서 너무 바쁘게 일을 재촉해 주변에 있는 아름다운 자연을 즐길 여유조차 없다고 불평하는 것이다.

직관적인

한 여성이 가게에서 넋을 잃고 10여 개의 목걸이를 자세히 살펴보며 직접 고르고 있다. 그녀는 아마 이렇게 생각할지도 모른다.

'아니, 아니야. 예쁘긴 해도 마음에 들 정도는 아니야. 이건 나한테는 맞지 않아. 오, 이건 내 친구에게 어울리겠는걸. 아니, 아니, 아니야. 아하! 바로 저거야.'

그녀는 자신에게 어울리는 완벽한 목걸이를 발견했으며, 절대적인 느낌이었다. 다른 사람들에게 보여 주면 목걸이가 그녀에게 너무나 잘 어울린다고 칭찬해 줄 가능성도 컸다. 사람들은 그녀의 직관을 칭찬하는 것이다.

사람들은 열망을 이와 유사한 방식으로 찾아낸다. 개인은 내면의 선별 과정을 거쳐 가능한 인생 목표를 추려 낸다. 지식, 경험, 교육 모두는 자신의 가능성을 자세히 살펴보는 도움을 주지만, 마지막 선택 과정은 내면 깊은 곳에서 나온다. 결국 만족을 가져다주는 삶과 관련된 것으로 한두 가지의 가능성만이 도드라져 보인다.

달콤 씁쓸한

열망은 달콤하면서도 씁쓸하다. 사람들에게 완전한 기쁨을 가져다주는 일은 좀처럼 일어나지 않는다. 오히려 마음을 미숙함, 아쉬움, 슬픔 따위의 감정들로 채워 놓을 수도 있다. 열망이 당신의 깊은 욕구와 연결되기도 하지만, 현재 당신의 위치와 삶과 더불어 나아가야 할 목표 사이의 거리를 스스로 깨닫게 해주기 때문이다. 열망을 감지한다는 것은 자신에게 가장 중요한 것이 무엇인지 알게 된다는 의미이다. 자신의 운명을 단 한 번도 완전히 깨달은 적 없다는 점을 인식하는 것이다.

행동 지향적인

열망은 행동 지향적이다. 사람들에게 인생과 관련된 무언가 의미 있는 일을 하도록 강제한다. 열망과 관련된 행동은 세계 최고의 항우울제가 될지도 모른다.

"나는 과거에 심한 우울증을 앓았지만, 지금은 하고 싶은 일을 하며 생활하고 있다. 아침에 일어나면 살아 있음에 기쁨을 느낀다."

열망의 장점을 받아들인 행동에는 한 가지 독특한 성질이 있다. 그러한 행동은 어려워야 한다고 느껴질 때조차도 자연스럽고, 직관적이며, 놀랍도록 쉽게 느껴진다. 당신의 몸과 마음은 기품 있게 연결되어 있다. 열망은 완전함을 위한 행동을 요구하며, 그 행동은 꿈에서 현실로 열망을 전환한다.

끈질긴

가브리엘 가르시아 마르케스의 《콜레라 시대의 사랑》에 나오는 주인공은 최종적으로 한 여인의 마음을 얻기까지 수십 년 동안 몰래 사랑해 왔다. 마찬가지로 열망은 평생 동안 인내한다. 심지어 오랜 기간 무시당할 때도 여전히 존속한다. 인식의 가장자리를 배회하도록 내몰릴 때도 열망은 결코 완전히 사라지는 법이 없다.

열망은 욕망이나 충동과는 다르게 행동한다. 지금 당장 먹고, 잠자고, 없애고, 최고조에 이를 것을 요구하는 충동처럼 즉각적인 강요는 하지 않는다. '이게 괜찮을 거야. 정말 멋지군' 같은 욕망의 사치스러운 느낌도 없다. 오히려 열망의 힘은 끈기가 있어서 간단히 사라지지 않는다.

누군가 배터리로 작동하는 라디오를 냇가로 가져갔다고 상상해 보자. 볼륨을 최대로 올리고 옆에 앉았다. 두말할 필요 없이 그는 시냇물이 속삭이는 소리를 들을 수 없다. 몇 시간이나 며칠이 지난 후 배터리가 약해지자 그제야 냇물의 온화한 소리를 들을 수 있었다. 이때 그는 집으로 돌아가 새 배터리를 가져올지, 냇물 소리를 듣고 있을지 선택해야만 한다.

그의 선택과는 상관없이 냇물은 계속해서 흘러갈 뿐이다. 그가 다음에 다시 그곳을 찾아도 냇물은 계속 흘러갈 것이다. 당신의 열망이 흐르는 냇물은 절대로 마르는 법 없이 인생 전체에 걸쳐서 흘러간다.

파악하기 어려운

열망은 명확하게 관찰하기 어렵다. 열망은 꿈과 현실 사이의 깨어 있는 공간에서 작용하며, 눈에 보이기보다는 느낌으로 감지된다. 파악하기 어려운 특성은 열망이 가진 또 하나의 매력이기도 하다. 열망은 가끔씩 북쪽 하늘을 감싸고 하늘거리며 춤을 추는 오로라처럼 신비스럽고 경이롭다. 그럼 왜 열망은 파악하기 어려운가? 최대한 끈질기게 버티고 있음에도 왜 연약하고 섬세해 보이는가?

열망은 매우 사적이기 때문이다. 열망은 당신을 포함한 타인들에게 자신의 가장 깊고 취약한 측면을 드러낸다. 자아의 일부인 그것은 쉽게 수치심을 느끼고 숨어 버리는 특성이 있다. 일단 수치심을 느끼면 타인들에게, 가끔은 자신에게마저 알려지는 것을 극도로 조심한다. 마치 당신의 열망은 숲의 언저리에서 몰래 숨어 다니다 위험의 조짐이 감지되면 재빠르게 은신처로 뛰어드는 사슴처럼 행동한다.

의미 있는/정신적인

열망은 사람들이 세상에 의미 있는 기여를 했다고 자부심을 느끼기 위해 자신의 인생에서 반드시 해야 할 일을 찾도록 도와준다. 그런 까닭에 열망은 정신적으로 중요성을 지닌다. 자신의 열망에 동참하면 자기 존재에 대한 본질적인 특성과 우주의 무한한 특성 사이의 연관성을 발견하는 데 도움이 된다. 열망을 존중하는 행위는 심오한 정신적인 관계를 내포한 몇 가지 중요한 질문들을 자신에게 던지는 것이다.

무엇이 당신의 삶에 의미를 부여해 주는가? 어떻게 당신은 자신에게 진실한 모습이 될 수 있는가? 당신은 공공의 선을 위해 어떻게 기여할 수 있는가? 당신은 죽기 전에 인생에서 진정으로 하고 싶은 일이 무엇인가? 당신의 일상적인 활동 중 활력으로 가득 차 있는 것은 무엇인가? 열망은 세계와의 연관성을 발견하도록 도움을 주는 동안에도 개인적으로 아주 중요한 부분과 연결시켜 준다.

내면의 안내자

지금까지 논의한 내용을 요약해 보면, 열망은 당신의 가장 깊은 욕망, 요구, 욕구 들을 발견하도록 도와주는 내면의 안내자이다. 자신이 누구이며 어디에 속해 있는지, 무엇을 할 수 있으며 인생의 의미를 어떻게 발견할 수 있는지 등을 배우기 위한 노력에 주어지는 보상이다. 열망은 고요히 명상하고 있는 순간에도 찾아온다. 열망은 마음의 의식적인 부분과 무의식적인 부분 사이에서, 비유적인 의미와 글자 그대로의 의미 사이에서, 세속적인 것과 영적인 것 사이에서 교량 역할을 한다.

사람들은 자신의 열망을 생각하지 않아도, 굳이 찾고 따르려고 애쓰지 않아도 생존한다. 그러나 열망이 존중되면 삶은 보다 풍요로워지고, 더 많은 아름다움과 의미로 넘치게 된다.

수치심 : 열망을 나타내는 지표

　당신은 인생에서 열망이 얼마나 중요한지 깊이 이해했을 것이다. 이제 열망을 이행함에 있어 수치심의 역할을 자세히 설명하겠다. 수치심은 열망이 숨도록 자극할 수 있다고 이미 언급한 바 있다. 사람들이 자신의 꿈을 포기하도록 만들기 위해 "그걸 바란다는 것은 어리석은 짓이야" 같은 말을 여러 차례 들을 필요는 없다.

　당신의 열망에 적대적이거나 냉담한 사람들에게 말해 봐야 염소 방목지에 정원을 가꾸는 것과 다를 바 없다. 염소들은 오로지 땅 위에서만 버둥거리며 풀을 먹으려 하지 않는다. 식물이 자라는 땅을 파헤치며 풀을 찾아 먹는다. 안타깝게도 세상에는 염소 같은 인간들로 가득 차 있다. 그들은 다른 사람이 아끼는 희망을 가차 없이 씹어 먹고, 심지어 꿈에도 대담한 공격을 가한다.

　이런 상황이 전부라면 열망은 꼭꼭 숨어 주인만이 찾아낼 것이다. 그러나 전혀 그렇지 않은 경우도 종종 발생한다. 많은 사람들이 자신의 열망을 찾는 데 굉장한 어려움을 겪고 있다. 수치심이 너무나 쉽게 내면화되기 때문이다. 누군가 당신에게 수치심을 주면 당신도 자신에게 수치심을 주기 시작한다. 그러면 당신은 정원을 파괴하는 염소가 되어 꿈의 묘목들을 모조리 뜯어 먹고 말 것이다. 결국 열망은 찾기 힘들게 변한다. 스스로 공격받지 않을 거라고 감지될 때까지 의식의 가장자리에 숨어 버린다. 열망을 존중하는 법을 배워서 어떤 모습인지 확실히 볼 수 있을 때까지 당신의 열망은 조용히 기다릴 것이다.

수치심은 자신의 열망에서 멀리 달아나게 만든다. 수치심을 느끼는 내면의 메시지는 '난 그것을 원하지만……'이라는 공식을 가지고 있다. 일반 수치심은 "나는 그것을 원하지만, 나중에 가질 때까지 기다려야 할 거야"처럼 말하여 메시지의 공식을 완성한다. 지나친 수치심은 메시지를 "그것을 원하지만, 그럴 만한 가치가 내게 없어. 그걸 바라지 않는 편이 더 나아. 나는 절대로 가질 수 없을 거야"라고 전환한다. 수치심이 더 많은 영향을 미칠수록 열망은 흔적도 남기지 않고 무의식의 깊숙한 곳을 향해 가라앉는다.

그나마 다행스러운 것은 자신의 열망을 완전히 매장하지는 못한다는 점이다. 흔적은 계속 남아서 순간적인 혀의 실수나 말하기 주저함, 예상치 못한 부끄러움, 시선을 맞추기 어려운 상황 같은 미묘한 신호들을 보여 준다. 내면에서 나온 "가지 마" 메시지는 염려와 욕구를 기꺼이 공개적으로 논의하고자 하는 당신의 마음뿐만 아니라 자의식마저 수치심에 대한 두려움이 차단한다는 사실을 감지한다.

그때 역설적으로 수치심은 숨겨진 열망을 나타내는 지표의 역할을 한다. 당신이 수치심을 느끼는 것은 정확하게 당신이 갈망하는 것이다. 아래의 사례를 살펴보자.

바네사 제론은 상호 의존에 관한 포스터에 나오는 소녀다. 타인들을 돌보는 관점에서 벗어날 때마다 그녀는 달콤한 시럽처럼 단지 주기만 할 뿐 받아 가지는 않는다는 점이 썩 유쾌하지 않았다. 지금까지 몇 차례 있었던, 의존적이면서 자아도취에 빠진 남자들과의 관계가 커다란 원인이었다. 그녀는 그들을 사랑했지만, 그들은 그녀보다 훨씬 적게 사랑했다. 단순히 노력한다는 생각이 처음에는 그녀에게 불편하게만 느껴졌다. 그녀는 불쾌한 느낌을 잘 설명하지는 못했다. 사실 그녀는 그 일을 생각하기조차 싫었다. 오래전 다른 사람들을 돕기 위해 자신을 희생하여 인생을 바쳤다는 것만이 그녀가 아는 전부였다.

바네사는 회피하는 방법을 통해 수치심의 징후인 나쁜 감정으로부터 자신을 방어하려고 했다. 그러나 바네사가 자신의 생각과 감정을 경청할 수 있었다면 어땠을까?

"너는 잘할 수 있는 일이 아무것도 없잖아. 아무도 너를 원하지 않아. 네가 사람들을 돌보는 것은 세상이 너를 받아 주는 유일한 방법일 거야."

그녀는 위와 같은 메시지로 인해 훨씬 더 많은 수치심을 경험해야 했을 것이다. 만일 그녀가 자신의 수치심에 도전했다면 마침내 자신의 열망, 즉 자신의 삶을 살아가기, 자신의 욕구 충족하기, 자신의 욕구와 필요에 반응하는 사람과 관계를 형성하기 등을 발견했을 것이다.

지나친 수치심은 당신의 열망과 당신이 열망을 가지고 있다고 알려 주는 것을 공격한다. 회피 속으로 숨는 대신, 열망이라는 약속의 땅에 도달하기 위해 수치심이라는 사막을 통과하는 여정을 때때로 경험해야만 한다는 것이다.

열망과의 재결합

수치심이라는 사막을 지나가기 위해 당신이 선택할 몇 가지 단계가 있다. 목표는 험준한 지역을 지나 자신의 열망을 발견하고, 그것으로 무엇을 해야 할지 결정하는 것이다.

- 당신의 열망을 확인하기 위해 수치심을 활용하라.
- 당신이 열망할 권리를 되찾아라.
- 구체적인 당신의 열망을 되찾아라.

• 현재와 미래에 당신의 열망을 어떻게 존중할지 결정하라.

당신의 열망을 확인하기 위해 수치심을 활용하라

+

당신의 열망 확인에 도움을 얻기 위해 수치심을 활용하는 방법에는 두 가지가 있다. 첫 번째 방법은 '나는 _____을 원하지만 _____'라는 문장을 신중하게 생각해 보는 것이다. 당신이 원하지만 인생에서 계속 미루고 있는 '그것'은 무엇인가? 당신은 무엇이든 가지려고 할 때 수치심이나 죄의식이라고 부를 만한 감정을 느끼는가? 왠지 당신에게는 '원하지만' 뒤에 오는 불가사의한 빈칸을 채울 권리가 없다고 여겨지는가?

두 번째 방법은 당신이 '해야 할 일'과 '해서는 안 될 일'의 목록을 작성하는 것이다. 당신이 '해야 할 일'은 '나는 항상 아이를 위해 곁에 있어야 해'와 '나는 하루에 12시간씩 일해야 해'처럼 의무와 기대를 나타낸다. 당신이 원하든 원하지 않든 당신의 인생에서 스스로 해야 일이다. '해서는 안 될 일'은 당신이 이의를 제기할 모든 욕구와 필요, 충동, 욕망에 대한 금지를 나타낸다. 사람들은 일반적으로 자신이 해야 할 일과 하지 말아야 할 일을 따른다. 그렇게 하지 않을 경우 발생하는 수치심이 두렵기 때문이다.

수치심이 당신의 욕구를 숨길 만한 지역들을 많이 알아 두는 것도 도움이 된다. 두려움이나 분노를 느끼기 시작하는 바로 그 순간에 당신이 수치심을 느낄 정도로, 이 특별한 두 감정은 수치심에 달라붙어 있다. 분노와 수치심을 동시에 느끼는 사람은 수치심을 피하기 위해 분노를 숨기는 방법, 특히 자신의 자아로부터도 숨기는 방법까지 빠르게 터득할 것이다.

수치심은 자신과 자신의 인생에 좋은 감정을 갖지 못하도록 기쁜 감정에도 달라붙는다. 사람들은 어떤 감정을 가지든 수치심에 갇힐 수 있다. 그런 사람들은 수치스러운 나약한 감정들에 압도당하지 않기 위해 모든 감정의 고리를 끊으려는 노력을 해야 한다.

그러나 감정은 당신이 수치심을 느끼는 유일한 근원이 아니다. 지나친 수치심은 당신의 욕구를 빠르게 없애도록 위협할 수 있다. 종잇장처럼 날씬한 모델을 칭송하고 과체중은 용납되지 않는 사회에서 음식을 향한 당신의 모든 갈망은 불리하게 작용한다. 휴식 욕구도 갇힌 수치심이 되어 쉬지 않고 일하는 노동자들을 양산할 수 있다. 개인의 성적 취향과 수치심의 관계는 확실하게 잘 알려져 있다. 수치심은 사실상 양성 모두의 성적 충동을 파괴할 수도 있다. 우리는 수치심이 신체적 이미지와 성적 취향에 어떤 영향을 미치는지 나중에 자세하게 다룰 계획이다.

개인 간의 관계는 수치심이 깊은 영향을 미치는 또 하나의 영역이다. 지나친 수치심은 다른 사람의 보살핌을 받고자 하는 욕구, 신체적 접촉과 소유 욕구, 자신을 확인하고 타인을 본보기로 삼고자 하는 욕구, 타인들과 다를 권리를 포함한 대인 관계를 위한 욕구 등을 단절시킬 수 있다.

거쉰 카우프만은 한 가지 다른 수치심 영역이 특히 이런 열망과 관련된 논의에서 중요하다고 말한다. 그는 지나친 수치심이 자주 의미와 목적 영역을 침범한다는 사실에 주목한다. 예를 들어, 딸이 장관이 되겠다고 할 때마다 비웃고 조롱하는 부모가 있다면 어떻게 될지 상상해 보라. 세상을 위해 최대한 기여할 방법을 찾는 그녀의 목표이자 꿈은 산산이 부서져 버릴 것이다. 심지어 그녀는 자신의 착한 꿈이 더 이상 타인들의 조롱거리가 되지 않도록 마음속 깊은 곳에 가둬 버릴 것이다.

이제는 당신의 수치심을 생각해 보자. 어떤 열망이 숨겨져 있는가? 어떤 것이 '나는 원하지만……' 구문을 따르고 있나? 당신의 진정한 욕구와 바람을 나도 모르게 가로막고 있는 '해야 할 일'과 '해서는 안 될 일'은 무엇인가? 수치심에 대한 막연한 느낌만 남도록 하기 위해 당신 인생에서 어떤 영역이 금지되어 있는가?

당신이 열망할 권리를 되찾아라

+

일단 열망할 권리를 되찾고 나서야 비로소 특정한 열망도 되찾을 수 있다. 꿈의 소리에 귀를 기울이고, 공상하고, 핵심적인 문제가 무엇인지 고민해 볼 시간을 가져야 한다는 의미이다. 이 단계는 수치심이 목적, 의미, 선택, 더 높은 추구와 연결되어 있는 사람에게 특히 중요하다.

부모에게서 질문하지 말고 시키는 대로만 하라는 말을 듣고 자랐다면 당신은 죽도록 일만 해야 한다. 모험보다는 안전을 중시해야 하고, 마음에서 들려오는 소리를 따르는 것이 아니라 부모나 타인들이 행하는 일을 따라야 할 것이다. 만약 그렇다면 지금 자신에게 열망할 기회를 주라.

수치심이 방해하면 열망하기가 쉽지 않다. 한 가지 힌트는 당신의 마음은 생각이 떠오를 때마다 더 큰 생각들을 변화시키려고 노력한다는 것이다. 누군가가 당신을 위해 중요한 것을 하도록 요청한다면 아마 불편함을 느낄지도 모른다. 그런 질문들은 당신을 겁에 질리게 만들어서 대답하기보다 주제를 바꾸는 편이 더 쉬워진다. 게다가 당신은 혼자 있어도 인생의 의미를 파악할 수 없다. 그때 수치심이 동반된다면 입 다물고 영화나 보게 하거나, 저녁을 만들라고 지시하는 등 어떻게든 당신이 계속 바쁘게 만들 것이다.

당신에게는 열망한 권리가 있다. 다만 당신은 오로지 자신의 수치심에게서만 그 권리를 되찾을 수 있다. 수치심이 꿈에서 멀

어지도록 밀어내려 하면 당신은 정신이 산만해지지 않을 정도
로 수치심이 물러나 있기를 원해야 한다.

구체적인 당신의 열망을 되찾아라

+

일단 열망할 권리를 되찾으면 열망을 회복할 준비가 된 것이다.
아마도 지금쯤이면 당신은 위에서 설명한 처음 두 단계를 거쳐
오면서 명확한 해답을 알고 있을 수도 있다. 당신이 열망을 알아
낼 권리를 찾았다 하더라도 제대로 파악하기란 그리 쉽지 않다.
유성을 보기 위해 어두운 들판을 걸어야 하겠지만, 보통 도착한
후에도 유성이 나타날 때까지 잠시 기다려야 한다.

지금까지 오랫동안 숨겨 왔던 당신의 열망을 발견하는 데 도
움을 주는 몇 가지 질문이 있다.

- 내가 지금껏 피해 왔던 어떤 일을 하려면 배짱이 필요하
  다 생각하는가?
- 내 인생에 큰 의미를 부여해 주는 것은 무엇인가?
- 나는 무엇을 열망하고 있나?
- 타인의 반대가 없다면 나는 어떤 일을 할 것인가?
- 진정 올바르다고 여겨지는 방식으로 나는 세상에 어떻게

기여할 수 있는가?

- 내가 꿈꾸는 것은 무엇인가? 내가 상상하는 것은 무엇인가?

열망을 되찾는다고 해서 지금껏 당신이 이루어 온 모든 것을 반드시 포기해야 하는 것은 아니다. 현재의 모습으로도 지금까지 훌륭한 일을 많이 해 왔을 수도 있기 때문이다. 열망은 당신의 인생에서 무언가를 가져가기보다는 추가할 기회를 제공한다. 예를 들어, 자신의 영적 자아를 성장시키기를 원하는 제빵사는 제빵을 그만두지 않고도 기도와 선행을 통해 목적을 이룰 수 있다. 반면 열망을 위해 실제로 직업을 바꾸기로 결정할 수도 있다. 때때로 열망은 사람들의 삶 속에서 변화를 경험하도록 이끈다.

당신의 열망을 존중하라

+

네 번째 단계는 당신의 열망을 존중하는 것이다. 당신의 열망으로 구성되어 기꺼이 하려고 하고, 할 수도 있는 일은 무엇인가? 아마 좀 어려운 단계가 될 것이다. 모두 알고 있는 대로 '건강한 식사'를 하려고 노력하는 사람처럼, 특정한 방식으로 살아간다고 말하기보다 행동으로 옮기기가 훨씬 더 어렵다. 공식은 다음과 같다.

- 나는 _____을 열망하기 때문에 인생에서 _____을 한다.

"나는 개인적 평온함을 열망하기 때문에 나를 화나게 하는 일
보다는 긍정적인 것을 찾기 시작한다."

"나는 창조하기를 열망하기 때문에 일주일에 한 번 '예술가
의 날'을 정한다."

"나는 여행하며 발견하기를 열망하기 때문에 내년의 인도 여
행을 위한 경비를 모은다."

"나는 지식을 열망하기 때문에 이번 여름에 진지한 책 3권을
읽을 계획이다."

"나는 정신적인 만족을 열망하기 때문에 명상하는 법을 배
운다."

명확하게 열망을 존중하는 것은 추상적인 행동이 아니다. 시
간과 에너지가 필요하지만, 진정한 당신의 열망이라면 보람을
느끼게 될 것이다. 열망을 추구하는 것은 존재에 대한 가장 깊은
수준에서 자아와 연결된 느낌을 갖게 해준다.

열망을 존중하는 한 가지 방법은 당신의 창의적인 부분을 해
방시키는 것이다. 인생에서 섣부른 판단을 내리지 않고 모든 기
회를 감지하기 바란다. 모든 '해야 할 일'과 '해서는 안 될 일'들
을 잠시 접어 두고 자신의 수치심과 함께 놀고, 꿈꾸며, 엉뚱한

생각을 하다 보면 창의적인 인간이 된다.

수치심이 사람들을 열망에서 멀리 떼어 놓기도 하지만, 때로는 열망을 찾게 도와주는 안내자 역할도 한다. 수치심은 두 가지 역할 모두를 잘해 낸다.

연습 문제

1. 열망은 당신 스스로 무시하거나 '비현실적이고', '부적절하고', '어리석고', '불가능하며', '비정상적이고', '닿을 수 없는' 것으로 억압해 온 느낌이다. 당신은 열망을 멀리 제쳐 놓기 위해 다른 단어를 사용했거나, 무슨 수를 써서든 생각하지 않으려고 애썼을지도 모른다. 한두 달 동안 작은 공책 하나를 주머니에 넣고 다니며 지금껏 자신이 밀쳐놓았던 모든 생각이나 욕구들을 적어 보라. 비록 자신의 깊은 욕구를 생각하기가 낯설더라도 마음의 긴장을 풀고 열망이 그대로 흘러가게 노력한다. 그러다 떠오르는 순간이 생기면 공책에 기록하라. 자신이 쓴 내용을 판단하려고 해서는 안 된다.

한 달이 지나면 당신의 공책을 반복해서 읽어 보라. 아무리 비실용적이고, 부적절하고, 어리석고, 불가능하며, 비현실적이고, 비정상적이라고 하더라도 공책에 적힌 하나 이상의 아이디어, 욕망, 바람, 여정, 즉 열망이 있는지 확인해 보라. 그것에 대해 좀 더 꿈꿔 보라. 누가 알겠는가? 당신은 자신이 가장 원하는 것을 경험할지도 모른다. 좋은 감정을 가지고 당신을 이해해 줄 친구에게 말해 보라.

2. 지름 약 2.5미터 정도 되는 흰색 원반에 앉아 있다고 상상해 보라. 흰색 원반은 생각하고 꿈꾸고 계획할 '자유 공간'이다. 당신은 원반의 중앙에서 모든 방향을 볼 수 있고 위와 아래도 살펴볼 수 있다. 동서남북을 살피고, 바깥쪽의 모든 다른 방향을 포함해 안쪽까지 볼 수 있다. 앞으로 며칠간 최대한 시간적인 여유를 가지고 모든 방향을 살펴보라. 인생에서 가장 갖고 싶은 것이 무엇인지, 세상을 위해 가장 하고 싶은 일이 무엇인지, 열망이 결실을 맺도록 앞으로 당신이 해야 할 일의 방향을 자문해 보라.

3. 대부분의 사람들은 어딘가에 소속되기를 바라면서도 집단에 속하기를 두려워하기도 한다. 어떤 사람은 자신이 세상 어느 집단에도 기여한 바가 없다고 여겨 항상 어디에도 속할 수 없다

고 생각했다. 한 집단에 가입하기를 요청받으면 그녀는 타인에게 기여할 만한 무언가를 찾으려고 몇 달 동안이나 고민에 빠져야 했다. 결국 그녀는 집단의 다른 구성원에게 도움을 줄 것으로 여겨지는 일을 발견했다. 그녀는 스스로 집단 내에 자신을 위한 자리가 있다고 말해 주었다. 물론 집단 안에서 그녀를 위한 공간은 늘 존재했다. 자존감에 의한 이유를 발견하고 나서야 그녀는 그것을 받아들였다.

지금 그녀가 소속감을 느끼는 동안 다른 사람들은 그녀의 존재라는 선물을 받게 되었다. 집단 내의 모든 사람들은 그녀가 친절한 마음씨를 가졌다고 생각했다. 만일 수치심이나 수치심에 대한 두려움이 집단에 가입하고 목소리를 높이는 것을 방해하지 못한다면, 당신은 집단에 어떤 기여를 할 수 있는가?

4. 종이로 높이 10센티, 너비 7.5~10센티미터 정도의 하트를 2개 만들라. 아래와 옆 가장자리에 풀칠을 해서 두 개를 겹쳐서 붙이고, 맨 위쪽은 열어 두어서 봉투처럼 만들라. 다른 종이 한 장에 당신의 이름을 써라. 촛불을 켜고 하트 안에 이름을 적은 종이를 넣고 촛불을 꺼라. 이름이 써진 종이가 들어 있는 하트를 주머니나 지갑에 넣고 다녀라. 열망이 하는 말을 듣기 위해 직접 자신의 마음속에 들어가 보는 연습이 필요하다는 사실을 상

기시키기는 방법이다.

    5. '꿈 일지'를 쓰기 시작하라. 공책과 연필을 침대 옆에 준비하고 잠자리에 들기 전에 "너는 네 꿈을 기억할 거야"라고 말한다. 제대로 작동하려면 2주 정도의 시간이 소요된다. 너무 빨리 포기하는 것은 금물이다. 잠에서 깨어나면 당신의 마음속에 있는 꿈을 한 번 더 확인해 보고 일지에 기록한다. 꿈에게 당신의 열망을 보여 달라고 요청한다면 꿈은 바로 이행하기 시작한다.

수치심 치료에 대한 창의적 접근

수치심 치료의 시작

당신은 지금까지 수치심에 관한 모든 것을 배웠다. 자신의 수치심이 어디에서 비롯되었는지 알기 때문에 당신은 창의력을 자극하여 수치심을 치료할 준비가 되었다. 그러나 지금 무장하고 있는 지식은 모두 익숙하지 않은 새로운 것이다. 우리는 단지 필요한 치료 과정이라 말해 줄 수는 있어도 쉽게 치료될 것이라고는 장담하지 못한다. 수치심이라는 상처는 다른 감정적인 상처들보다 치료하기가 더 어렵다. 수치심 치료가 너무나 힘겨운 이유는 사람들이 다양한 방식으로 수치심으로부터 도망가기 때문이다.

당신의 수치심이 궤양처럼 신체적인 질병이라고 상상해 보라. 궤양이 없는 듯 가장하여 치료할 수는 없고, 비록 잠시나마 당신을 괴롭히지 않아도 실제로는 여전히 존재하며 악화되고 있다. 의사를 만나면 건강에 나쁜 것은 피하라는 말을 계속하니까 당신은 피해 다닐 것이다.

상황을 직면하기 싫어서 다른 사람 탓으로 돌리고 싶을지도 모른다. 당신의 궤양이 다른 사람 탓이라고 비난해서는 치료를 하지 못한다. 오히려 사람들과 잘 지내지 못하게 하고 궤양을 더욱 악화시킬 수도 있다. 궤양에 걸렸다는 이유로 자신이나 몸에 화를 내도 소용없기는 마찬가지다. 문제 자체에 화를 내도 궤양은 치료되지 못한다. 당신이 궤양을 가진 다른 사람들보다 건강하다고 시치미를 떼는 것은 자신에게 궤양이 있다는 사실을 숨기는 데는 도움이 되지만, 궤양 치료에는 전혀 도움이 되지 못한다.

이러한 전략들은 매우 어리석게 들릴지도 모른다. 어쨌든 궤양을 치료하기 위해 당신은 궤양 자체에 주의를 집중해야 된다. 그럼에도 많은 사람들은 수치심을 제거하기 위해 이러한 전략을 따르고 있다. 가끔 사람들은 의식적으로 수치심을 막는다면 알아서 사라질 것이라고 믿는다. 마치 수치심이나 수치심이 발생하는 상황이 존재하지 않는 듯이 행동한다. 마음속에 수치심이 떠오르게 만드는 사람, 장소, 상황 들을 피해 다니기도 한다.

사람들은 자신의 불쾌함을 두고 타인들을 비난한다. 수치심을 가진 사람들은 가끔 자신이 비난하는 타인들에게 분노를 느낀다. 나중에 자신에게 좀 더 많은 수치심을 가져다줄 뿐인 일들을 행동하고 말한다. 그들은 화내고 수치심을 느낀 자신에게 경멸과 멸시를 퍼부음으로써 스스로 분노하고 상황을 악화시킨다. 그들은 타인을 존중하는 것이이 아니라 분노와 혐오감, 두려움을 만들어 내는 방식으로 자신이 존중받을 만하다는 것을 증명하려고 한다. 그들은 사람들에게 상처를 주며, 자신에게도 상처를 입힌다.

사람들은 진정으로 이겨 내야 할 필요성을 느끼지 못하는 자신의 수치심으로부터 자신을 방어하는 일은 너무나 잘해 내고 있다. 분노하고 희망 없고 망연자실한 감정은 치료에 전혀 도움이 되지 않지만, 일시적으로는 수치심을 직면하기보다 낫다고 생각할지도 모른다. 수치심을 직면한다는 말은 수치심을 느끼고 그에 대한 진실과 거짓을 구별하는 것을 의미한다. 수치심을 치료하려면 시간과 에너지가 필요하며, 수치심을 똑바로 바라보기란 고통스럽다. 종종 사람들은 단순히 할 수 없다는 이유로 고통스러워한다.

수치심을 느끼는 사람들이 발견하는 또 다른 문제점이 있다.

전통적인 치료법은 '말하기'에 중점을 두고 있어서 수치심 경험을 말로 표현하기가 쉽지 않다는 점이다. 당신이 존중하는 사람과 당신을 나쁘게 생각하지 않기를 바라는 사람에게 직접적으로 당신의 수치심을 말하기는 훨씬 더 어렵다. 수치심 치료는 과거나 현재 일어나지 말았어야 한다고 생각하는 일을 말한다는 의미일 수 있다. 인생에서 (당신에게 책임이 있든 없든) 당신에 대한 나쁜 감정을 남겨 놓은 사건을 '고백'하는 것이다.

당신은 너무 직접적인 공유 때문에 수치심을 느낄지도 모른다. 더욱이 수치심 경험이나 그로 인한 고통스러웠던 기억을 말하는 것은 어렸을 때 자신의 약점과 고통은 숨기라고 배웠던 규칙을 어기는 행위일 수도 있다. 고통과 수치심으로 가득한 경험을 말하기 위한 좀 더 쉬운 방법은 당신의 창의력을 활용하는 비언어적 연결 고리를 구축하는 것이다.

창의적인 방법이란 매개체 역할을 하는 쓰고, 그리고, 조각하고, 새기고, 콜라주로 만드는 등 거의 모든 창작 기법을 활용하는 것이다. 당신은 자신에게 (또는 타인에게) "이것 좀 봐! 이게 무엇처럼 보여? 무엇처럼 느껴져? 실제로 일어났던 일이야"라고 말할 수 있다. 다른 사람들이 당신이 만든 작품을 살펴보게 할 수도 있다. 당신이 말하려는 바를 타인이 이미 이해하고 있다는 사실을 알게 되면 고통스러운 일을 말하기가 훨씬 쉬워진다. 따라서 타인들의 호기심 어린 시선에 노출되는 느낌은 한결 나아진다. 당신은 완전히 거절당하지는 않을 거라는 생각에 약간의 안도감을 느낄 것이다.

자신이 만든 작품을 감상할 기회를 가지면 약간의 거리감을 느끼게 된다. 당신이 그린 그림은 과거 자신의 느낌을 말하는 것이지, 현재 당신의 느낌을 말하는 것은 아니기 때문이다. 창의적인 방법은 한 발 물러서서 다른 관점을 통해 당신의 느낌을 바라볼 기회를 준다는 점에서 강력한 효과를 가진다. 당신에게 거절당하는 느낌과 타인들의 공격으로부터 보호받는 느낌을 제공하고, (이보다 더 나쁠 수 있는) 자신에 의한 거절로부터도 보호해 준다. 이러한 안정감은 수치심 치료에 있어 첫 단계이다.

창의력을 활용한 좀 더 신속한 치료

불편한 느낌에 압도당하지 않고 당신의 수치심 문제를 직접 바라보기란 힘겨운 일이다. 창의적인 방법은 보다 적게 충격을 받으며 수치심을 바라보게 도와준다. 창의적인 방법에는 어떤 것이 있을까? 어떤 방법이든 다음과 같은 역할을 한다면, 창의적으로 경험과 생각, 관계에 관한 느낌을 보고, 고민하고, 표현할 수 있다.

- 사고를 확장한다.
- 다른 방법으로 생각해 보도록 자신을 격려한다.
- 오래된 믿음과 규칙에 대해 질문하게 도와준다.
- 당신을 과거의 고정된 지점에서 새로운 배움의 장소로 이끌어 준다.

그리고 색칠하고, 쓰고 춤추고, 행동하고 음악을 연주하는 것 등이 아마 당신이 생각하는 창의적인 방법일 것이다. 그러나 당신 스스로 비전을 만들어 내는 예술가가 될 필요는 없다. 새로운 방식으로 사물을 보고, 새로운 의미를 깨닫고, 그것을 당신과 연관 짓는 것은 창의적인 활동의 필수적인 부분이다. 사람들은 대개 아무런 생각 없이 자동으로 이렇게 행동한다. 그러나 수치심이 세상과의 연결을 끊어 놓기 때문에, 당신은 창의적인 능력에 접근하는 방법을 잊고 지내 왔을 수도 있다. 이 책은 당신의 수치심을 치료하기 위해 창의적이고 개인적인 방법을 모색할 수 있도록 도움을 줄 것이다.

스노우 슈즈snow shoes를 신으면 눈이 쌓인 길을 아주 멀리까지 이동할 수 있다. 마찬가지로 창의적인 활동은 수치심을 빠르고 쉽게 치료하도록 도움을 준다. 당신의 창의력을 활용하는 것은 필수적이다. 스노우 슈즈를 신고 눈길을 이동하는 사람들은 스스로 노력해서 전진해야 하지만, 발이 빠지지 않아 훨씬 쉽고 빠르게 목적지까지 갈 수 있다. 같은 길을 활용해 같은 목적지에 도착하는 것은 여전히 긴 여정이 되겠지만, 더 쉽게 갈 수도 있는 것이다.

창의력 활용은 재미있고, 때론 간접적이며, 심지어 약간은 예측 불가능하고, 신비스럽기까지 하다. 당신이 하는 일은 발견의 과정이지, 수치심이 스스로 사라질 때까지 고통스러운 이해를 통해 힘겨운 발걸음을 옮겨야 하는 것은 아니다. 신비로움은 여행에서 중요한 부분이다. 심지어 당신이 목적지를 잘 알고 있어도 그 과정은 숨이 멎을 정도로 놀라운 굴곡을 보여 주고, 기대보다 많은 것을 가르쳐 준다.

치료를 향한 새로운 경로

치료와 창의적으로 되기는 모두 성장을 나타낸다. 서로에게 활력을 불어넣어 주며, 전체적인 과정에 힘과 구성을 추가해 준다. 이것은 많은 영역에서 관찰된다. 춤을 배우는 창의적인 활동은 아픈 발목을 치료하는 훌륭한 방법이 될 수 있다. 낱말 맞추기나 연필을 활용한 퍼즐은 뇌 손상을 경험한 환자에게 새로운 뇌 경로를 구축하는 데 도움이 된다. 퍼즐은 뇌 자체를 자극하여 환자가 과거의 경로가 지워진 곳에 새로운 경로를 만들게 한다. 많은 새로운 활동들은 당신이 틀에 박힌 경로를 벗어나 새로운 관점을 가질 것을 요구한다. 사물을 다르게 보는 것은 종종 창의적인 치료 역할을 수행한다.

감정적인 고통은 신체적인 문제만큼 눈에 잘 띄지 않아서 사람들의 입에 적게 오르내린다. 사람들은 자신이 가진 감정적인 고통을 두고 자신과 싸우고 있다. 수치심을 느끼지 않거나 적절한 방어 없이 자신과 자신의 인생을 똑바로 바라보기란 힘겨운 일이다. 수치심은 고통스럽고 강력하며, 쫓아내기 힘든 교활한 적이다. 사진, 단어, 이미지, 새로운 생각 들은 수치심에 대한 당신의 정의와 느낌을 읽어 들이고 새롭게 형성하게 한다. 수치심이라는 감정적인 고통을 치료하는 것은 고통을 줄이고 치료 속도를 높이기 위해 창의력을 요구하는 어려운 일이다.

창의적인 접근이 치료를 더 쉽게 만들어 주는 또 한 가지 이유가 있다. 사람들은 종종 주변 세계를 이해하기 위해 논리적이고

합리적인 사고를 하려고 한다. 그러나 수치심이 들어 있는 논리를 이용하려고 하면 큰 영향을 미치지는 못한다. 수치심이 논리와는 별로 관련이 없는 기본적인 감정이기 때문이다. 무언가를 느끼는 행위는 꽃의 종류를 알아낸다기보다는 꽃의 냄새를 맡는 것과 유사하다. 수치심은 논리적인 생각보다 감각적이어서 사진이나 이미지, 상상력은 수치심 치료에 있어 강력한 도구가 될 수 있다.

당신에게 수치심 관련 정보를 제공하는 것, 즉 자신에게 수치심에 대한 논리적인 정보를 제공하는 행위는 많은 도움이 된다. 논리는 느낌에 관한 내용을 잘 알려 주지 못해서, 당신의 감정에 효과적인 영향을 미칠 정도로 논리를 이용하기는 어렵다. 사실 당신은 그러한 고통이 필요한 것도 아니며, 너무나 깊은 곳까지 괴로워해야 할 이유도 없다. 창의적인 방법은 감각과 이해의 결합을 가져온다. 생각과 느낌이 더 깊은 수준에서 당신을 도울 수 있기 때문이다.

창의적인 활동이나 새로운 활동을 시도하기 위한 마지막 요소가 있다. 당신의 수치심 문제를 처리하는 동안에도 새로운 활동을 이행하고 이용하기에 초점을 맞추어야 한다는 것이다. 당신은 종종 행동하면서 동시에 느끼게 된다. 무언가 건설적인 행동을 하는 동안에는 무기력함을 덜 느끼게 되고, 수치심이 당신을 압도하는 것을 어렵게 만든다. 나쁜 기분이 들기 시작하면 당신의 느낌을 긍정적인 결과로 유도하기 위해 창의적인 일을 할 수 있다는 사실을 이미 알고 있다.

만일 당신의 창의적인 활동에 의해 압도당한 느낌을 받으면 좀 더 준비가 되거나 감정적으로 나은 상태가 되었을 때를 위해 작업을 멈추거나 나중으로 미룰 수 있다. 수치심은 대체로 자신이 통제력도 없고 가치도 없는 것처럼 느끼게 한다. 반면 수치심 치료는 당신 스스로 제어할 수 있는 활동이다. 따라서 적극적이고 창의적으로 치료 과정에 참여함으로써 다시 힘을 얻는 것이다.

창의력을 통한 다른 혜택

창의적인 행동에는 많은 종류의 활동들이 포함되며, 모두 당신이 자신을 표현하는 데 도움을 준다. 백 번 듣기보다 한 번 보는 편이 더 낫다는 말이 있다. 일단 당신이 느낌으로 무언가를 창조해 내기 시작하면 그림, 콜라주, 춤, 시, 사진 등 어떠한 예술적 표현이든 간에 처음 생각보다 훨씬 더 큰 가치를 지닌다. 창의적으로 만들어 내는 무엇이든 당신이 가진 중요한 감정과 생각의 표현이다. 아마 과거 당신이 두렵거나 부끄러워 타인에게 요구하지 못했던 내용일지도 모른다. 단지 만들어 봄으로써 대부분 사람들에게 커다란 안도감을 준다. 당신이 만든 작품을 다른 사람들과 공유하는 것도 많은 도움을 준다. 수치심은 안전한 환경에서 노출되었을 때 치료가 가장 잘된다.

어떤 사람들은 타인들에게 말로 표현하기보다는 자신들의 수치심을 주제로 한 음악, 시, 그림을 공유함으로써 더욱 안정감을 느낀다. 수치심이나 수치심에 관한 생각처럼 스스로 불편함을 느끼는 주제를 다룰 경우에는 편안함을 느끼는 것이 매우 중요하다.

창의적인 방법을 활용하면, 좌뇌와 우뇌 모두를 활성화시켜 준다. 치료 과정에 당신의 전체적인 자아가 참여하도록 유도하는 것이다. 비록 그림에 직선만이 나열되어 있거나, 단순히 잡지 사진들을 오려서 만들었다 할지라도 당신의 창의력은 보다 많은 뇌의 부분들이 치료 과정에 참여하도록 만든다. 당신은 일반적이지 않은 독특한 방식으로 자아에 접근할 수 있으며, 많은 개인적 자원들이 문제 해결에 관여한다. 당신의 전체적인 모습에 영향을 줄 진정한 변화를 일으킬 좋은 기회가 있다는 의미이다.

물론 유머도 창의적인 활동이며, 치료 과정에 대단히 큰 도움을 준다. 다행스러운 것은 어떠한 창의적인 활동에도 유머를 적용할 수 있다는 점이다. 유머와 즐거움을 느끼는 것은 당신이 창의적인 활동을 하는 동안 모두 가능하다. 당신의 감정에서 이런 가벼운 측면들은 과거 기억에 더 좋은 감정을 가지게 해준다. 수치심을 해독하는 역할을 하며, 보다 유쾌한 감정을 느끼게 한다.

일단 당신이 갈색 종이봉투를 머리에 뒤집어쓰고 30분간 자기 수치심의 내면을 여기저기 걸어 다닌다고 하자. 그 느낌을 표현해 보고 싶다면 당신이 해야 할 일은 오로지 기억하는 것뿐이다. 이제 당신이 원하는 어디에서든(사무실, 식료품점 등) 종이봉투를 쓰고 다니는 자신의 모습을 상상해 보라. 그 이미지가 유머러스할 가능성이 매우 높으며, 관점에 변화를 주기 위해 다시 종이봉투를 뒤집어쓸 필요는 없다.

모든 사람들은 난관에 부딪힌다. 생각을 말로 여러 번 전환했기 때문에 사고방식을 바꾸고 새로운 방법으로 경험하는 것은 커다란 규칙이 된다. 예를 들어, 당신이 적합한 사람이라고 스스로 생각할 때마다 수치심을 느낀다고 가정해 보라. 모든 느낌과 단어들은 너무나 긴밀하게 연결되어 있어서 분리조차 할 수 없을 것이다. 그러나 적합하다고 느껴지는 당신의 모습을 그림으로 그린다면, 아마 당신을 과거 어려웠던 시절로 다시 데려다줄 것이다. 그렇게 하기가 여전히 매우 어렵게 느껴진다 하더라도, 당신은 자신을 적합한 사람이라 생각할 수 있다.

이번에는 당신이 '외계인'이라고 느껴지고, 스스로 어떠한 소속감도 가질 수 없다고 가정해 보자. 당신에게 '외계인'이라는 단어가 어떤 의미인지 알아내기 위해 밖으로 나가 외계인처럼 생긴 아이들 장난감을 구입할 수 있다. 당신이 장난감을 가지고 집으로 돌아오면 무언가 바뀌었다는 느낌이 들 것이다. 실제로 눈치채지 못하더라도 당신의 뇌는 지금 집에 2명의 '외계인'이 있으며, 당신은 더 이상 혼자가 아니라는 사실을 즉시 알게 된다. 당신의 의식적인 자아가 깨닫는 데는 약간의 시간이 소요되지만, 마음의 논리적인 영역이 아니라 전체 자아가 당신의 소속감을 다루기 시작할 것이다. 외계인이라는 점에서 둘 다 같은 소속을 가진다. 당신의 다른 부분(우뇌)은 모조품 외계인을 통해 당신에 대해 좀 더 배우도록 도와준다.

많은 사람들은 자신이 어리석게 느껴져서 당장은 자신의 상태를 알려 주지 않는다. 하지만 우리는 지금까지 인생을 바꾸는 수준의 경험을 한 많은 사례를 봤다. 새로운 행동과 새로운 실험들은 처음에는 어색하고 야릇한 느낌을 준다. 수치심을 느끼는 대신 자신이 어리석어 보이도록 내버려 두는 행동은 수치심을 치료하고 자신을 받아들이는 좋은 방법이다. 창의적으로 되는 것은 그 자체로 관습을 벗어나 세상에서 유일한 당신의 모습을 발견하는 행위이다. 당신의 모습을 찾을 많은 수준들을 알아 가는 것은 수치심 치료에서 중요한 부분을 차지한다.

모든 사람은 창의적이다

많은 사람들은 자신이 창의적이지 않으며, 심지어 창의력을 발휘할 수조차 없다고 여긴다. 문제는 '창의적'이라는 말의 정의를 어떻게 내려야 하는가이다. 창의력은 호기심과 함께 다니며, 때로는 호기심이 사람들에게 문제를 만들기도 한다. 그래선지 우리 사회는 지나친 호기심을 가진 사람들에게 수치심을 안겨 준다. 우리 문화에서 창의력은 약간은 특이하며 별난 것으로 여겨지는 '예술가'에 한정하여 사용되기도 한다. 약간의 창의력이 장려되는 경우도 있지만, 인생에서는 창의적인 관점을 가지는 것이 용납되지 않는다.

우리는 추수 감사절을 위해 3학년 아이들이 그린 미술 작품을 보러 교실에 들어간 적이 있다. 아이들이 그린 칠면조가 너무나 똑같이 생겨서 담당 선생님이 극찬을 아끼지 않았다. 다음에 방문했을 때는 아이들이 색상을 선택하고 색칠하고 있었다. 우리도 함께 참여하기로 했다. 모두의 그림이 벽에 걸렸는데, 방문객들은 우리 그림을 보고 지적을 했다.

"오, 이걸 당신의 아이가 그렸단 말인가요?"

이런 말은 아이를 낙담시키고 고의가 아닌 수치심을 안겨 준다. 아이들이 그림을 잘 그릴 수 없다면 어른들이 그려 줘야 할까? 대답은 무조건 "그렇다!"이다. 당신은 자기표현에 도움을 얻을 수 있고, 그림을 그리는 동안 당신으로부터 배울 수 있으며, 몰두해서 무언가를 작업하는 것은 학습을 위한 좋은 방법이다.

대부분의 사람들은 새로운 방식으로 사물을 보거나, 자기 모습을 색깔과 모양, 소리로 표현하는 창의력을 가지고 있다. 창의력 발휘에서 중요한 한 가지는 지나친 판단은 금물이라는 점이다. 사업가들은 해결책을 찾으려 할 때 주로 브레인스토밍을 활용한다. 모든 사람들이 의견을 비판 없이 제시하는 방식이다. 아무리 엉뚱해 보여도 참가자는 의견이 좋다 나쁘다고 판단해서는 안 된다. 도움이 되는 것을 찾기 위해 모든 아이디어가 제시되고 검토된다. 이것이 바로 수치심 치료를 위해 창의적인 방법을 활용하는 방법이다.

수치심이 판단으로 가득 차 있다면, 창의력 발휘를 위해 당신은 잠시나마 판단들로부터 멀리 떠나는 법을 스스로 터득해야 한다. 타인의 작품과 당신의 작품을 비교해서도 안 된다. 첫째, 비교하는 행위는 당신에게 수치심을 주는 기술 중 하나이다. 둘째, 당신을 비교하는 것은 공정하지 못한 행동이다. 당신에게서 나온 단어나 메모, 그림은 필요에 의해 스스로 발생한 것들이고, 감정과 관련된 작품은 매우 다양하게 표현되어야 한다.

아이들은 모든 색깔들을 섞어 지저분한 모양으로 만들고, 그림은 커다란 갈색 계통의 얼룩으로 나타난다. 만일 당신이 좌절하고 혼란스럽다면 아이처럼 그릴 필요가 있다. 그다음 좀 더 미세한 부분까지 세련되게 만들거나 글로 표현할 수 있을 것이다. 비교하고 판단하는 행위는 진정한 당신의 모습을 알아 가는 과정을 방해한다. 비교는 당신이 적합한 사람인지 확인하는 조사이고, 판단은 당신이 기준에 맞는지 결정하는 행위이다. 두 가지 모두 수치심을 증가시키고, 당신의 창의적인 능력을 알아내지 못하게 막는다.

수치심 치료에 도움을 주는 창의적인 방법은 개인의 선택 사항이라 반드시 활용해야 하는 것은 아니다. 우리가 여기에서 다루는 방법들을 시도해 보지 않는다고 해서 비난할 의도는 없다. 다만 창의적인 방법들을 활용해 보도록 권유하기 위해 당신을 초대하는 것이다. 당신 자신을 판단하기 위해 필요한 사항도 아니다. 당신은 자신에게 주어진 하나의 재능으로 창의력을 생각할 수 있다. 당신은 자아에게 "자, 지금 너에게 스스로 도움을 줄 여분의 작은 공간과 자유를 줄 거야"라고 말할 수 있다. 이번 글의 나머지 설명에서 많은 선택 사항이 제시될 것이다. 강한 흥미를 유발하거나 감동을 주는 내용이 있으면 마음껏 활용해 보기 바란다. 사람들의 말처럼 '필요하면 취하고 나머지는 버리면 그만'이다.

창의적인 사람이 되는 방법

우리는 창의적인 방법들 중 당신이 활용 가능한 것들을 다룰 것이다. 일부 영역에서는 많은 가능성을 제시하고, 당신이 창의적 이라고 생각하지 않는 영역에서는 구체적인 제안을 하지 않을 것 이다. 그렇다고 창의적 활동들이 유용하지 않다는 의미는 아니다. 아마 당신에게 도움이 되는 영역에서 당신의 창의력을 끌어내는 방법을 알아낼 것이다. 가치 있는 유용한 방법이 되려면 하나의 방법이 당신에게 다음 중 하나 이상의 도움으로 작용해야 한다.

당신의 수치심을 잘 이해하게 도움을 주어야 하고, 특정 방식 으로 당신의 수치심을 표현할 수 있어야 한다. 특정한 방식으로 당신의 수치심에 도전할 수 있어야 하며, 당신이 예전에 못 했던 일을 하도록 스스로 수치심을 이겨 내게 도와야 한다. 훌륭하든, 적합하든, 소속감을 주든, 사랑스럽든, 필요하든, 특별하든, 독특 하든, 아니면 모든 특징을 나타내든 간에 새로운 방식으로 당신 이나 세상을 바라보게 도와야 한다.

수치심 치료는 쉬운 일이 아니다. 살다 보면 누구나 실수를 저 지른다. 인간으로 산다는 것은 자신에게 필요하다면 최선을 다 해 실수를 바로잡아 간다는 삶의 의미를 배우는 과정이다. 당신 은 자부심, 독립심, 슬픔, 호기심, 분노, 용서, 동정, 감사, 열정, 자기 치료 같은 감정을 배울 것이다. 당신의 창의력은 다양한 방법으로 이런 느낌들을 스스로 발견하게 도와줄 것이다.

57세의 낸시는 나이를 먹어 가면서 몸이 아파 거동이 불편해서 자기모멸을 느꼈다. 특히 그녀는 춤을 사랑했지만 지금은 춤을 보러 갈 금전적인 여유조차 없는 형편이었다. 그녀는 자기 인생과 춤을 연결할 방법을 찾지 못해 자신에게 무언가 잘못된 일이 일어난다는 느낌을 받았다. 마침 그녀에게는 카메라가 있었다. 그녀는 밖에 나가 춤처럼 보이는 것을 카메라에 담는 숙제를 자신에게 주었다. 그녀는 우아하게 움직이는 꽃과 나무들의 사진을 한 아름 안고 돌아왔다. 사진을 찍는 동안 그녀는 마치 자연이 추는 춤과 함께하는 느낌을 받았다.

현재 그녀는 경제적인 어려움에도 불구하고 지역 예술 센터와 극장에 자원봉사자로 참여하여 도움을 주고 있다. 그녀의 자존감은 개선되었고, 공동체의 일원으로 사회에 다시 복귀하였다. 그녀는 더 이상 자신이 부족하다고 생각하지 않으며, 과거의 자신처럼 통찰력 있고 능력 있는 사람이라 여겼다. 비록 그녀가 처음에 생각한 그림이나 색칠 같은 창의적인 행동은 아니지만, 감정적인 고통과 수치심을 없애는 데 도움을 주는 강력한 창의력을 그녀가 가지고 있음이 증명되었다.

일지 작성의 중요성

　일지 활용은 과거 했던 일과 현재 하고 있는 일, 현재의 진행 방향을 파악하는 창의적인 방법이다. 일지 쓰기는 어렵지 않다. 당신은 잠시 과거로 돌아가 다소 곤란할 만한 일을 정기적으로 확실히 기입해야 한다. 쓸 내용이 복잡할 필요는 없다. 오늘 당신의 수치심이나 자부심을 유발한 일을 설명하는 것이다. 다시 말해, 상반되는 생각과 감정 사이의 대화가 될 수 있다. 한 가지 사례로, 마야가 자신의 〈수치심/자부심 일지〉에 기록한 내용을 살펴보자.

　"오늘 칭찬을 들으면서 내 자신이 후끈 달아오름을 느꼈다. 단지 잠시 동안이었지만, 과거에도 느꼈던 익숙한 경험이었다. 나는 또다시 어디론가 사라져 버리고만 싶었다. 그러나 나는 깊게 심호흡을 하고 도망치지 않았다. 나는 더듬거리지도 않고 고맙다는 말까지 전했다. 구내식당에서 그와 헤어지고 나서 내가 했던 행동에 안도감이 느껴졌다. 수줍어하며 도망만 다녔던 내가 평소의 내게 가졌던 '어리석은' 느낌이 아니었다. 나에게는 정말 커다란 변화이며, 기분이 훨씬 좋아졌다. 내가 좀 더 어른스럽고 정상적인 여성처럼 느껴진다."

　또 하나의 사례가 있다. 이번에는 그의 '잘생긴 자아'와 '못생긴 자아' 간의 대화로 엮은 제이의 일지를 한번 들여다보자.

못생긴 자아 : 사람들이 널 비웃는 건 당연해. 네 얼굴의 구레나룻이 짝짝이잖아.

잘생긴 자아 : 너는 항상 비판만 늘어놓는구나. 사람들은 그저 눈에 들어오는 대로 나를 쳐다보았을 뿐이야. 아니면 내가 사람들을 웃기는 법을 알거나, 사람들을 좋아해서 그렇게 했겠지.

못생긴 자아 : 오, 맞아! 넌 완전히 부활절 토끼 같아. 넌 코에 난 여드름은 안 보이니? 그걸 못 보고 지나칠 사람이 도대체 몇 명이나 될까? 지금까지 다른 사람이 너를 좋아할 정도로 좋은 모습을 보여 줬던 적이 단 한 번도 없었다는 사실을 대체 언제쯤 이해할 건데? 사람들은 뒤에서 널 비웃고 있어. 너는 세상에서 제일 못생겼단 말이야.

잘생긴 자아 : 예전에는 네가 말한 여드름이 느껴졌거든. 지금은 거의 보이지도 않아. 모든 사람들 얼굴에도 여드름은 난단 말이야. 난 이제 더 이상 속상해하지 않을 거야. 너는 내가 예전처럼 내 모습에 불만을 가지기를 원하잖아. 나는 생긴 그대로의 내가 좋아지기 시작했고 더 이상 속상하지도 않아. 난 네가 이제는 지긋지긋해. 나한테 중요한 볼일이 없으면 좀 닥치고 꺼져 줄래?

확실히 수치심 치료는 신체적인 상처보다 까다롭다. 가끔은 단순하기도 하지만, 어떤 경우에는 매우 복잡하다. 어떤 상처는 안에 독소를 가지고 있기도 하다. 누군가 큰 상처를 받으면 치료 과정은 더 오래 걸리는 경향이 있으며, 약간의 기복도 보인다. 반복되는 패턴을 확인하기 위해 치료 과정을 녹음하는 것도 유용한 방법이다. 의사들이 환자의 차트를 계속해서 확인하는 이유이다. 환자의 차트는 어떤 치료가 효과가 있는지, 환자의 체온이 오늘 어떻게 변했는지, 과거에는 정상 체온으로 회복하기 위해 어떠한 방법이 효과가 있었는지 확인할 수 있게 해준다.

일지는 수치심 치료에서 차트와 유사한 기능과 효과를 발휘하는 유용한 도구이다. 지금 우리는 당신의 경험을 직접 기록하는 개인 일지를 이야기하고 있다. 만일 아무런 검열 없이 솔직하게 기록하는 것 외에 그림이나 낙서를 덧붙인다면 더 많은 도움이 된다.

당신은 혼자서도 충분히 시작할 수 있다. 단지 쓰고, 그리고, 솔직해지고, 불평을 뛰어넘는 최선을 다하면 된다. 살면서 아름다운 순간을 경험하면 역시 기록으로 남겨라. 적극적으로 당신의 수치심을 치료한다면 긍정적인 경험들을 보다 많이 포함시켜 자신의 생각과 느낌에 균형을 줄 것이다. 이것은 당신에게 결함이 있고 부적절하다고 느끼는 감정에서 벗어나는 만큼이나 중요하다.

일지 활용을 위한 다양한 방법들

우리는 당신에게 필요하거나 기억하고 싶은 내용을 기록하는 도구로만 일지를 사용하지 않기를 바란다. 느낌을 표현하고, 모든 수준에서 당신과 의사소통을 하며, 자아에게 당신의 모든 것을 보여 주는 방식으로 일지를 활용하기를 권장한다. 특별한 방식으로 당신이 수치심과 정면으로 맞서고 치료하도록 도움을 주는 일지 작성법을 몇 가지 소개하고자 한다.

스스로 고민해 볼 만한 내용을 편지로 써서 당신에게 보내라. 당신이 수치심으로 고통받고 있다면 타인들이 가진 생각을 염려하며 많은 시간을 보낼 것이다. 그렇다면 당신의 생각을 검토해 본 적은 있는가? 기분이 좋을 때나 나쁠 때 당신에게 편지를 써 보라. 당신에게 답장도 써라. '해야 한다'와 '해서는 안 된다'는 말을 뛰어넘어 당신의 인생에 관한 대화를 만들라. 당신을 밀어내는 대신 갈등을 만드는 당사자가 되어 두 역할을 모두 해보라.

타인들의 행동 목록을 만들고, 그들이 싫어하는 사람을 비난하는 말을 해보라. 당신이 자신에게 했던 저속한 말과 비열한 행동도 편지로 써라. 최소 한 가지 행동을 바꾸려고 노력해 보고, 시간이 지남에 따라 일어나는 변화를 일지에 기록하라.

당신이 인생에서 진정으로 일어나기를 원했던 일, 창밖의 새들이 지저귀는 말, 마당 한구석에 있는 잡초들이 어떻게 꽃보다 많이 자라는지, 상상 속의 개가 오늘 당신에게 하는 말은 무엇인지 이야기를 만들어 보라. 상상력이 풍부한 사람이 되라. 어느 날 잠에서 깨어 보니 입고 있던 옷이 모두 사라졌다든지(피할 수 없었던 노출 경험), 갑자기 머리가 너무 크게 부풀어 올라 풍선처럼 터진 사건도 괜찮다. 너무나 높은 자부심으로 최악의 두려움을 이기고 생존한 당신이 사람들의 칭찬을 지금까지 줄곧 어떻게 버티며 받아들였는지도 이야기로 만들라.

자신에게 완전히 마음을 열고, 타인에게 말하기를 꺼리는 모든 일들을 일지에 적어라. 만일 당신에게 세상에서 오직 한 가지를 바꿀 힘이 있다면 무엇을 바꾸고 싶은가? 어떤 비밀이 당신을 가장 괴롭게 하며, 그 이유는 무엇인가? 당신에게는 어떤 비밀이 필요한가? 당신에게 필요한 비밀을 만들었다면 과연 무엇인가? 당신의 욕구 세 가지를 위해 어떤 일을 할 것인가? 당신의 소망을 위해 해야 할 일의 느낌은 어떠한가? 당신이 동물이라면 어떤 동물이고 싶으며, 이유는 무엇인가? 당신의 인생에서 일어나는 일들을 어떻게 생각하고, 느낌은 어떠한가?

자신에게 마음을 여는 것은 여러모로 상당히 중요하다. 첫째, 당신이 가장 우려하는 부분부터 시작할 필요는 없다. 둘째, 판단하지 않고 당신의 생각과 느낌에 솔직해지는 것은 자아 수치심을 치료하는 방법이다. 셋째, 마음을 열고 함께 놀아 주는 것은 새로움을 창조해 내고 받아들이는 행동의 기본이다.

혼자 운전하는 것을 들키지 않으려고 조수석에 인형을 앉히고 운전하는 행위는 한때 어리석은 생각으로 간주되었다. 로봇 청소기, 충돌 시험용 인체 모형, 개량된 깡통 따개, 전화기도 그랬다. 어떤 방식으로든 자신에게 마음껏 쓸 자유를 주는 것은 당신의 정서적인 삶을 더 쉽고 행복하게 만들기 위한 새로운 방법이다. 생각하고, 느끼고, 다른 종류의 사물을 함께 두고 고려해 볼 많은 여유를 자신에게 주는 것이다.

아무런 숨김 없이 당신이 경험한 그대로 수치심이 일어났던 사건을 적어 보라. 원인이 뭔지 알아내려면 가급적 상세히 기술하라. 당신의 삶에서 특정한 종류의 수치심이 발생한 장소나 시간을 이해하는 데 도움이 된다면 무엇이든 적어라. 특별한 수치심을 느끼지 않았다면 당신의 느낌과 행동이 어떠했을지 자문해 보라.

현재 당신이 보유한 수치심을 부드럽게 약화시키거나 제거하길 원하는가? 이러한 종류의 수치심이 어떤 방식으로든 도움이 된다고 생각하는가? 아니면 너무 고통스럽거나 지나쳐서 삶에 전혀 도움이 되지 않는다고 여기는가? 당신의 수치심 경험이 시간이 지남에 따라 변하고 있는가? 자신에게 보다 많은 자신감과 믿음을 주기 위해 당신은 어떤 일을 할 수 있는가?

일지에 기록하는 동안 사용할 몇 가지 주문을 만들어 보라. '나는 사랑스럽다'나 '수치심은 사라지고 자부심은 크게 자란다'처럼 주의를 집중하기 위해 반복해서 외우는 문장이다. 잠에서 깨어났을 때 기분이 별로 좋지 않다면 하루 종일 당신과 함께할 주문을 선정해 보라. '나는 완전한 인간이다'는 당신이 완벽주의자일 경우 사용할 만한 좋은 예시이다.

일지에 글을 쓰고 내용을 살펴보는 동안 음악을 틀어 놓아라. 음악이 당신의 생각과 느낌을 자연스럽게 수치심에서 강점으로 이동시켜 준다는 사실을 알고 있는가? 음악 경험을 일지에 기록해 둔다면 오래지 않아 당신은 어떤 음악이 안도감을 주거나 고통을 악화시키는지 알게 될 것이다. 그러면 당신은 삶에 있어 새로운 측면을 명확하게 선택하게 된다.

한 여성은 남자 친구가 떠나자 참을 수 없는 슬픔과 분노, 수치심을 느꼈다. 몇 년간의 끔찍한 고통을 겪은 후 그녀는 전문 상담가를 찾아갔다. 상담가는 그녀에게 어떤 종류의 음악을 듣는지 물어보았다. 그녀가 듣는 음악은 거절과 관련된 슬픈 곡들 일색이었다. 음악이 바로 그녀에게 수치심을 유발하는 원인이었던 것이다. 상담가는 그녀의 아들 두 명을 불러 엄마가 슬픈 곡을 들을 때마다 음악을 바꾸라고 요구하게 했다.

얼마 후 엄마도 아이들도 행복해졌다. 가끔은 아이들 스스로 음악을 바꾸기도 했다. 그들은 슬픈 노래는 싫증이 났고, 행복해진 엄마를 보고 싶어 했다. 2주가 지난 후 엄마의 우울증, 슬픔, 거절 수치심 모두가 호전되었다. 그녀는 다른 음악을 들으며 인생에서 또 다른 경험을 하고 있고, 자신의 상황을 긍정적으로 보게 되었다.

위 사례는 음악이 얼마나 강력한 힘을 발휘하는지, 인식하거나 상상조차 하지 못했던 방식으로 자신에게서 무엇을 배울 수 있는지 잘 보여 주고 있다. 음악이 자신을 성장시켜 준다는 사실을 알고 있으면, 수치심을 포함해 감정적인 문제를 헤쳐 나가는 데 큰 도움이 될 것이다.

일지에 목록을 작성하라. 일지에 '해야 할 일' 목록을 작성하고 수시로 반복해서 검토한 후, 모든 '해야 할 일'을 '할 수 있는 일'로 바꾸라. '할 수 있는 일'에 대한 자신의 느낌이 어떠한지 일지에 기록하라. 오랫동안 고민하고 한 가지씩 살펴봐야 할지라도 자신이 자랑스러워하는 일의 목록을 작성하라.

당신이 또 다른 세계에 살고 있으며 12명의 자녀가 있다고 상상해 보라. 아이들에게 지어 줄 이름을 작성해 보고, 왜 그 이름들을 선택했는지 일지에 기록하라. 아이들이 자라면서 당신이 가장 자랑스러워할 만한 일의 목록도 작성해 보라.

지난주에 당신이 먹었던 식사 목록을 작성해 보라. 목록을 검토해 보고 건강 관리를 위해 추가해야 할 내용을 제안해 보라. 당신에게 '해야 할 일'의 목록이 없다면, 시간이 나면 당신이 할 만한 일의 목록을 작성하라. 당신에게 가장 중요한 일에서 가장 덜 중요한 일까지 우선순위를 정해 번호를 붙여라. 각각의 일을 수행하는 데 걸리는 시간을 기록하라. 그중 당신이 지금까지 수행해 본 적이 없는 일이 있다면, 목록 옆에 또 다른 빈칸을 만들어 그 일을 시작할 때 기록하라.

타인에게 편지를 써라. 수치심을 느낄까 봐 말할 수 없었던 모든 일들과 그에 관련된 생각과 느낌을 종이 위에 펼쳐라. 수치심은 안전한 환경에 노출되었을 때만 치료가 가능하다. 그러한 생각과 감정을 곱씹으며 반복해서 읽어 보는 것은 뒤로 한 발 물러서서 수치심을 명확하게 바라보는 데 도움이 된다. 자신을 판단하지 않고 느낌을 함께 나눌 안전한 장소에서 일지를 작성하라. 자신을 더 많이 받아들일수록 당신은 의식적인 수준에서 자아와 더 깊고 많은 정보를 공유하게 된다.

자신에게 일지 숙제를 내며 상상력을 발휘하라. 당신이 나무라면 어떤 종류의 나무가 되고 싶은가? 이유는 무엇인가? 여름에 시작해 가을, 겨울, 봄을 거치면서 4계절 내내 그 나무가 생존하며 경험할 일을 작성하라. 인생에서 수치심을 겪으며 생존했던 경험과 비교하여 어떠한 유사점이 있는지 자신에게 물어보라. 시간적인 여유를 가지고 일주일에 한 번 지난주에 작성한 일지를 다시 한 번 읽어 보라. 펜을 바꾸어 '지혜로운 자아(내면의 자아)'가 되어 자신에게 답장을 써서 조언하라. '지혜로운 자아'가 유머 감각을 살려 아주 괜찮은 충고를 하더라도 너무 놀라지 말라.

과거 자신을 돌보지 않았던 일에 대해 사과하는 편지를 자신에게 보내라. 수치스러운 자아에게 편지를 보내 자아 역시 자신의 일부로 받아들이겠다고 하라. 서로를 파괴하는 일 없이 좋은 유대를 형성하기 위해 서로 협력할 것을 제안하라. 마치 당신이 아닌 다른 사람처럼 자신을 칭찬하는 편지를 보내라. 자신을 칭찬하고 감사하게 여기는 법을 배울 때까지 묵묵히 해 왔던 훌륭한 일들을 찾아 반복해서 감사의 말을 전하라.

당신이 혼란스러울 때 의지할 방편으로, 스스로 헤쳐 나가도록 도와줄 후원자로, 결정하기 힘든 상황에 처하면 언제든 훌륭한 대안을 제시하는 친구로, 당신의 성장과 치료에 대한 기록으로 일지를 활용하여라. 6개월마다 일지를 다시 읽어 보라. 그동안 당신이 과거의 수치심과 수치심을 일으키는 습관에 다시 사로잡히지 않았으며, 여전히 계속해서 성장하고 있음을 확인하라. 당신이 경로를 이탈하더라도 다시 마음을 다잡는 도움을 줄 것이다.

누군가 다른 사람이 허락 없이 일지를 읽을까 염려스러워 망설이는가. 일지에 그림과 콜라주도 활용할 수 있다는 점을 기억하라. 일지에 자신만의 암호를 설정하여 기록할 수도 있다. 모든 사람들은 사생활을 지킬 권리를 가지고 있다.

그림과 색칠의 장점

당신은 치료 과정에서 도움을 얻기 위해 그림과 색칠을 활용할 수 있다. 당신의 느낌을 표현하기 위해 선, 모양, 색깔을 활용하는 예술가가 될 필요는 없다. 엘레나는 자신에게 도움이 될 단어를 찾기가 어려워 그림을 그려 보기로 결심했다. 그녀는 언제 어디서든 그릴 수 있도록 매직펜을 사용했다. 그녀는 자신의 수치심을 그려 보기로 결정하고 다음 말을 했다.

"수치심이 얼마나 무겁게 나를 짓누르고 있는지 깨달았다. 엄청나게 큰 쇳덩이처럼 머리와 어깨를 짓눌렀고, 나는 고개를 들수조차 없었다. 너무나 크고 무거운 검은 물체처럼 느껴졌고, 나는 일어서기도 힘든 상황이었다. 나는 여전히 수치심을 붙들고 있었고, 어깨에서 내려놓을 수 없다는 확신이 들었다. 나는 수치심을 그림으로 표현했다. 그림은 내가 자신을 얼마나 억압하고 있는지 확인하게 도와주었다."

로키는 자신의 수치심과 관련된 그림을 그리면서 완전히 다른 경험을 했다. 그는 말했다.

"처음에는 아무런 생각도 떠오르지 않았다. 그저 내 수치심이 어떻게 생겼을지 고민했다. 그러다 갑자기 눈을 그리기 시작했다. 내 그림에는 여기저기 눈만 잔뜩 그려져 있다. 마치 모든 사람들의 시선이 항상 나만 바라봐 숨을 쉴 수 없는 상황에 놓인 기분이다. 이것은 내가 집에 있을 때의 느낌이다. 엄마는 항상 내가 나쁜 짓을 할 거라고 확신하고 있었다. 내게는 어떠한 사생활도 보장되지 못했다. 심지어 엄마는 내가 화장실에서 2분 이상 있으면 문을 두드리며 안에서 무슨 짓을 하고 있는지 확인했다. 그림을 완성한 후 제일 먼저 벽에 걸었다. 그림이 벽을 마주 보게 뒤로 돌려서 더 이상 눈들이 어떤 것도 보지 못하게 했다. 내가 평소에 왜 감시받는 느낌을 가졌는지 이유를 알게 되면서 커다란 안도감을 느꼈다. 그림을 뒤로 돌려놓음으로써 나는 자신에게 어떤 잘못을 저지르고 있는 건 아닌지 감시할 필요가 없다는 사실을 깨달았다."

엘레나와 로키에게는 수치심을 그려 보는 행동이 자신을 좀 더 이해하는 데 정말 중요한 역할을 했다.

그림을 그리는 행동은 당신의 내면에 숨어 있는 장점과 연결해 준다. 자아를 새롭게 발견하거나, 당신이 과거에 제쳐 놓았던 일이 사실은 소중히 여길 만한 좋은 것이었다는 사실을 깨닫게 도와준다. 단순히 선과 색깔을 이용하여 자신에게도 말하지 못했던 본연의 모습을 표현함으로써 위안과 통찰을 가져다준다. 무슨 말을 해야 할지 확신이 없거나, 일지로도 표현할 수 없다면 당신의 느낌을 그림과 색깔로 나타내 보라.

수치심을 느끼는 사람들은 자주 '제대로 할 수 없다'는 확신으로 '예술가적인' 무언가를 해내야 한다며 자신을 압박한다. 여기에서 말하려는 핵심은 실제로 당신이 잘못할 일이 없다는 것이다. 첫째, 그림은 당신의 느낌을 표현하는 방법이지 무언가 예술적이거나 현실적인 것이 아니다. 둘째, 그림은 당신의 모습이지 다른 누구의 것도 아니다. 다른 무엇과의 비교 자체가 의미 없으며, 그림을 판단하는 행위는 단지 당신의 치료 과정을 멈추게 할 따름이다.

자신을 거절하지 않고 본연의 모습을 허락하는 것은 수치심 치료에서 매우 중요한 부분이다. 그림이 제대로 형성되지 않는다면 자신의 느낌이 어린 시절부터 비롯되었기 때문이다. 즉, 자신이 수치심으로 아주 오랫동안 고통을 받아 왔음에도 스스로 표현할 기회를 준 적이 단 한 번도 없었던 것이다.

당신이 여전히 어떤 것도 제대로 그리거나 색칠할 수 없다고 한다면, 지금 당장 크레용을 꺼내 그리거나 핑거페인트로 색칠해 보라. 세상 누구도 크레용이나 핑거페인트로는 시스티나 성당의 그림처럼 잘 그릴 수 없다. 그러한 도구를 사용해서는 진정한 예술가적 감각을 표현하기가 거의 불가능해서 당신은 그림이 어떻든 전혀 신경 쓸 필요가 없다. 그냥 시도해 보라.

만일 당신이 남의 시선을 의식하는 편이라면 모든 사람이 보도록 커다란 주차장에 나가 분필로 그림을 그려 보라. 이때 당신의 아이도 데리고 가서 함께 그려 보는 것도 좋다. 다른 사람들은 아마 당신이 아이를 위해 그린다고 여길 것이다. 당신이 그림에 익숙해지는 동안 남들의 시선이라는 부담이 훨씬 줄어들 것이다.

그림을 그리고 색칠하기가 당신에게 많은 일거리로 여겨진다면 콜라주를 활용해 같은 효과를 볼 수 있다. 잡지에서 사진을 오려 마분지에 풀로 붙여 보라. 표현하고자 하는 바를 완성한 느낌이 들거나, 단순히 느낌이 표현되었다고 여겨질 때까지 하면 된다. 콜라주를 활용해 볼 만한 또 하나의 방법이 있다. 정사각형 모양의 종이 박스를 뜯어 안쪽과 바깥쪽에 콜라주를 만든다. 바깥쪽에는 타인들에게 보이는 당신의 모습을 만들고, 안쪽에는 수치심을 포함한 당신의 내면을 표현하는 콜라주를 만든다. 그런 다음 박스를 다시 접어서 어떤 모습인지 확인해 본다. 수치심을 더 이상 당신이나 타인들에게 숨길 필요가 없을 때까지 천천히 노출시켜서 고통스러움이 다른 느낌으로 대체되도록 하는 것이 목표이다.

그림과 색칠을 활용한 다양한 방법들

자신과 수치심, 수치심 관련 문제들에 좀 더 나은 감정을 갖는 데 도움이 되는 몇 가지 활동들을 소개하고자 한다.

- 타인으로부터 수치심을 느낄 때나, 특정 상황에서의 느낌을 그려 보라. 어떤 색깔이 당신의 수치심을 잘 표현하는지, 어떤 모양과 이미지를 가지고 있는지 알아내라. 아마 당신은 슬픔, 분노, 피해망상과 같은 다른 느낌들도 그림으로 표현하고 싶을 것이다. 당신의 그림을 진정으로 이해할 때까지 그림을 보이는 곳에다 잘 걸어 두라. 처음에는 알지 못했던 중요한 내용들을 나중에 깨닫는 경우도 있다.
- 사물을 있는 그대로의 모습이 아니라 당신이 바라는 모습으로 그려 보라. 당신의 아버지가 매우 비판적이었거나 멀

게만 느껴졌다면 행복하고 다정한 모습으로 그려라. 당신의 세상을 완전히 바꾸라. 당신이 인생을 바라보는 관점에서 힘을 회복하는 데 도움을 주는 방법이다.

- 자신뿐 아니라 타인의 느낌에 대해서도 수치심을 느낀다면 스스로 받아들일 때까지 반복해서 그려라. 그것은 당신의 일부이다. 당신은 자신의 느낌에 수치심을 느낄 필요가 없다. 그림을 통해 보다 인간적인 방식으로 당신의 삶과 경험을 생각해 보라.

- 당신이 길을 따라 걸어가고 있는 그림을 몇 장 그리고, 그 속에서 수치심을 찾아내 보라. 수치심을 다루는 방법을 알아내고, 인생에서 일어날 일들을 계속 진행해 나가라.

- 당신의 마음을 그려라. 어떤 치료가 필요하다면 무엇인지 알아내라. 치료된 마음을 자랑스러워하는 당신에게 가져다주는 경이로운 일들을 그림으로 나타내라.

- 타인들의 모욕적인 행동으로부터 당신을 보호할 방패나 보호물을 그려 보라. 거기에 당신의 힘을 실어 주고 필요할 때마다 볼 수 있는 곳에 걸어 두라.

- 상처받기 쉬운 내면의 자아를 그려 보라. 자아가 바로 오늘 당신에게서 무엇을 원하는지 알아내라. 가능하다면 자아가 원하는 것을 해주라.

- 매일 밤 잠자리에 들기 전에 나무 한 그루를 그려 보라. 나무가 매일 당신이 느끼는 감정을 표현하게 만들라. 매일 자신이 변해 온 모습을 되돌아보고, 지금까지 어떻게 변해 왔는지 살펴보라. 당신은 언제 수치심과 더 많이 싸워야 했는지 구별할 수 있는가? 30일마다 그때까지의 그림들을 반복해서 확인해 보라. 당신이 그린 30그루의 나무는 매우 명확하게 당신의 패턴과 느낌을 보여 줄 것이다. 당신이 수치심을 활용하는 방식이 자신에게 도움이 되는가, 아니면 방해가 되는가? 당신에게 말하고자 하는 바는 무엇인가?

어떤 그림이 좋고 나쁜지를 결정하는 규칙 따위는 없다. 당신의 그림에서 양육과 관심이 필요한 부분을 찾아내게 될 것이다. 비록 못 그린 그림이라도 여전히 의미는 담고 있다. 자신이 아주 못생겼다고 생각하는 한 여성이 있었다. 그녀가 그릴 최고의 그림은 제일 못생긴 자신을 그리는 것이라 생각했다. 그녀의 그림이 정말 못생겼다면 그녀는 과제를 완료하는 것이고, 자부심도 느낄 것이다. 게다가 그녀가 생각할 수 있는 가장 못생긴 그림이 바로 그녀가 느끼는 감정이기도 했다. 실제로 그녀는 아주 추한 그림을 그렸는데, 그림을 완성하자 생각보다 훨씬 더 기분이 좋아졌다. 놀랍게도 그녀는 자신의 느낌에서 엄청나게 많은 추한 것들을 바로 꺼내어 그림으로 표현할 수 있었다. 그녀는 정말로 안도감을 느꼈고, 역겨운 그림은 지하실 한구석에 던져 버렸다.

몇 년이 지난 후 그녀의 아이가 그림을 발견하고는 벽에다 걸어 두었다. 그녀에게는 그림이 공포로 다가왔다. 아이는 그림 치우기를 거부했고, 심지어 엄마가 그린 그림이라는 말을 듣고는 친구들에게 자랑하기까지 했다. 무슨 이유인지 그 그림이 아이에게는 사춘기 시절 좋은 느낌으로 다가왔던 것이다. 결국 시간이 지난 후 아이는 그림을 지하실로 다시 던져 버렸다. 그녀는 그림이 좋아 보이거나 의미 있어 보일 필요가 없다는 점과 가장 고통스러운 느낌도 어떤 면에서는 공유될 수도 있다는 사실을 깨달았다.

점토를 활용한 작업의 장점

수치심 다루기는 때로 신비로운 것들로 가득한 황홀한 여정이 되기도 한다. 가끔은 직접 손을 사용하는 접근이 필요한 경우가 있다. 당신은 점토가 자신을 탐험하고 표현하기에 최적의 방법이라는 사실을 알게 될 것이다. 점토는 이 분야에서 몇 가지

독특한 특징을 보인다. 여러모로 점토는 당신이 자아로부터 숨겨 온 것들을 명확하게 보여 준다. 때로는 수치심 치료에서 '마법의 단계'가 되기도 한다.

수치심은 저항력을 가진 감정이고, 사람들은 변화에 완고한 모습을 보여 주기도 한다. 점토가 가진 부러지지 않는 강인한 성질은 저항성을 보여 주는 상징으로 기능하기도 한다. 점토를 가지고 씨름하는 과정은 많은 에너지가 필요한 힘든 작업이어서 더 이상 필요 없는 당신의 오랜 저항들을 뚫고 지나갈 수 있다.

점토는 한번 정해지고 나면 영원히 지속되어야 하는 정적인 작업이 아니라, 지속적으로 변하는 성질을 가지고 있다. 수치심이 종종 사회 관습의 일부를 나타낼 경우에는 헤쳐 나가기가 힘들다. 모양을 지속적으로 바꿀 수 있는 점토는 관습을 뛰어넘어 높은 단계로 나아가기 위한 당신의 노력에 중요한 역할을 한다. 점토는 당신이 할 수 있는 다른 일을 나타내기도 한다. 가령 주변을 엉망으로 만들며 손을 더럽히기도 하고, 더러워진 것을 다시 깨끗하게 만들기도 하며, '과거의 모습'으로 다시 되돌려 놓기도 한다.

점토는 인간을 구성하는 하나의 말하기 방식이다. 사람과 마찬가지로 점토의 더러움과 색깔은 당신이 마음속으로 그리는 완벽한 모습이 될 수 없다. 세상 어떤 누구의 점토도 예술적으로 완벽한 모습을 갖출 수 없기 때문에 당신이 제대로 못한다고 해서 걱정할 필요는 없다. 당신이 점토를 다루는 방식에서 잘못된 점은 있을 수 없다. 당신이 보다 적게 의식하고 있는 자아와도 진정으로 대화할 기회를 제공한다. 실제로 그런 일이 일어난다 해도 자아로부터 당신이 예상한 메시지를 받을 수 있다. 때때로 당신은 그것이 무엇인지 금방 알아챌 수도 있고, 어떤 경우에는 곰곰이 생각해 봐야 할 수도 있다. 그러나 비록 당신이 힘겨운 날을 보내고 있다 할지라도 그날은 당신에게 도움을 주는 유용한 친구가 될 것이다.

수치심에 관련된 최고의 작품을 만들기 위해 당신은 강한 저항력을 가진 유성 점토나 대기에 노출되면 스스로 단단해지는 취미용 점토가 필요할지도 모른다. 직사각형 용기에 담긴 유성점토는 대부분 장난감 가게에서 구할 수 있다. 어떤 종류는 미술용품 가게보다 저렴하다. 미술용품 가게에서 판매하는 유성 점토는 보통 색상이 더 다양하다. 물론 어떤 것을 사용해도 상관없다. 취미용 점토는 취미용품 가게나 미술용품 가게에서 구입할 수 있다. 단지로 만들어 가마에 구울 수 있는 점토에 가까우며, 대부분 회색이나 붉은 벽돌색을 띠고 있다. 조심해서 다루지 않으면 잘 부서지지만, 무언가를 만들어 건조시킬 수 있다. 작품을 만들어 냄비에 넣고 젖은 수건을 놔둔 채 랩으로 입구를 막아 보관할 수도 있다. 이렇게 하면 연성이 그대로 유지되어 여러 차례 다른 작품으로 다시 만들 수 있다. 반면 유성 점토는 마르지 않고 약간 끈적이는 성질이 있어서 언제든 다른 작품으로 개조할 수 있다.

점토 작품의 제작 과정

당신이 지금 수치심을 치료하고 있다면 지켜야 할 과정이 있다. 당신의 작품에서 최대한 많은 것을 얻기 위해 다음의 몇 가지 단계를 따라야 한다.

1. 최소한으로 작은 난장판을 만든다고 생각하라. 지금 그렇게 하면 앞으로 당신의 인생에서 중요한 부분이 될 것이다. 어떤 면에서 모든 인간은 지저분하기 때문에 손이 좀 더러워지는 정도는 문제가 없다. 더러움은 일부 사람들이 자신의 수치심을 숨기는 이유를 설명해 주는 단어이다. 지금 당신은 좋은 품질의 깨끗한 점토를 활용하여 약간의 난장판을 만들어 자신의 수치심을 열린 바깥세상으로 끌어낼 수 있다.

2. 본격적인 작업에 들어가기 전에 15분 정도 점토를 이용한 워밍업 시간을 가져라. 원한다면 워밍업 시간을 길게 가져도 상관없다. 점토 작업을 위한 충분한 준비 운동이 되기에 어떤 면에서 중요한 단계일 수도 있다. 이 단계를 확실히 끝낸다면 점토 작업을 수월하게 해 나갈 것이다.

3. 당신의 주요 과제는 매우 간단하며, 고민할 필요도 없다. 단지 점토를 가지고 놀며 스스로 존재하고픈 모양이 되도록 그대로 내버려 두면 된다. 점토는 즉시 형태를 만들기도 하고, 형태가 분명하지 않은 덩어리로 머물기도 한다. 당신이 자아로부터 "이젠 됐어"라는 귀중한 메시지를 받지 못했다면 최소 30분 이상 점토를 가지고 놀아야 한다. 그러기 위해 내면의 목소리에 귀를 기울이고 자신을 신뢰해야 한다. 자아의 목소리를 듣는 것은 당신이 많은 수치심과 고군분투하고 있을 때 하나의 치료 과정이 된다. 당신이 다시금 자신을 깊이 신뢰하면 수치심은 많은 힘을 잃을 것이다.

4. 당신의 점토가 어떤 모습으로 바뀌었는지 확인해 보라. 어떤 사람들은 자신의 모습, 자신에게 수치심을 주는 사람의 모습, 신체의 일부, 자신에게 특별한 의미가 있는 물건, 작은 꽃 한 송

이를 둘러싸고 있는 벽과 같은 비유적 이미지, 자신에게 신비스럽게 느껴지는 작품 형태 등을 만들기도 한다.

죽은 전우가 자신과 함께 벤치에 앉아 있는 모습을 만들었던 베트남전 참전 용사처럼 수치심 경험을 이미지로 만드는 사람도 있다. 그는 전쟁 중에 친구를 구하지 못했다는 깊은 수치심으로 고통받고 있었다. 그날 이후 지금까지 자신은 부족한 사람이라고 느끼면서 살아왔다. 지금 그는 수치심을 떨쳐 버릴 준비를 하고 있다. 기억하는 친구의 모습을 자기혐오 없이 다시 삶속으로 불러들이려 하는 중이다. 당신이 이와 같은 강한 이미지를 만들었다면 그 사람이 친구든, 전문 상담가든, 목사든, 신이든 상관없다. 당신은 누군가에게 말해야만 하는 중요한 내용을 알고 있는 것이다.

5. 단지 당신이 만든 점토의 모양을 보고 마음속에 떠오르는 아이디어나 생각, 기억 들을 적어 보라. 비록 강제적이고, 이상하고, 어리석고, 당혹스러운 느낌이라도 당신을 실제로 점토 덩어리라 가정하고 느낌을 말하거나 적어 보라. 가능하다면 당신이 하는 말을 녹음해서 나중에 다시 들어 보라. 당신이 스스로 허락한다면 자신을 놀라게 하는 말을 하거나, 점토 작업을 하는 과정에서 인생을 다루는 법에 대한 아주 중요한 말을 해주는 자신을

만날 것이다. 당신이 직접 만들어 낸 뜻밖의 발견이 될 것이다. 뜻밖의 발견이란 놀랍고 도움을 주는 예상치 못한 결과이며, 논리적으로 계획할 수 없는 행복한 사건이다. 여기 다른 사람들이 발견한 몇 가지 사례가 있다.

사례 1 : 나는 점토로 만든 빨간색 공입니다. 나는 지금 매우 혼란스럽고, 어떻게 다시 마음을 열어야 할지 모르겠습니다. 내 몸을 튀기려고 하면 양옆이 납작해지고 맙니다. 내 몸을 여기저기 튀기는 대신 나에게 정말 상냥하게 대한다면 바닥을 가로질러 가고 싶은 어디든 굴러갈 수 있습니다.

사례 2 : (7살 여자아이) 나는 두 조각의 점토를 가지고 있습니다. 여기에 있는 작은 꼬마 소녀가 바로 나입니다. 나는 머리에 새 머리핀을 하고 있어서 정말 멋져 보입니다. 이 점토에서 나는 빨간색 점이 있는 파란색 공입니다. 나는 이 세상에 살고 있고, 빨간색 점은 내가 아픈 곳입니다. 나는 기분이 나빴기 때문에 점토로 만드는 동안 기분이 좋아졌습니다. 모든 것이 뒤죽박죽이었습니다. 처음에는 빨간색 점으로 된 문제 덩어리가 바로 나라고 생각했지만, 실제로는 그렇지 않았습니다. 나는 이 세상에 문제가 있지만 내게 있는 것은 아니라는 사실을 기억하도록 점토를 다시 만들어야 했습니다.

사례 3 : 나는 직장인 여성이고, 목은 거의 90도로 굽어 있습니다. 나는 단지 바닥만 볼 수 있어 슬프고 외롭습니다. 아주 오래 전부터 이렇게 지내 왔다고 느껴지지만, 여전히 고개를 들 수 없습니다. 내 자신이 어딘가에 갇혀서 도무지 나갈 곳을 찾지 못하는 느낌입니다. 나를 이 점토에서 꺼내 주고 싶은 사람은 먼저 다시 고개를 들 수 있게 도와줘야 할 겁니다.

사례 4 : 나는 노란색과 초록색이 뒤섞여 있는 점토입니다. 나는 밝고 명랑해 보이지만, 커다란 엉덩이 모양을 하고 있습니다. 나는 여러 가지 다른 모양으로도 변신할 수 있어요. 만일 내가 엉덩이로 변신하면 사람들은 멀리 떠나 버릴 겁니다. 사람들이 나를 좋아할 거란 희망을 가지고 돌아다니지 못해서 더 쉽게 엉덩이로 변신합니다. 나는 에너지가 넘치며 즐겁게 지내고 싶지만, 커다란 엉덩이 모양을 하면 사람들이 나를 멀리한다는 것이 문제입니다. 난 변신을 싫어하지는 않지만, 어딘가에 갇혀 있는 느낌입니다.

위의 사례에서 보듯이 당신이 점토로 가장하고 있는 동안 점토가 하는 말은 매우 흥미로울 것이다. 가끔씩 친구와 함께 해

보는 것도 괜찮다. 역할극 속에서 점토가 되어 "나는 _____ 입니다"라고 말할 수 있게 서로 도움을 줄 수 있다. 당신이 하나의 인격체로서 점토가 되어 말을 하기 시작하면, 새로운 영역을 실험하고 사용하기보다는 옛날과 같은 방식으로 자신을 분석하게 된다.

시간이 지나면 당신도 변한다

당신이 가진 하루는 이미 당신이 에너지를 쏟아부었기 때문에 당신의 일부이다. 지금 당신의 인생에서 하루에 맞는 가치를 부여하라. 당신이 점토 역할극에 참여하는 것과는 상관없이 점토 작품을 잘 보관해 두라. 당장은 하나의 덩어리로밖에 보이지 않을 테지만, 2주가 지나 다시 한 번 손에 잡아 보면 훨씬 빨리 알아볼 무언가가 되어 있을 것이다. 그 모양 그대로 당신의 모습처럼 점토 작품도 변화가 필요한 것으로는 보이지 않게 된다.

위의 사례에서 점토로 된 여자 역할을 했던 사람은 시간이 지남에 따라 점점 자신에 대한 감정이 좋아지자 점토 작품의 머리도 천천히 들어 올려 주었다. 3개월이 지난 후 점토 여성은 위풍당당하게 머리를 완전히 들어 올렸다. 당신이 '커다란 엉덩이'가 되었던 사람이라면 어떻게 행동했을까? 아마 당신은 타인에게 호기심을 가지고 조사하기 위해 한동안 '커다란 코'로 변신해서 생활했을지도 모른다. 이후로는 새로운 길을 걸어가기 위해 커다란 발과 같은 다른 무언가가 되었을 것이다.

이미지와 비유의 중요성

지난 글에서 우리는 점토에서 자신의 이미지와 비유를 발견한 사람들의 사례를 살펴보았다. 심지어 7살 난 아이도 자신의 점토가 변한 모습을 살펴보고 반응할 수 있었다. 사람들은 아무 생각 없이 그저 정형화된 기준에 맞춰 이미지와 비유를 활용한다. 당신은 이미 주변의 많은 것들을 통해 아이디어를 얻었다. 간단한 비유는 당신이 있는 어디에나 있으며, 인생의 의미도 주변에 머물고 있다.

이미지는 전체적인 인격에 말을 건다. 당신이 "아내는 회전문에 갇히는 것을 좋아해"라고 말한다고 하자. 이 말은 당신이 있는 곳의 바깥 세계로부터 약간의 갇힌 느낌과 빠르게 쓸고 지나가는 느낌, 너무 빨리 지나가서 붙잡을 수 없는 움직임의 존재를 내포하고 있다. 당신의 지성으로 이해할 수 있는 이미지이며, 당신의 감정으로 느낄 수 있는 이미지이기도 하다.

회전문에 갇히는 것으로 수치심을 느낄까? 그렇다면 당신은 인생을 바꾸기 위해 무엇을 어떻게 해야 하는가? 가령 "나는 죽었어야 해", "내가 바닥 아래로 꺼져 버렸으면 좋겠어", "내가 불에 타 사라져 버렸으면 좋겠어", "난 쓰레기야"처럼 수치심과 즉각적으로 연결되는 많은 이미지가 있다. 어떤 이미지를 수치심과 연결하든 당신이 그 반대 이미지를 탐구하려고 한다면 어떻게 될까? 예를 들어, 바닥을 통해 위로 불쑥 튀어나와 위풍당당하게 서 있는 모습은 어떠한가? 당신의 모든 감각들은 느낌과 관련되어 있고, 아주 강력하게 수치심과 엮인다. 이미지와 비유는 당신의 감각과 잠재력과 함께 힘을 발휘한다.

이미지는 당신이 치료 과정을 이해하게 도와준다. 우리가 북쪽 지역에 산다면, 거의 동상에 걸릴 뻔한 직후 워밍업을 하는 것이 지독한 수치심으로 고생한 사람이 수치심으로부터 회복하는 것과 매우 유사하다고 생각할 수 있다. 비유가 어떻게 작용하는지 살펴보자.

동상	수치심
신체적 마비	감정적인 마비
따뜻한 장소를 찾아야 함	감정을 받아 주는(따뜻한) 장소를 찾아야 함
처음에 많이 변하는 것은 없음	처음에 많이 변하는 것은 없음
이상한 따끔거림과 쑤시는 느낌이 생김	이상한 기분과 반응 발생
따끔거림과 쑤시는 느낌이 아픔으 로 바뀜	이상한 기분이 느낌으로 인식됨
고통스러운 근육 경련이 생김	고통스러운 느낌을 받음
근육 경련이 계속 심해지다 차츰 회복됨	감정적 고통이 계속 심해지다 차츰 회복됨
실내로 들어가면 고통이 갑자기 사라짐	도망가지 않으면 고통은 갑자기 사라짐
손가락이 제 기능을 회복함	모든 느낌과 기능을 회복함
건강해진 느낌	건강해진 느낌

비유에서 특히 중요한 것은 경험이다. 동상으로 인한 고통을 느껴 본 사람들만이 추우면 워밍업을 하며, 차라리 얼어 죽길 바라기도 한다는 점을 이해한다. 또한 위급한 순간은 상황이 호전되기 직전에 찾아온다는 사실도 알고 있다. 비유는 당신이 수치심을 치료하는 과정도 같은 방식이라고 생각하게 도와준다. 치료 과정에서 중단하기를 원하는 지점도 있겠지만, 당신은 곧 좋아질 것이라는 믿음을 가지도록 노력해야 한다. 모든 치료 과정을 반복해서 경험하고 싶은 사람이 누가 있겠는가?

우리는 자라면서 다른 사람들과 더불어 즐길 놀이를 하곤 한다.

이런 게임은 어떤가. 한 사람이 방을 나가고 나머지 사람들은 방에 있는 물건 중에서 방을 나간 사람을 나타내는 한 가지 물건을 선택한다. 방에 있는 사람들은 모두 그 물건이 나타내는 의미를 협의한다. 방을 나갔던 사람이 돌아와 사람들에게 질문을 하며 그 물건이 무엇인지 알아내야 한다. 왜 사람들이 그 물건과 닮았다고 생각하는지 알아낼 때까지 게임을 계속 진행할 수도 있다. 모든 것이 밝혀지면 다른 사람이 방을 나가 게임을 계속 진행한다.

이 게임은 사람의 특징을 비유로 나타낸다. 당신이 늘 주전자에다 뭔가를 끓이고 있다거나, 끓는 주전자 주둥이에서 수증기가 분출되듯 막힘없는 말솜씨로 사람들을 움직인다면 커피포트와 닮은꼴이 된다. 조용하지만 내적으로 많은 정보를 가지고 있는 사람이라면 책이 될 수도 있고, 통속 드라마처럼 재미있는 인생을 살고 있다면 만화책이 될 수도 있다. 다른 사람들이 사물을 정확하게 보도록 도와주는 사람이라면 창문이 될 수도 있다. 이 게임은 수치심을 불러오는 관념으로부터 스스로 빠져나가게 도움을 주는 게임이다. 매일 아침 잠자리에서 일어나면 당신에게 이렇게 말해 보라.

"내가 적합한 사람인지 걱정하는 대신 오늘 할 만한 무언가 다른 일을 원한다."

주변을 둘러보고 방에 있는 물건 하나가 '당신을 선택하게' 하

라. 물론 물건이 당신을 선택하는 건 실제로 불가능하다. 당신이 대신 결정해 주면 된다. 다만 선택받은 당신이 고요한 마음으로 게임 속에서 당신을 도와주는 것처럼 행동하라. 다음 두 가지 중 한 가지라도 발생하면 당신이 선택받았다고 말할 수 있다.

- 물건 하나가 튀어나와 당신에게 "나야, 나"라고 말하는 경우. 그 물건을 좋아하든 싫어하든 상관없다.
- 당신이 다른 것을 보고 있을 때도 물건 하나가 당신의 관심을 끌기 위해 반복해서 노력하는 경우.

위와 같은 방법으로 당신을 선택하는 사물이 그날의 선생님이 된다. 그렇다면 단순한 물건이 어떻게 당신을 가르칠까? 부분적으로는 당신에게 달려 있다. 작은 식물 하나가 튀어나와서는 당신에게 "나야, 나"라고 말한다고 상상해 보자. 제인에게는 "예쁜 꽃이구나. 오늘은 어디에 심어질 생각이지?"라는 의미일 수 있고, 벤에게는 "오늘 네 주변에서 쑥쑥 자라나고 있는 것들을 한번 봐"라는 의미가 되기도 한다. 마르셀라에게는 "신은 이 작은 식물 속에서 지금 너와 함께 계신다"라는 의미가 될 수도 있다. 알랭에게는 "오늘은 너무 깊이 고민하지 말고 밖으로 나가 진정한 네 모습을 찾아"라는 의미가 되고, 애니에게는 "내 성장에 도움이 되는 무언가 좋은 일을 했구나"라는 의미이기도 하다.

식물이 하는 말을 당신에게 들려주는 주체는 내면의 자아라고 할 수 있다. 당신의 의식, 즉 외부적 자아는 논리적으로 물건을 선택한다. 대신 내면의 자아가 직관적인 선택을 하고, 그 선택이 당신의 무의식에 어떤 의미를 가지는지 알려 주는 것이다.

환경이 자신을 지지하도록 조성하는 법은 모든 사람들이 배울 수 있는 방법이다. 단순히 내면의 자아가 주변의 사물에 대해 이야기하는 소리에 귀를 기울이는 것만으로 매일 도움을 받는다는 사실이 멋지지 않은가?

심지어 아무런 의미가 없는 사물도 의미를 가질 수 있다. 에이미는 오늘 침대 옆에 놓인 빈 깡통 소리에 잠에서 깨어났다. 그렇게 생각할 아무런 이유도 없었지만, 깡통은 그녀의 주의를 끌었다. 이건 어떤 의미일까? 에이미의 특성에 따라 다음과 같은 의미를 가진다.

- 오래된 수치심을 제거해서 재활용 상자에 넣어 버리자.
- 잊어버려서 수치심을 느끼기 전에 오늘 전화를 걸어 확인해.
- 텅 빈 물건도 그만한 가치가 있어. 너를 포함해서 말이지, 에이미.
- 오늘은 좀 괜찮은 음식을 먹어 보자.

- 오늘 뒷정리 좀 해. 네가 하지 않은 일이 뭔지 여기에서 알려 주지는 않을 거야.

아마 당신은 여전히 자신에게 의미 있는 일만 생각할지도 모른다. 그러나 그녀에게 가장 맞는 일이 무엇이든 오늘 에이미에게는 수수께끼가 되거나 가르침이 될 것이다.

목적의식의 중요성

위에서 설명한 연습들이 수치심 치료에 도움이 되는 이유 중 하나는 쉬운 지침 역할을 하는 뚜렷한 목적의식을 주기 때문이다. 당신은 무언가 건설적인 일을 하고 있다는 사실을 알고 있다. 특히 자신에게 치료법을 알려 주는 동안 당신은 스스로 매우 건설적인 일을 수행하게 된다. 이미 자신에게 도움을 주고 있다는 사실을 알고 있으면 스스로 욕하기가 더욱 어렵다. 또한 타인들이 당신에게 모멸감을 주려고 할 때도 그들에게 욕하기란 그만큼 쉽지 않아진다. 타인들이 당신이 하는 행동을 이해하지 못한다는 생각이 들어도 설명해 줄 필요는 없다. 그들이 당신에게 어떤 말을 하더라도 당신은 지금 자신의 수치심을 치료하기 위해 적극적으로 무언가를 하고 있다는 사실을 명심해야 한다.

수치심 치료와 자연

수치심 치료를 위한 또 한 가지 창의적인 방법은 자연 속에서 시간을 보내는 것이다. 수많은 못이 박혀 있긴 하지만 어쨌든 꽃봉오리를 한 가득 안고 있는 도심 속 나무에서부터 자신의 울음소리를 흉내 낸다고 당신을 한 블록이나 따라오는 까마귀에 이르기까지, 자연 속 어디에나 창의적인 영혼이 숨 쉬고 있다. 자연은 수치심 치료에 상당한 도움을 준다. 어느 정도는 자연에서 사람들이 엄격하게 조사받거나 판단되지 않는 것도 하나의 이유가 된다.

박새가 사는 나무에 기대어 씨앗을 한 움큼 쥐고 인내심을 가지고 기다린다면 박새가 날아와 당신의 손에 든 씨앗을 먹는다. 박새가 사람을 믿고 유혹에 잘 넘어간다고 해서 수치심으로 고통받아야 하는가? 물론 아니다. 당신도 그렇게 되어서는 안 된다. 박새가 손에 든 씨앗을 먹는 것과 상관없이 당신이 인내심을 가지고 박새에게 마음을 열어 준 것은 자랑스러워할 만한 일이다. 대부분의 자연은 뜻밖의 횡재와 인생을 살아오며 겪게 되는 비난과 모욕으로 인한 비극 모두를 받아들인다.

자연에는 있는 성장은 당신과 깊은 관계를 맺고 있다. 낯선 모습으로 자연의 울타리 쪽으로 다가오는 당신을 비롯한 박새나 까마귀, 숲속 동물들, 암소들 모두 호기심으로 가득 차 있다. 호기심은 희망의 한 형태이며, 수치심을 치료하는 경이로운 약이다.

당신의 세계를 벗어나 직접 걸어 다니며 탐험해 보라. 활발한 활동은 많은 도움이 된다. 또한 스스로 창의력을 발휘하려면 가끔 독창성을 가지고 성장하는 모습을 직접 보아야 한다. 자연의 세계는 당신에게도 역시 새로운 방식으로 상상력을 발휘하도록 모범적 사례와 기회를 제공해 준다.

연습 문제

1. 새로운 것을 시도하라. 위에서 제안한 내용 중 하나를 선택

해서 시도해 보고 일지에 기록하라.

2. 자신이 좋아하는 노래에 맞춰 수치심 노래를 만들어라. 예를 들면, '비열하고 더러운 수치심 블루스(리듬 앤 블루스)', '그가 내 수치심을 없애 주었어요(찬송가)', '그녀는 그날 나를 닭장 바닥에 남겨 두고 당당하게 밖으로 나갔어요. 그건 수치심이 아니에요(컨트리 뮤직)'와 같은 노래가 될 것이다. 노랫말을 만들고 멜로디를 붙여서 평소대로 당신이 수치심을 느끼는 상황이 오면 노래를 불러 보라.

3. 산책하라. 당신의 주의를 끄는 사물을 인지하고 가까이 다가가 보라. 당신과 닮은 점은 무엇인지 생각해 보라. 몇 가지 다른 사물과 동물에도 똑같이 해보라. 긴장을 풀고 너무 무리하지 않도록 한다.

Chapter 2

일상생활에서의 수치심

수치심에 대한 순응과 차이

순응의 가치

    순응이란 무언가가 특정한 기준에 맞추어 형성되는 것으로, 집단 내의 일반적 합의이다. 달러 지폐는 모두 비슷하게 생긴 경향을 가지고 있다. 특정한 크기를 가진 4개의 고무 타이어를 가지고 있지 않고, 자체적으로 돌아가는 엔진이 없다면 우리는 자동차라고 생각하지 않을 것이다. 순응은 달러 지폐와 자동차를 이야기할 때 이미 듣는 사람이 상당한 내용을 알고 있다는 것을 의미한다. 다양한 집단의 사람들은 전체적으로 같지는 않아도 사회적 기준에서 유사한 점을 가지고 있다. 비록 식사 도구가 다르고 식습관이 다양하다 해도 '식기'와 '예절'이라는 개념으로 둘 다 이해할 수 있다. 공통된 기준이 없다면 사람들의 일반적인 의사소통 능력은 훨씬 제한적이다. 순응이 중요한 이유는 다음과 같다.

- 상대에 대한 이해를 제공한다.
- 의사소통을 위해 보다 공유된 단어와 생각을 제공한다.
- 일반적 행동에 대한 레퍼토리를 제공한다.
- 우리의 행동을 정의할 기본 틀을 제공한다.
- 우리의 행동을 견본으로 삼을 일반적 표준과 이상을 제공한다.

당신이 속한 집단이 만들어 낸 기준에 순응하는 것은 스스로 '바르게' 행동하고 있는지, 지금까지 집단에서 받아들일 모습으로 살아왔는지를 결정하는 능력을 제공해 준다.

순응은 살인 금지와 같은 공통된 도덕규범을 확립하는 데도 도움을 준다. 순응의 힘은 어떠한 사회적 행위가 도움이 되거나 유해한지를 판단하는 기준이 된다. 순응은 특정 행위를 '예전에도 시도되었던 일반적인 방식이며, 대개 합당한 행위로 받아들여지고 효과도 입증되었다'라고 정해 준다. 합당한 순응의 목적은 다음과 같다.

- 흥분을 가라앉힌다.
- 사람들이 따를 만한 공정한 기준에 기대를 갖게 한다.
- 집단이나 사회에 대한 일반적으로 공통된 가치를 확립한다.
- 전통과 모방을 통해 가르친다.

수치심은 순응을 강요한다. 수치심은 사람들에게 사회적 권위가 만든 경로를 이탈했다고 알려 준다. 어떤 행동을 비판하거나 수치심을 요구할 때 사람들은 중요한 공통 기준이나 목표에서 어떻게 벗어났는지 확인하도록 강요받는다. 자신에게 수치심을 느낀다면 당신은 스스로 확립한 내부 모델로부터 벗어났음을 인정한다고 말하는 것이다. 수치심은 당신이 최선을 다하지 않은 때가 언제이며, 일반적 사회 규범을 어긴 때가 언제인지 알려 주는 것이다.

지나친 수치심은
지나친 순응을 강요한다

어떤 사람들은 순응의 미덕을 배워야 한다. 자신들의 충동과 사회적인 요구 사이에서 더 나은 균형을 유지하기 위한 도움이 필요할 것이다. 타인들이 밟아 온 길은 지금까지 현명하게 잘 사용되어 감정상의 고통을 적게 겪으며 살아가기 위한 방법들을 제공한다.

지나친 수치심의 홍수를 경험한 사람들은 순응의 힘을 잘 이해하는 사람이기도 하다. 그들은 자신들에게 진정으로 필요한 일을 알아내기보다는 세상에 비춰지는 이미지를 가장 많이 우려한다. 로베르타도 그런 사람이었다. 그녀는 다른 사람들이 어떻게 생각할지 지나치게 염려하는 가족들 속에서 자랐다. 대중에게 좋아 보이는 행동을 해야 한다는 강박감을 주입받았고, "이건 어때 보여?"가 가족들의 일상적인 대화였다.

다른 대부분의 아이들과 마찬가지로 그녀도 초등학교에서 다른 아이들에게 괴롭힘을 당하고 놀림을 받았다. 중학교에 진학하면서 강박감은 더욱 심해져 그녀에게 '멋진'이라는 단어의 의미가 거의 매주 바뀌었다. 세상에 확실한 것은 아무것도 없는 듯 보였다. 문제는 고등학교까지 이어졌다. 그녀는 또래 집단의 창립 멤버는 아니었지만, 졸업 앨범 제작에 도움을 주는 등의 행동으로 사람들에게 인정받게 되었다. 그러자 그녀는 자신의 모습이 허구처럼 느껴졌다. 너무나 심한 불안감을 느껴 타인들에게 휘둘리지 않는 자신을 찾을 수 없었기 때문이다. 10년 후 결국 자신의 수치심에 관해 말하기 시작했을 때, 그녀는 순응과 관련된 문제를 사람들이 쉽게 이해하게 도움을 주는 몇 가지 사항을 지적했다. 아래는 그녀가 했던 말의 일부분을 발췌한 내용이다.

"저는 가족들의 일은 집 밖에서 말하면 안 된다고 교육받았습니다. 집 밖에서 자신의 생각을 말하는 것조차 나쁘다는 생각이 들었어요. 가족에게서 '내 친구의 생각은 어떻다고 봐?', '어떻게 그걸 내게 해주려고 생각했니?', '내가 이걸 입으면 할머니는 어떻게 생각하실까?', '네가 그렇게 하면 사회에서 아빠를 어떻게 보겠니?', '너는 우리 가족이 자랑스러워할 일은 하고 싶지 않니?' 같은 말을 들었습니다.

얼마 후 저는 좋아 보이기 위해 최선을 다하는 습관을 가지게 되었어요. 주위에서 인정받을 일을 하지 않았다면 늘 숨겼습니다. 항상 다른 사람들이 제 생각을 알게 될까 염려스러웠습니다. 심지어 저와 별로 관련이 없는 일조차 잘못 휘말릴까 걱정했습니다. 그러다 무언가 잘못되었다는 생각이 들었지만, 혼자서는 도저히 바로잡을 수 없어서 그저 정상인 것처럼 행동해야 했어요.

그런 연유에서인지 깊이 생각하지 않게 되었습니다. 오로지 다른 사람들의 행동 방식을 생각하고, 그들이 관심 두지 않는 일은 무시했습니다. 제가 하는 행동의 대부분은 정확하게 제 친구들이 하는 것과 같았어요. 저는 아주 피상적으로만 행동했고, 심지어 친구들이 물건을 훔쳐 달아나면 저도 똑같이 하려고 노력했습니다. 제가 진정으로 좋아하거나 바라는 일에는 전혀 집중하지 않았어요. 아무도 진정한 제 모습을 알아주지 않는다 해도 그저 사람들과 어울리고 싶은 마음뿐이었습니다.

지금도 여전히 같은 상태로 지내지만, 지금은 제가 즐겁지 않다는 것을 인정합니다. 제가 정상으로 판정이 나거나 사람들이 뒤에서 저를 놀린다 해도 상관없어요. 누군가 다른 사람의 생각에 신경 쓰며 생활하고 있다면 즐겁게 지내기란 불가능합니다. 그러나 제가 아는 누구에게도 이런 기분을 말할 수 없어요. 저는 다른 사람들과는 이질적으로 느껴집니다. 사람들은 제가 미쳤다고 여길 테지요."

수치심 때문에 다른 사람들의 행동에 점점 더 순응해 갈수록 로베르타는 거의 완전히 사회로부터 이탈하게 되었다. 그녀는 자신에게 무언가 잘못된 점이 있어서 세상에 받아들여질 수 없다고 판단했다. 그녀는 단순히 타인들을 모방하며 살기로 결정한 것이다. 수치심은 인간으로서 자신의 노래를 부르지 못하게 막았다. 순응에 대한 필요성이 자신과 사회가 정해 놓은 좁은 영역을 뛰어넘어 지속적으로 성장해 나가야 하는 로베르타의 모든 바람을 짓눌러 버렸던 것이다.

삶의 의욕이 수치심을 기반으로 하고 있을 때 사람들이 생각하는 것들, 즉 존재하고, 소속감을 느끼고, 지금까지 해 왔던 일과는 다른 무언가를 하고픈 바람에 대한 몇 가지 사례를 살펴보자.

- 다른 사람들은 나를 어떻게 생각할까?
- 아마 그들은 내가 _____ 하다고(이라고) 생각할 거야(부정적인 말을 빈칸에 넣는다).
- 그들은 내가 선택한 일을 두고 수치심을 줄 거야(비평하고 비웃을 거야).
- 무언가 새로운 일을 해보는 편이 더 낫겠어.

때로는 이러한 의사 결정 과정이 적절할지 모르나, 일부 사람들은 자신에게 "No"라고 말하는 데 너무나 익숙한 나머지 처음부터 아예 그 과정을 빼 버린다. 그들은 자신에게 가능한 행동을 매우 좁은 기준으로 설정해 두고 약간이라도 벗어나면 무조건 제외시켜 버린다. 어떤 의미에서 매우 게으른 조치이기도 하다. 그들은 자아의 목소리에 주의해서 귀를 기울일 필요도 없고, 어떠한 도덕적 결정도 내릴 필요가 없다. 그들은 새로운 것은 어떤 것도 하려고 하지 않는다.

무기로서의 수치심

수치심은 실제로 개인을 보호하고 보다 나은 결정을 내리게 도와준다. 그러나 타인이 가한 수치심과 모욕적인 행동은 무자비한 주인이 되어 개인과 집단을 억압하기도 한다. 수치심은 사람들이 합당한 사회적 기준을 와해시키는 행동을 못 하게 막는다. 동시에 불합리하고 공정치 못한 기준을 강화하기 위한 무기로도 사용된다.

우리가 상담했던 한 젊은이는 이미지와 겉모습을 지나치게 중시하는 가정에서 자랐다. 수건을 대지 않고서는 가구 옆에서 고개도 제대로 돌리지 못할 정도였다. 그의 부모님은 행여 자식들의 머리카락이 가구에 얼룩이라도 남겨 집에 찾아온 손님이 보게 될까 염려했다고 한다. 대화를 나누었던 한 여성은 어린 시절 부모와의 사이가 틀어지면서 자신의 행동이 절대적으로 완벽하지 않으면 부모에게 매를 맞았다고 했다. 한 남성은 어릴 적 가족들이 다른 사람들에게 좋은 가족처럼 보이기 위해 거짓말을 했고, 지금까지도 그 충격에서 벗어나지 못하고 있다.

위의 사례에서 아이들은 겉모습이 진실된 모습이나 느낌보다 중요하며, 현실보다 이미지가 더 소중하다고 배웠다. 이처럼 겉으로 보이는 모습이 더 중요하다고 배우면 결과는 수치심의 발현으로 이어진다. 이미지 강조로 발생한 수치심은 "당신의 내면은 외면이 갖추어야 하는 기준을 충족할 수 없어"라고 말한다. 따라서 자신이 무언가 잘못되어 있고 결함마저 있다고 생각하게 된다.

이러한 종류의 수치심은 심지어 이웃과 다르게 보이는 것조차 꺼리게 만든다. 당연히 흥미를 떨어뜨리고 세상을 탐구하는 태도도 멈추게 한다. 또한 타당한 기준뿐 아니라 완전히 불합리한 기준도 강화하는 특징이 있다. 최악의 경우 사회적 집단의 결정을 따르지 않는 개인이 집단이나 가족에 의해 소외되거나 휘둘리도록 각자의 개성에 제한을 가하기도 한다. 수치심은 피부색, 체중, 성별, 생활 방식 같은 차이를 전체적으로 나쁜 것으로 간주함으로써 유사한 특징을 가진 개인들로만 구성원을 제한하려는 집단에 의해 사용될 수 있다. 훌륭한 사람이 되어 바르게 행동하려는 사람들에게마저 수치심은 편견과 분별없는 순응이라는 최악의 특성을 강화하기 위해 사용되기도 한다.

사람들이 두려워하는 것처럼 수치심이 대단히 파괴적이라면 세상은 지금보다 훨씬 다양하지 못하게 변해 왔을 것이고, 순응은 집단 전체에 걸쳐 하나의 관습이 되었을 것이다. 큰 변화는 1세대와 같은 짧은 기간 동안 일어나지는 않는다. 우리는 지금까지 규칙으로 사람들에게 강요되어 온 수치심과 순응에 관한 많은 변화를 이끌어 왔다. 진정한 수치심 치료를 위한 해법은 무엇일까?

차이는 수치심의 균형을 맞춘다

사실 순응과 차이는 균형을 맞추며 존재한다. 두 가지 모두 필수적이며, 각자 세상에 부여할 가치를 지닌다. 개인에게 순응은 끈기와 예측 가능성을 제공하고, 이미 무언가에 정통한 사람을 모방하여 배우도록 지원한다. 또한 순응은 전통을 통한 배움이 매우 도움이 되며, 공통된 가치 체계가 일반적 행동의 바탕을 이룬다는 것을 의미한다. 순응은 집단에 이득이 되는 습성을 규칙적으로 이행하도록 하며, 그러한 습성에 대한 집단 구성원들 간의 의사소통 방법도 제공한다. 집단 내 상호 협력을 위한 규칙을 확립하고, 집단 정체성을 잃지 않으면서도 타 집단과 협력하는 능력을 향상시켜 준다. 사회 전체적인 가치와 목표의 형성도 가능하게 한다.

한편 순응은 사람들이 배움을 지속하도록 지나친 협박과 수치심을 야기할 경우에는 문제가 되기도 한다. 그때 사람들은 자신의 재능 탐구에 흥미를 잃는다. 수치심은 엄격하게 변화를 억압하고 전망을 바꾸려는 가족, 집단, 공동체, 사회, 사회적으로 명망이 높은 특정 집단 등에 의해 사용될 수 있다. 그럴 경우 순응은 특정 집단이나 전체적인 사회의 생존과 번영을 위협하는 존재가 되기도 한다. 마치 머리와 심장이 독소를 처리하는 간에게 더 이상 중요한 신체 부위를 이용하지 못하도록 제한하는 것과 같다. 머리와 심장의 오만함은 결국 신체를 파괴하게 될 것이며, 머지않아 간의 중요성을 인정해야 할 것이다.

차이는 균형을 위한 필수적인 부분이다. 간이 없으면 머리는 명확하게 판단할 수 없고, 심장은 신체 내 독소의 중독 수준을 높이게 된다. 집단 내 사람들의 역할에서 차이는 창조적인 생각을 위한 적합한 장소를 제공한다. 차이는 개인이 가진 것을 혁신적으로 사용하도록 촉진하고, 생각과 행동을 위한 새로운 도구를 실험하고 탐구하도록 자극하여 개인의 생존 능력을 향상시켜 준다. 타인들과 관계없는 쪽으로 방향을 선정하고 호기심과 흥미,

도전, 과감한 행동을 자극해 개인의 성장을 도모한다.

차이는 단순히 타인의 행동에 반응해서 거절하는 것보다 심오한 과정이다. 개인이 인생에서 더 많은 발전을 향해 나아가게 도와주는 행위 자체이다. 실제로 고립된 개인이나 집단이 타 집단과의 의사소통을 어렵게 만드는 여러 가지 차이를 만들어 내지만, 그것은 차이가 가지고 있는 고유한 개념은 아니다.

사회적인 측면에서 차이는 사람들의 생활에 있어 선택의 폭을 넓히고, 사람들이 가장 중요하다고 생각하는 것을 선택할 다양한 방법들을 만들어 낸다. 차이는 자신들의 생존을 용이하게 해주는 유연성이 보다 많은 것을 이루게 도와준다는 점을 알게 해준다. 유연성과 변화로 인해 집단 내 다양한 구성원들이 훌륭한 선택 사항을 탐구하고 발견하게 함으로써 집단의 성공 가능성은 더욱 증가된다. 차이는 집단과 집단 내 사람들이 자신의 집단뿐 아니라 타 집단으로부터 나온 성공 전략을 익히도록 지도할 수 있다.

차이와 순응 모두는 개인과 가족, 공동체, 사회의 생존과 번영에 상당히 기여한다. 변화는 필요할 때 구조적으로 매우 빠르게 일어나며, 인간의 마음속에 내재된 힘은 문화, 숭배, 재능, 행동에 있어 엄청나게 많은 변화를 유도한다.

진화 자체는 실험과 차이를 기반으로 하고 있다. 수치심과 맞서 싸울 강력한 힘을 가진 무언가가 반드시 존재하며, 미래 세대까지 생존하며 규율이 되는 일반적인 변이이다. 그렇게 되기 위해서는 기회, 위험, 실패와 같은 일들은 아주 흔한 일상이 되어야 한다. 분명히 인간은 서로 많은 유사성을 가지고 있지만, 완전히 같지 않다는 점도 명백한 사실이다. 인간의 경험에는 차이를 참고 견디거나, 심지어 장려하는 많은 영역들이 있다. 차이를 숨기는 수치심에 맞서 싸울 강력한 힘은 반드시 존재한다.

만일 수치심이 순응을 더 많이 자극한다면 어떤 것이 차이를 더 많이 자극하게 될까? 수치심이 안전을 만들어 내고 강제로 시행한다면 세상 어떤 것이 그것을 상쇄할 충분한 힘을 가지고 있을까? 순응을 위한 세상 모든 영향력을 활용하여 사람들이 차이를 받아들이고 따르고 장려하도록 균형을 맞춰 줄 무언가는 도대체 무엇일까?

호기심과 차이

무엇이 차이를 조장하는가라는 질문에 맞는 대답은 처음부터 세상 모든 아이들이 알고 있는 바로 그것이다. 바로 '호기심'이라고 불리는 것이다. 인간의 마음, 즉 세상 모든 사람의 내면에서 호기심은 수치심과 반대되는 행동을 보여 준다. 수치심은 당신의 흥미가 갑자기 너무 지나치게 확대되는 것을 확실히 막아 준다. 호기심은 새롭고 다른 무언가를 밝혀내고자 하는 인간의 흥미를 자극하는 균형이며, 수치심에 대항하는 중요한 도구인 자부심과는 또 다른 힘이다.

많은 사람들이 호기심에 복잡한 감정을 가지고 있다. 그들은 유사한 것을 좋아하고, 때로는 변화의 불확실성을 두려워하는 마음이 존재한다. 많은 경우 타인들과 비슷하게 옷을 입기를 즐기고, 어떻게 행동해야 할지, 해야 할 일이 무엇인지를 미리 아는 것을 좋아한다. 인간은 수치심에 의해 강화된 표준과 기준으로 안심하며, 대개 명확하게 알아볼 수 있는 경계로 세상을 제한하기를 원한다. 그러한 보수적 성향이 바로 여러 문화에서 '호기심은 고양이를 죽였다', '내 손안의 새 한 마리가 숲속의 두 마리보다 낫다' 같은 속담을 가지고 있는 이유이다.

"자중하라"는 말은 "너무 들뜨지 마라. 너무 흥분하지 마라. 판도라 박스 속에 무엇이 들어 있는지 알고 싶어 해서 세상에 문제를 불러왔다. 너도 그렇게 되고 싶지는 않잖니"라고 일러 준다. 사람들은 복잡한 감정을 가지고 있어서 두려움으로 수치심을 강화하고, 호기심의 불꽃을 방어할 이중 방어 체계를 구축한다.

그러나 인간은 차이에 끌리기 마련이다. 비록 매우 간단할지라도 차이는 사람들의 주의를 끌어들인다. 차이는 사람들에게 약간의 충동을 불러일으키고, 직접 경험하게 만든다.

"핫도그에 막대기를 꽂았다고요? 빵은 어떤 재료를 쓰나요? 옥수수 빵에 막대기를 꽂아서 이런 식으로 나오는 건가요? 한번 보고 싶군요. 저쪽으로 가 봅시다."

사람들은 "저건 뭐죠?"라고 말하며 확인하기 위해 가까이 다가간다. 곧 그곳은 사람들로 인산인해를 이룬다. "대체 뭐야?"라며 사람들은 새로운 것을 알고 싶어 한다.

"무슨 일이야?"

"사람이 어떻게 저렇게 할 수 있지?"

"누가 저런 걸 상상이나 했겠어?"

"오, 세상에! 와서 이것 좀 봐!"

차이는 사람들에게 호기심을 유발한다. 평소에 조심성을 훈련하지 않는 사람들은 앞서 언급했던 판도라나 죽은 고양이처럼 행동한다. 그러고 난 뒤 사람들은 바로 뒤돌아서서 배우자에게 설거지를 하는 방법, 씻는 방법, 그림을 거는 방법, 기름을 가는 방법 등에 오로지 한 가지 관습적인 방법만이 존재한다고 말한다. 아울러 수치심이 자신들을 후원하도록 '올바른 방법'이라고 부르는 것이 '매력적인 것'이 되게 한다. 종종 다른 사람을 설득하거나 수치심을 유발하여 자신들과 같은 방식으로 일하게 한다. 그것은 스스로 자신들의 방식이 옳다는 안심을 주기 때문이다.

세상에는 설거지를 하거나 업무 수행을 하는 다양한 방법들이 존재한다. 사람들이 호기심에 수치심을 느끼지 않는다면 일반적으로 훌륭한 대안들을 생각해 낼 수도 있다. 당신도 마찬가지다. 당신이 지나친 수치심을 경험했다거나 호기심으로 인해 당황했던 적이 있다면, 당신의 호기심은 수치심의 영역이 되어 있을 것이다.

당신이 세상 모든 사람들과 다르다는 사실에 수치심을 느낀다면, 호기심을 느낄 때 스스로 수치심을 강제할 것이다. "그렇게는 생각하지 마"나 "머리에 생각을 떠올리지 마"라고 자신에게 말하게 된다. 실제로 당신이 하고자 하는 말은 "들뜨지 말고 지나친 호기심은 삼가라"일 것이고, 당신에게 호기심이 남아 있다면 "네게 무언가가 잘못되어 있어"라고 말할 것이다.

사람들이 호기심에 귀를 기울이려고 할 때 흥미와 호기심이 자주 목소리를 높이는 것은 아니다. 그러한 감정들이 사람들의 생활에서 수치심과 균형을 이루고 있기 때문이다. 또한 사람들은 '정원 길을 따라 너무 멀리'까지 갈 수도 있다. 50대 후반의 한 여성은 설거지하는 새로운 방법을 알아내는 데 너무나 흥미를 느낀 나머지, 설거지뿐 아니라 바닥을 포함한 부엌 전체를 닦을 수 있는 새로운 형태의 부엌을 발명했다. 누군가 그릇들과 함께 씻기기 싫으면 밖으로 나가서 끝날 때까지 기다려야 할 것이다. 이 시스템은 효과적으로 잘 돌아가서 그녀에게 매우 깨끗한 접시를 제공해 주었다. 하지만 모두에게 너무나 생소해서 그녀는 새로운 부엌을 발명한 선구자가 아니라 세상에 몇 명만 존재하는 단순한 괴짜가 되어 사람들에게서 잊어져 갔다.

다른 사람들보다 약간 지나쳤던 호기심을 설명해 주는 좋은 사례이다. 그녀는 자신의 창조물에 여전히 자부심을 가지고 있다. 그녀가 한 일이 바로 자신이 원한 일이었기 때문이다. 창조물을 만드는 과정에서 그녀에게 실질적인 많은 것을 가르쳐 준 하나의 굉장한 실험이었다. 그녀를 괴짜로 여기는 것이 약간 지나친 발상일지도 모르지만, 호기심에서는 '약간 지나친'이라는 말은 정말 정의하기 힘들다. 비록 이 여성을 하나의 '지나친' 사례로 인식한다 할지라도, 당신은 여전히 평상시의 모습으로 정상적인 범위 안에 안주하고 있다는 사실을 깨닫게 될 것이다.

호기심은 숨겨진 것을 드러낸다

사람들은 내면에 존재하나 스스로 자부심을 느끼지 못하는 것들에 수치심을 느껴 왔다. 당신은 쓸데없이 자기가 못생겼다고 수치심을 느낄지도 모른다. 올바른 일이라 생각해 자선 단체에 기부하면서도 자신의 수입을 부끄러워할지도 모른다. 당신은 악기를 잘 다루지 못한다고 믿고 있으면서도 매번 연주로 친구들에게 즐거움을 선사할 수도 있다. 당신이 너무 많은 자리를 차지한다고 생각해 친구를 방문하는 것을 주저하고 있을지도 모른다. 사람들은 당신이 친절하고 똑똑하며 도움을 주는 친구여서 자신들을 찾아오면 행복하다고 여기고 있음에도 말이다.

수치심 속에 숨어 있다면 당신은 그러한 진실들을 발견할 수 없다. 다른 사람들에게 자신을 어떻게 생각하는지 물어볼 때는 전혀 수치심을 느낄 필요가 없다. 일반적으로 이것은 신뢰에 관한 문제이다. 당신은 내면에 있는 자신의 모습을 평가하기 위해 타인들에게 물어볼 정도로 스스로 충분히 신뢰하고 있어야 한다.

자신에게 호기심을 가지는 것은 이기심으로부터 자신을 단절시킨다는 의미의 반대 개념이다. 사람들이 '다른 사람들이 하는 대로 행하는 법', '리더를 따라 하는 법', '더 중요한 다른 사람들을 돌보는 법', '단지 그 일을 생각하지 않는 법'을 배운다면, 수치심 치료에 가장 도움이 되는 자신들의 모습에서 스스로를 단절하게 된다. 차이를 두려워해서 당신과 닮지 않은 다른 사람들과 자신을 단절시킨다면, 자신의 중요한 부분에서 멀어지는 것과 같다. 두 가지 모두에서 당신은 탐구하지 않는 자신에게 수치심을 느끼게 된다. 어떤 종류의 탐구는 경솔한 결과를 가져오기도 한다. 당신은 호기심과 흥미를 조성하고 자신을 알아내기 위해 모든 일을 할 필요는 없다. 오직 당신에 대해 말했던 사람들에게 사실인지 물어보기만 하면 된다.

메리는 자신이 비현실적이고, 남을 조종하고, 탐욕스럽고, 사악하다는 말을 들었다. 이 말을 신뢰하는 한 그녀는 진정한 자신의 모습을 발견하지 못한다. 하지만 다른 사람들이 그녀가 정말 나쁜 사람이라고 생각하는 것을 원치 않았다. 그녀는 오직 자신이 찾아낼 수 있는 규칙에만 순응하고 따랐다. 과거 자신이 했던 행동과 현재 자신이 하는 행동을 연구하여 다음의 내용을 알아냈다.

- 여러 면에서 그녀는 과거나 지금이나 여전히 비현실적이지만, 스스로 원하기만 한다면 그중 일부는 충분히 바꿀 수 있다.
- 자신이 두려워하지만 않으면 교묘하게 남을 이용하는 일 따위는 전혀 하지 않는다. 지금까지 자신의 목적만을 위해

타인들을 이용하는 행동은 오랫동안 하지 않고 있다.

- 그녀는 섭식 장애를 가지고 있고 가끔씩 과식을 한다. 대체로 이러한 행위로 그녀는 위안을 얻는 듯하며, 심지어 다른 사람들과 맛있는 음식을 나누어 먹는 것에도 어려움이 없다. 그녀는 자신보다 남을 위해 더 많이 구입하는 경향이 있다. 비록 가끔은 타인들의 도움 요청을 소홀히 대하는 경향이 있긴 하지만, 정말로 탐욕스럽게 보이지는 않는다.

- 누군가 의견을 물어 오면 그녀는 정직하게 행동하려 애쓰면서 타인에게 상처를 주지 않기 위해 많은 노력을 기울인다. 그녀는 자신의 인생에서 무언가 잘못된 일이 생기더라도 더 이상 복수심에 불타는 느낌은 경험하고 싶어 하지 않는다. 하지만 그녀는 과거 10년간 고의로 다른 사람에게 상처를 주려고 했던 일은 기억하지 못한다.

주의 깊게 자신을 살펴본 그녀는 예상보다도 자신에게 좋은 감정을 갖게 되었다. 그녀는 실질적인 자신의 모습이 사람들이 하는 말과 같다고 여겼기 때문에 자신에게 호기심을 갖기가 두려웠다. 지금 그녀는 내면에서 일어나고 있는 일을 진정으로 잘 알고 있는 사람은 다름 아닌 자신이라는 점을 깨달았다. 자신의 모습에 관한 한 전문가라고 자부하고 있다. 그녀는 매일 자신에게 더 많은 자부심을 느끼고 있으며, 물질적인 면이든 정신적인 면이든 스스로를 점검한다. 자신을 허락하고 따르는 것이 훨씬 재미있다는 사실을 깨달은 그녀는 몇 가지 새로운 활동에도 참여하고 있다. 메리의 호기심은 치료에 많은 도움이 되었다.

타인을 향한 호기심은 당신에게 지금까지 보지 못했던 많은 정보를 제공해 준다. 당신에 대한 관점을 바꾸는 데도 도움이 된다. 타인들로부터 지속적인 비평과 수치심을 경험해 왔다면, 당신은 아마 그들의 말을 신뢰해 왔을 것이다. 정기적으로 타인으로부터 긴장을 경험하고 수치심을 기반으로 하는 경향이 있다면, 당신은 그런 긴장이 모두 당신에 관한 것이라 여길 것이다. 타인들에 관한 정보는 상황 파악에 도움이 될 수 있다.

킴은 양부모 가정에서 다른 아이들보다 많은 비난을 받으며 자랐다. 마틴과 결혼하자 그녀는 자신이 정말로 무능하게 느껴졌다. 아무리 노력해 봤자 어떤 일도 제대로 할 수 없을 것 같았다. 무엇이든 제대로 하는 법을 절대로 배울 수 없을 거라 생각한 그녀는 자신이 얼간이라 여겼다.

아이들이 생기자 그녀는 독서를 많이 하고 아이 돌보기 강좌도 수강하면서 아이들에게 엄마에 대한 믿음을 주려고 노력했다. 그녀가 아이를 돌보는 방식을 마틴이 비난해도 놀라지 않았다. 그녀는 마틴이 하는 말이 무조건 옳다고 여겼기 때문이다. 그러나 아이들이 아장아장 걷고 유치원에 다니게 되자 그녀는 마틴이 아이들을 비난하는 것에 분노하기 시작했다.

마틴은 가족들이 하나도 제대로 하는 일이 없다고 생각했다. 하지만 그녀가 읽었던 책과 강좌들은 마틴이 그렇게 행동할 정당한 이유가 없으며, 그가 아이들과 관련해서 대처하는 방식은 긍정적인 교육이 될 수 없다고 말해 주었다. 물론 그런 이유로 마틴의 기분이 갑자기 좋아질 리는 없었다.

상담자의 제안으로 그녀는 마틴이 자신에게 정당한 대우를 하는지 자문해 보았다. 진실을 알아내기 위한 몇 가지 실험도 해보았다. 그녀는 자신이 어떤 일을 하든, 심지어 하라는 대로 정확하게 하더라도 마틴은 여전히 가족들을 비난할 것이라는 사실을 알게 되었다. 이것은 지금까지 그녀가 알지 못했던 일이었다. 그녀는 마틴의 비난이 특정 상황과 특정 시간에 더욱 심해진다는 것도 알게 되었다. 마틴은 처방약에 지나친 의존을 하고 있었고, '상황이 잘못되고 있다'는 생각이 들 때마다 그녀를 비난했다. 그다음 약을 또다시 복용했다.

관찰을 통해 그녀는 모든 문제의 원인이 자신에게만 있는 것이 아니라는 사실을 알게 되었다. 주된 원인은 마틴과 그의 약물 과다 복용에 있었다. 마틴은 부모의 역할을 배워야만 하고, 그는 확실히 이 분야에서는 전문가가 아니라는 사실을 이해했다. 그녀는 마틴이 지속적으로 비난하도록 내버려 두기보다는 먼저 아이들을 보호해야 했다. 마틴에게는 자신에 대해 좋은 느낌을 가지기 위해 타인을 비난하는 경향이 있다는 사실도 알게 되었다.

킴은 남편에게서 자신과 아이들을 보호하기 시작했다. 아이들이 학교에 다니게 되자 그녀도 학교로 돌아갔다. 그녀는 자신에게 훨씬 더 좋은 느낌을 가지게 되었고, 지금까지 마틴에게 맞서고 있다. 자신의 감정적인 면을 마틴에게서 떼어 놓는 법을 배우게 되어 기분도 많이 좋아졌다. 정신적으로 그녀는 '미결재 서류함'이 자기 것이고, '쓰레기통'이 마틴의 것이라고 생각했다. 만일 그녀가 생각하기에 고려할 만한 사항을 마틴이 말한다면 '미결재 서류함'으로 들어갈 것이다. 마틴이 기분이 좋지 않아 비난하고 수치심을 준다면 쓰레기통으로 들어가야 할 것이다. 그녀는 시간이 날 때면 마음속의 결재함을 자세히 들여다본다. 마틴의 쓰레기통은 비워 버리고 다음에 비난의 말을 할 때를 대비한다. 그녀는 더 이상 걱정하지 않는다.

밥은 사장이 옆에 있을 때마다 긴장감을 느낀다. 긴장감이 자신에게서 발생하는 것이라 생각하고 있지만, 완화하기 위해 어떻게 행동해야 할지 그는 알지 못했다. 그는 긴장되는 느낌을 스스로 바꿔야 한다고 생각하면서도 무언가 잘못되고 있다는 느낌이 강하게 들었다. 그는 자신이 한 일을 맹렬히 추궁하다 거의 직장을 관두려고 마음먹을 때쯤, 마침내 사장에게 자신이 무언가 잘못하고 있는지 물어보았다. 사장은 그가 지금까지 만나 본 이 분야의 최고 직원이며, 함께 일하게 되어 정말 기쁘다고 말했다.

그는 직장을 관둘 필요는 없지만 주변에서 많은 긴장감이 느껴진다는 말은 해야 했다. 사장은 그로 인해 그런 것은 아니라고 했다. 그는 집에 돌아와 현재 많이 염려되는 아들 문제들을 살펴보다가 자신이 직장에서 아들을 계속 신경 쓰고 있었다는 사실을 깨달았다. 사실 사장은 그가 원하는 방식으로 자신의 아들을 받아들이고 신뢰할 수 있기를 희망하고 있었다.

밥은 자신에게 일어나고 있는 일을 확인해 봄으로써 계속해서 직장을 유지할 수 있었다. 그의 인정 많은 상관으로부터 칭찬도 들었다. 그는 모든 일이 자신 때문이라고 상상하고 가정하는 것을 그만두었다. 지난 2달 동안 사장과 아들에 관한 문제는 많이 개선되었으며, 지금은 직장에서 즐겁게 일하고 있다. 그는 사장이 퇴직할 때 사업을 인수했으며, 자신이 사장보다 일을 더 잘한다는 사실도 알게 되었다. 그는 새로 들어온 직원들이 궁금해하지 않도록 그들이 일을 얼마나 잘하고 있는지 솔직하게 말해 주었다.

지금까지 살펴본 세 가지 사례에서 호기심을 추구하는 행위는 수치심을 불러왔다. 가끔은 아주 오랜 기간 수치심으로 이어지기도 했다. 수치심은 비밀스러운 상태이며, 호기심으로 인한 행동으로 느끼는 흥분과 기쁨은 안전한 방식으로 수치심을 노출시키는 중요한 일을 수행하게 한다. 밥은 사장에게 문제를 말할 정도로 충분히 안전하다고 느꼈고, 메리와 킴은 믿을 만한 사람들에게 말을 했다. 자신들에게 수치심을 주는 사람들을 신용할 필요가 없었던 것이다. 두 가지 방법 모두 수치심 치료를 시작하는 좋은 방법이다.

호기심은 수치심과 차이를 극복한다

호기심은 무언가를 알고 이해하고픈 진정한 바람이다. 대부분은 누군가 자신에게 관심을 보이면 으쓱해짐을 느낀다. 그것은 자주 타인의 무언가를 알아내고자 하는 상황으로 그려지기도 한다. 누군가가 소수 집단에 소속되어 있다면 해당 집단에 속할 수 없는 사람들의 호기심은 소외감과 차별로 인해 수치심을 유발한다. 서로의 호기심은 개인 관계 확립에 많은 기여를 한다. 만일 넓은 의미의 결함을 받아들이지 못한다면 사람들은 밀려드는 수치심을 경험할 필요가 없을 것이다.

수치심은 사회가 특정 집단을 바라보는 편견을 실행하기 위한 방편으로 사용될 수도 있다. 소수 집단 내에서는 정보가 부족한 편견들이 모든 사람들에게 영향을 미친다. 우리는 수치심이 구축해 놓은 거짓된 영역을 뛰어넘어 많은 사람들과 교류하기 위해 호기심을 이용하기를 바란다. 진정한 학습자로서 당신과 타인을 위한 진정한 스승으로 행동할 때, 세상과 자신에 관해 많은 것을 배운다.

호기심은 사람들에 대한 수치심을 없애는 힘을 가지고 있다. 억압을 강요하든 억압을 당하든, 사람들은 수치심과 차이 속에 함께 존재한다. 사람들이 서로 더 많이 알아 갈수록 함께 하는 일을 잘해 내게 된다.

같은 교회, 사찰, 모스크 내에 두 개의 종교 집단이 공존한다고 상상해 보라. 한 단체의 지도자는 격식을 차리고 매우 엄숙하며, 모든 신도들은 경건하게 움직임도 없이 지도자의 말에 귀를 기울이고 있다. 다른 단체는 엄숙한 가운데 지도자가 보다 많은 감정 표현을 하고 있으며, 신도들은 속삭이는 말로 대화를 나누고, 지도자에게 소리치는 사람까지 있다. 그들은 여기저기 돌아다니기도 하고, 의자에 앉아 몸을 흔들기도 하며, 벌떡 일어나기도 하고, 팔을 흔들기도 한다.

당신이 어느 한 곳에 소속된 독실한 신자라면 자기 단체와 다른 태도를 보이는 타 집단에 실망할 수 있다. 당신은 스스로 판단하여 "여기 사람들은 예절부터 배워야겠군"이라고 말하거나, "여기 사람들은 죽은 듯이 조용하군. 하나도 즐겁지 않아 보여. 대체 저 사람들이 여기 온 이유가 뭘까?"라고 말할지도 모른다. 물론 두 가지 모두 호기심이 정답을 알려 준다.

여기서는 같은 종교, 같은 문화권 내의 종교 단체를 예로 들었음에 주의한다. 그들은 단순히 서로 다른 두 가지 방식으로 예배를 올리고 있을 뿐이다. 전자는 지도자가 현명한 스승이나 모범으로 보이기 때문에 공손하고 경건하게 신도들이 귀를 기울이는 것이다. 후자는 하나의 유기적 집단으로서 사람들이 모여 서로 대화하고 예배에 참여하는 데 의의를 두고 있다. 사람들이 판단 없이 두 가지 단체에 참여할 수 있다면 정말 굉장한 일이 아닐까?

순응은 사람들이 소통하고 공통의 목표를 달성하게 도와준다. 수치심은 자아와 공동체 집단이 합의한 공공의 목표와 가치를 스스로 포기하는 시기를 상기시켜 준다. 또한 지나친 순응을 강요하는 무기가 될 수 있다. 수치심은 공평하고 해가 없거나, 심지어 긍정적인 차이도 비판하고 비난하기 위해 사용될 수 있다.

차이보다 동일성이 더 좋아 보이면 지나치게 순응하는 경향이 있다. 사물을 보는 창의적인 방법이나 농담의 관점 같은 특별한 기술을 잃어버린다. 당신은 자신의 독창성이 가치 없고, 부적절하고, 어리석고, 미쳤다고 느낄지도 모른다. 순응에 의한 개성이 범람하면 전체 지역 사회는 활력을 잃는다.

다행스럽게도 지나치게 억제하는 수치심에 대한 치료제가 인간의 내면에 존재하고 있다. 철저하게 순응하는 사람도 차이가 무엇이고, 어떤 것을 기반으로 하고 있으며, 이제까지 이룬 성과는 무엇인가 하는 호기심을 가질 수 있다. 호기심은 아주 많은 수치심을 경험했을 때 당신을 알 수 있는 최고의 방법이며, 당신의 균형을 잡아 준다.

이것을 확인할 한 가지 방법이 있다. 공동체의 기대를 가로지르는 밧줄 위를 걷고 있는 줄타기 곡예사를 상상해 보라. 반대편으로 가려면 곡예사가 직접 사용할 균형 잡이용 막대가 필요하다. 막대는 그가 발걸음을 옮길 때마다 좌우로 움직이며 균형을 맞춰 원하는 곳으로 데려다준다. 당신도 공동체의 가치, 기대, 삶의 합의된 방식이라고 할 밧줄 위에서 매일 줄타기를 하고 있다.

당신이 목적지로 가는 길 위에서 호기심과 차이라고 하는 균형 막대를 사용하지 않는다면 떨어지거나 한곳에 머물러야 한다. 어쩌면 불구가 되거나, 더 이상 앞으로 나아가는 것을 두려워하게 되는 것이다. 욕구를 충족하기 위한 균형 막대와 조절 능력만 있으면 당신은 숙달된 감각으로 밧줄을 건너갈 수 있다.

연습 문제

1. 당신은 사람들이 무슨 생각을 할지 얼마나 염려하고 있는가? 1분 동안 생각해 보고 2개의 질문으로 나누어 보자.

a) 사람들이 무슨 생각을 하는지 가장 염려될 때는 언제인가?

(사람들이 찾아올 때, 누군가를 만날 때, 직장에서 등)

b) 사람들이 당신을 생각한다면 무엇이 가장 두려운가?

(3가지 이상의 상황에서 당신이 염려하는 바를 말해 보라.)

지금 당신에 관한 얼마나 많은 부정적인 태도들이 실제 당신의 의견에 포함되어 있는가? 당신의 배경에서 나왔는지, 자신을 보는 당신의 비판적인 감정인지 신중하게 생각해 보라.

당신이 'a'의 상황에서 스스로 수치심을 준다면 자신에게 어떤 욕을 하는가? 누군가가 당신을 그렇게 생각한다면 최악의 상황은 무엇인가? 왜 당신은 자신을 그렇게 생각하는가?

호기심을 가지고 일지에 기록하라.

2. 사람들은 '호기심이 고양이를 죽였다'는 말을 한다. 한편으로는 '고양이는 목숨이 9개다'라고 말하기도 한다.

당신이 해보거나 탐구하고 싶은 일이지만, 미쳤거나 멍청하거나 정상이 아니라고 사람들이 생각할까 두려워서 하지 않는 일이 있는가? 있다면 목록을 만들라. 외계인과 교신하기 위한 계획에 참여하거나, 나이가 아무리 많더라도 아코디언 같은 악기 연주를 시작한다거나, 몰래 가입하고 싶은 단체에 가입하거나, 정문 앞에 무지개를 그려 놓는 등의 행동을 예로 들 수 있다. 당신이 진정으로 원하는 일을 목록에 기록하고 하나씩 실천해 보라. 당신의 또 다른 측면에 있는 마음의 문을 열어 흥미와 호기심을 느껴 보라. 고양이 같은 조심스러운 호기심을 연습해 보라.

3. 자신과 타인에게 당신이 정말로 이해할 수 없다는 반응을 보여 주라. 모른다는 이유로 자신과 타인을 비난하기보다는 무슨 일이 일어나고 있는지 물어보라. 신비로움은 삶의 일부이지만, 세상에는 신비로움으로 남겨 둘 만한 일이 그리 많지 않다. 당신이 일일이 설명할 필요가 없는 일도 많다는 사실을 명심하라.

신체적 수치심과 성적 수치심

무기로서의 수치심

우리는 교사, 성직자, 간호사 같은 성인 학생들에게 과제를 냈다. '당신의 배에 감사하게 생각하는 10가지를 써 보라'처럼 단순한 문제였다. 곧 대답이 나오기 시작했는데, 그들은 한두 가지 긍정적인 말을 생각해 내기 위해 고군분투했다. 그들은 자신이 싫어하는 10가지를 적으라고 질문했다면 많이 쉬웠을 것이라고 했다. 그랬더라면 아마도 자신들의 배가 축 늘어지고, 탐욕스럽고, 못생기고, 나쁘다고 했을 것이다.

미국 사회에서 지나친 수치심과 가장 잘 연결된 영역이 있다면 아마도 신체일 것이다. 남녀를 불문하고 많은 미국인들은 자신의 신체를 묵묵히 받아들이고 있다. 하지만 자기 신체가 결함을 가지고 있어서 부족하다고 생각하는 사람들이 많다. 지속적으로 자기 신체를 거부하고 무시하는 사람들이 훨씬 더 많을 것이다.

신체적 자부심을 나타내는 메시지들로 이번 글을 시작해 보자. 당신이 자기 신체를 친구라 여긴다면 '내 몸은 훌륭해', '내 몸은 적합해', '나는 내 몸을 좋아해', '나는 내 몸에 속해 있어', '내 몸은 유능해', '내 몸으로 내게 필요한 일을 할 수 있어', '내 몸은 내게 중요한 부분이야', '나는 내 몸을 잘 돌보고 싶어', '나는 내 몸에 자부심을 느껴'라고 생각할 것이다. 당신은 이러한 생각을 바탕으로 잘 먹고 적절한 운동을 하는 등 자기 신체를 존중할 것이다. 그렇다고 자기 신체에 너무 사로잡혀 집착하지는 않을 것이고, 지속적으로 완벽한 신체를 만들기 위해 노력할 것이다. 기본적으로 당신은 신체를 소유하고 있으며, 자연스럽고 중요한 자신의 부분으로 받아들인다.

때로는 자신의 신체에 자부심을 가진 사람들조차도 신체적인 수치심을 경험한다. 대개 그들의 수치심은 '정상 한계' 내에 머물러 있다. 이 말의 의미는 일시적인 적당함을 나타내며, 보다 향상된 행동을 유발한다. 기본적으로 그들은 스스로 바로잡고 받아들일 만한 일시적인 신체상의 결함에 수치심을 느낀다. 자신의 모습이 멋져 보일 때 코 위의 먼지 얼룩을 찾아내는 것처럼 상대적으로 사소한 문제이다.

또한 사람들은 행동을 갑자기 제한하는 성적 불능이나, 심각한 질병 같은 중요한 신체적 결함과 관련해서 수치심을 느낀다. 그렇다고 그런 일을 겪는 모든 사람들이 수치심으로 고통받지는 않는다. 대신 자신들이 할 수 있는 부분은 바로잡고, 그러지 못하는 나머지는 받아들이는 경향을 보인다. 신체적인 자부심을 가진 사람들이 분노를 느끼면, 통제할 수 없는 일로 자신을 미워하기보다 스스로 능력을 제한하는 범위 내에서만 활동하는 법을 배운다.

신체적 수치심의 기원

수치심은 신체적인 경험의 일종이다. 수치심을 경험하면 얼굴이 빨개지고, 말을 더듬으며, 시선을 돌리고, 몸을 움츠리기 때문이다. 자신이 완전히 노출된 느낌이 들고, 어디로든 달려가 숨고 싶어도 몸이 마비되어 움직이지 못한다. 수치심과 몸이 서로 엮여 있어서다. 특히 어린 시절에 수치심을 많이 경험할수록 더 많은 수치심을 몸의 안과 밖에 지니게 되어, 구부정한 자세와 완전히 멍한 눈을 하게 된다. 실제로 신체적 수치심은 보다 깊은 자아 수치심을 나타내는 짧은 신호이다.

섭식 장애에 얽힌 글을 썼던 많은 작가들은 신체적 외모와 관련된 수치심이 자주 자아의 내면적 수치심을 가리고 있다는 점에 주목한다. 비록 그렇더라도 신체적 수치심을 묵살하거나, 단지 자아 수치심을 가리는 용도로 취급해야 한다는 의미는 아니다. 일단 신체적 수치심이 존재와 관련된 내면 깊은 곳까지 침투하면 확실히 특별하고 중요한 문제로 다뤄야 한다.

미국 사회는 신체와 관련해 극도로 끔찍한 수치심을 부여한다. 단지 몇 시간 동안 텔레비전만 보더라도 몸에서 나는 냄새, 비만, 대머리, 요실금, 발기 부전을 비롯한 결함들을 근절하라고 재촉하는 무수한 광고에 노출된다. 시각적으로 먹고 마시는 모든 것을 지나치게 재촉하고 강조하는 경향도 보인다. 사람들은 그 모든 것을 동시에 할 수는 없다. 결국 자기 신체와 관련하여 어떤 일을 하든, 하지 않든 수치심을 느끼도록 프로그램되어 있기 때문이다.

그보다 더 나쁜 것은 사람들이 자기 신체를 조종할 수 있는 하나의 사물이나 물건쯤으로 취급하도록 훈련받았다는 점이다.

자아를 포함하여 사람을 하나의 물건처럼 취급하는 것은 선천적으로 가지고 있는 수치심 유발 행위이다. 자기 신체를 진정으로 받아들여야 할 부분이 아니라 제어해야 할 물건처럼 취급하면 수치심에 갇히고 만다.

미국 사회는 남들과의 비교를 강조하는 경향이 있다. 특히 여성들 사이에서 심하게 나타난다. 누구의 신체가 더 예쁘고, 더 잘생기고, 더 섹시한가? 미국인들은 끊임없이 신체를 비교하여 지속적인 질투와 수치심을 유발한다. 이 전투에 승자는 없다. 우리는 '질투의 전투'에서 승리한 듯 보이는 아름다운 여성도 자기 신체를 싫어하는 경우를 종종 봐 왔다. 어쨌든 수치심은 비교에서 이기고 지는 문제가 아니다. 있는 그대로의 모습으로 자기 신체를 판단하고 받아들일 수 있는가 하는 것이다.

수치심의 또 다른 근원은 인간의 신체, 특히 성적인 기능을 바라보는 미국 사회의 기본적인 양면성이다. 이러한 양면성은 성에 관련된 집착과 억압으로 동시에 확장된다. 평균적인 미국 시민은 광고, 잡지 기사, 책, 영화 등에서 수치심이 없는 가장자리를 맴도는 수천 가지 자극적인 장면에 노출되어 있다. 그럼에도 여전히 사회는 신중하고 겸손한 행동을 바라고 있으며, 어떻게든 성적으로 흥분한 상태와 흥분하지 않은 상태를 동시에 가지고 있어야 한다. 즉, 남녀 모두에게 처녀성과 문란함, 단순함과 지적인 면, 순수함과 음탕함을 동시에 기대하는 것이다. 환경적으로 취약한 분위기에서 어떻게 신체적 수치심과 성적 수치심이 발현되지 않겠는가? 포기와 만족을 동시에 해야 하는 상황에서 어떻게 자신의 신체를 받아들일 수 있단 말인가?

사회적인 혼동으로 인해 여성들은 신체적인 수치심이나 성적인 수치심에 특히 취약하다. 여성은 항상 유혹적으로 보여야만 하는가? 지금 여성들은 현실성이 배제된 성적인 가능성이라는 이미지를 나타내도록 강요받는다. 비키니를 입고 있지만 당황하여 고개를 들 수 없는 상태로 있어야 한다는 의미이다. 신체적 수치심과 의심은 사람들이 음란함과 정숙함, 공적인 것과 사적인 것, 공개된 행동과 비밀스런 행동을 구별하지 못할 때 발생한다. 이 양면적 태도는 신체적 수치심뿐 아니라 의심까지 만들어 낸다.

많은 사람들이 자기 신체와 성적인 행위에 '나도 그렇게 할 수 있을까?'라는 질문을 한다. 사람들은 지식과 기술을 익혀 어떻게든 잠자리에서 전문가가 되기를 요구받는다. 그렇게 하지 못하면 상대를 실망시킬까 두려워 잠자리를 거절한다. 동시에 '부끄러운 줄도 모른다'거나, '더럽다'거나, '죄인'이라는 말로 불리지 않기 위해 적당한 행동을 보여 주려고 노력해야 한다.

우리는 지나치게 금욕적인 종교 훈련은 신체적 수치심과 성적 수치심의 근원이 될 수 있다는 경험을 했다. 특히 처녀 잉태라는 핵심 주제를 가지고 있는 기독교는 전통적으로 신체에서 수치심을 분리하는 데 어려움을 겪어 오고 있다. "밖에 나가 이성들과 흥청망청 놀아. 하지만 즐기면 안 돼" 같은 혼합된 메시지는 정신적 신념과 음탕하고 죄스러운 신체의 조화에 혼란만 가중하는 엉성한 타협을 가져왔다.

각 개인은 수치심이 난무하는 혼란스러운 상황을 통해 자신의 길을 찾아야만 한다. 목표는 혼합된 메시지의 지속적인 방해를 무시하고 자신의 소유물이라는 신체를 받아들일 방법을 찾는 것이다.

신체적 수치심의 세 가지 유형

과도한 신체적 수치심은 자기 신체를 인정하지 않는 것, 자기 신체에 집착하는 것, 자기 신체를 혐오하는 것이라는 세 가지 유형으로 나타난다. 자아 객관화는 세 가지 유형 모두에서 나타나지만, 사람들이 자기 신체를 다루는 방식은 각각 다르다.

자기 신체에 흥미를 잃으면 신체를 인정하지 않는 현상이 나타난다. 같은 경우 무시도 흔하게 일어난다. 신체를 인정하지 않는다는 말은 정기적인 치과 진료나 신체검사처럼 단순히 '계획된 정비'에 충분한 관심을 기울이지 않는다는 뜻이 아니다. 좋은 옷을 입는 노력이 시간 낭비라면 주도적인 신체 관리도 마찬가지라고 생각하는 것이다.

성적인 관심 역시 게을리하거나 무시될 수 있다. 사람들이 자기 신체를 의식적으로 싫어하는 것이 아니다. 오히려 자기 신체를 무시함으로써 신체적 수치심과 관련된 문제를 해결해 왔다고 할 수 있다. 근원적인 바탕에는 '내가 나의 몸을 생각하지 않거나 돌보지 않는다면 수치심을 느낄 필요가 없다'는 생각이 있다. 이런 식으로 수치심을 다루면 즉각적인 수치심과 고통은 최소화되지만, 신체적 자부심이나 수용으로는 이어지지 못한다.

자기 신체 집착은 신체적 수치심의 또 다른 징후이다. 이 경우 완벽한 신체를 가지기 위해 노력하지만 10파운드 초과, 너무 큰 코, 축 늘어진 넓적다리 근육 같은 근거 없는 결함에만 집중하다 끝나고 만다. 지나친 자기 관련 조언들은 대개 수치심을 불러온다. 이런 수치심 딜레마에 관련된 완벽한 해결책을 찾으려는 집착은 반드시 실패로 이어진다. 결국 비합리적인 요구가 지닌 무게를 견디지 못해 신체는 무너진다. 각각의 붕괴는 더 큰 노력으로 신체적 수치심을 근절하려는 새로운 시도로 계속되면서 '수치심의 파도'를 촉발한다.

자기 신체 혐오는 신체적 수치심의 또 다른 증거이다. 마치 무언가 끔찍한 잘못이라도 있는 듯이 자기 신체를 거부한다. 그들은 자기 신체에 대한 타인들의 비판을 받아들이고, 심지어 더 심한 비난을 퍼붓기도 한다. 결과적으로 자기 신체가 완전히 혐오스러운 물건이라는 압도적인 믿음으로 이어진다.

"나는 내 몸이 싫어. 지독한 냄새가 나. 못생겼어. 나처럼 생긴 사람은 나 같아도 싫을 거야."

그들은 수치심을 자신이나 다른 사람들로부터 숨기지 않는다. 오히려 모든 사람들에게 자랑하고 다니기까지 한다. 아마도 자신의 수치심을 통제하려는 힘을 억지로라도 획득하려는 것처럼 보인다. 다른 사람들이 아무런 경고 없이 공격하도록 내버려 두기보다 언제 어떻게든 스스로 욕보이는 편이 오히려 더 나은 것이다. 그러나 이런 종류의 신체적 수치심은 엄청난 대가를 요구한다. 자신들의 신체가 지금뿐 아니라 앞으로도 계속 수치심의 근원이 될 수 있다고 믿게 만든다.

어떤 사람이든 자기 신체를 거절하는 세 가지 방식 중 하나라도 경험할 수 있다. 나중에 다시 설명하겠지만, 그나마 다행스러운 것은 지나친 신체적 수치심이 도전적일 수 있다는 점이다.

성적 수치심

앞서 설명한 무시, 집착, 혐오라는 신체적 수치심의 세 가지 징후는 성적인 것과 관련해서는 모두 동등하게 적용된다. 어떤 사람들은 습관적으로 자신의 성적 충동을 인정하지 않고 무시하며, 대수롭지 않게 여기거나 자신과 관련 없듯이 취급한다. 그들은 대개 모든 성적 암시가 사라진 가정에서 자랐다. 부모는 일반적으로 서로를 만지거나 붙잡는 행동을 하지 않으며, 키스는 더욱 하지 않고, 애정을 표현하거나 성과 관련한 대화를 나누지도 않는다. 오직 전달하고 싶은 바는 성은 좋지만 개인적인 문제라는 것이다.

그러나 자녀들이 스스로 내린 결론이 아니다. 아이들은 결국 성은 수치스럽고, 성욕은 인생에서 거부되어야 한다고 여기며, 무시하고 신경 쓰지 않는다. 그러한 욕구가 영원히 사라지기를 바라게 된다. 적어도 의식적인 수준에서는 어느 정도 효과를 보이지만, 원하는 만큼 멀리 떠나지는 않는다. 단지 잠시 진정되었을 뿐 언제든 다시 회복된다.

성적 집착은 부정과는 반대되는 의미로, 자신의 성적 외모와 능력을 깊이 고민한다. '능력'이라는 단어는 성적 집착이라는 개념을 요약해 주는 단어이다. 당신이 아무리 눈으로 보고 완벽해지기 위해 노력해도 완전하게 경험하지 못한 능력은 무엇인가? 성적 능력은 자신만이 아니라 상대의 신체도 객관화한다. 그때 성행위는 상대와 함께라기보다는 무언가를 대상으로 하는 행위가 된다.

성 중독은 수치심을 기반으로 한 성적 집착과 충동의 극단적인 형태이다. 성 중독자는 음란물을 사고팔고, 자위행위를 하고, 자기 몸을 보여 주거나, 다른 상대자와 성행위를 시도하고, 상대를 찾아다니는 데 많은 시간을 허비한다. 성 중독자의 성적 수치심은 뚜렷한 뻔뻔스러움으로 변해 왔다.

"나를 좀 쳐다봐 주세요. 어서 보세요. 내게 성적 수치심 따위는 없어요."

성 중독자가 전달하는 메시지이다. 보통 그들의 허세는 신체, 성적 취향, 감정적으로 친밀한 관계를 만들지 못하는 무능력에 따르는 엄청난 수치심을 가리고 있다.

지나친 수치심을 가진 사람들은 역겨움으로 인해 성과 관련된 주제에서 고개를 돌린다. 항상 그렇지는 않지만 어린 시절 근친상간이나 성적 학대를 당한 피해자인 경우가 많다. 그들은 원치 않는 성적 접촉을 끌어들였다고 믿기 때문에 자기 신체를 증오하게 되었을지도 모른다. 게다가 자신을 보호해 줘야 할 사람들이 성적으로 자기 신체를 사용했다고 분명하게 느끼고 있다. 자기 신체를 물건처럼 여기는 것이다. 성에 관한 전체적인 의식이

(어린 시절이든 성인이 되어서든) 자신이 경험한 '부당한 대우'와 연결되어 있으면 아주 쉽게 수치심과 혐오감을 느끼게 된다.

성적 혐오를 가진 사람들은 어떠한 성적 암시에도 수치심을 느끼는 종교적, 도덕적으로 엄격한 가정에서 자란 경우이다. 성과 관련된 것이 자연스러운 자신의 일부가 아니라 자신에게 일어나는 무언가 금지되고 위험한 것이라고 가족들이 강요했을 것이다. 그런 아이들은 종종 사랑하는 이와 함께 있어도 성적 접촉은 더럽고 수치스러운 느낌이라고 여겨 어려움을 겪는다. 특히 마음과 도덕적인 반대에도 그들의 몸이 성적 만족을 요구하면, 자신에게 거절당해 통제력을 잃게 되고, 열등하고 수치스러운 열정에 사로잡히게 된다.

아이든 성인이든 못생겼다거나, 뚱뚱하다거나, 매력이 없다는 소리를 들으면 성적 수치심과 혐오가 나타난다. "너는 역겨워. 네 몸은 혐오스러워. 널 원하는 사람은 앞으로도 영원히 없을 거야" 같은 표현이 귀에 반복해서 들린다면 믿지 않고 거부하기란 상당히 힘들 것이다. 메시지를 받아들이고 얼마 지나지 않아 그들은 자기 신체를 비난하게 된다.

성적으로 혐오감을 느낀 또 다른 집단은 헤어질 용기가 없어 사랑 없는 결혼 생활을 하고 있다. 치료를 받으러 온 어떤 부부들은 더 이상 배우자와 잠자리를 같이하는 것조차 참을 수 없다고 불평한다. 배우자가 오로지 이기적인 자기만족을 위해 자신의 몸을 사용한다고 느낀다. 자신이 매춘부와 다를 바 없고, 성적으로 몸을 허락하는 행위는 오직 경제적인 문제나 가족의 안전을 위한 거래로만 여겨진다. 결국 성적이든 아니든 상대의 말과 행동에 혐오감을 느끼는 것이다. 실제로 그들은 만족스럽지 못한 관계에 갇혀 있다고 느끼기 때문에 수치심에 반응한다. 성에 대한 극도의 혐오감은 깊은 수치심을 나타내는 징후라고 보아야 한다. 사랑하고 있고 사랑 받고 있다고 느낀다면 그런 혐오감은 사라질 것이다.

수치심, 성적 취향, 친밀성의 관계

성적 접촉은 격렬하지만 본질적으로 고귀한 행위이다. 하지만 오르가즘을 느끼는 동안에는 일시적으로라도 통제력을 잃고 그저 압도당하는 느낌에 지나지 않게 된다. 옷을 벗고 강력한 욕구에 사로잡혀 육체적으로 감정적으로 서로 뒤엉키지만, 수치심과 굴욕의 가능성이 강력한 성행위 주변을 맴돈다는 것은 명백한 사실이다. 사람들이 수치심으로 인해 욕구를 거부하거나 가능한 한 성행위를 피하려는 시도는 당연한 것이다.

대부분의 성 접촉이 수치심을 유발하지 않는 이유는 상대나 자신을 존중하기 때문이다. "이게 제일 단단해진 거야?", "흥분할 때까지 왜 이렇게 오래 걸려?"처럼 상대에게 수치심을 주기보다 요령껏 겸손하고 신중하게 행동하려고 노력한다. 긍정적이고 적당한 수치심은 서로를 존중하는 교감이 발생하게 도와준다.

우리는 정상적이고 좋은 수치심도 있다는 사실을 앞서 언급했다. 성적 취향과 관련된 분야가 딱 맞아떨어진다. 사실 수치심 없이는 진정한 성행위가 불가능하다. 긍정적인 수치심은 성적 취향과 관련된 보호 장벽을 내던지게 해서 공개적인 볼거리가 아닌 개인적인 사건으로 전환하기 때문이다. 정상적인 수치심은 성행위 과정에서 두 가지 주요한 역할을 한다.

첫째, 성적 취향과 관련된 조급한 마음을 늦춰 주고 공동의 문제로 인식하게 한다. 정상적인 수치심은 필요할 경우 지금은 적당한 시기나 장소가 아니라거나, 올바른 상대가 아니라는 메시지를 보내기도 한다. 성적 감정은 통제하기 힘든 충동이어서 메시지들이 항상 성공적이지는 않지만, 일부일처제를 가능하게 할 정도로는 충분히 역할을 수행한다. 일정한 수치심은 사람들에게 성적 충동을 배출할 적절한 방법을 모색하게 한다.

둘째, 성적 수치심은 감정적인 친밀함을 가지는 능력을 개발하게 도와준다. 10대 커플이 욕정에 사로잡혀 일시적으로 욕망 외엔 아무것도 보이지 않게 되었다고 하자. 심지어 어디에서든 애무하고 성적 쾌락을 추구한다. 그런 행동은 가까이 있는 다른 사람들에게 당황스러운 분위기를 만들어 낸다. 사람들은 곁눈질로 쳐다보며 모른 척하다가 한 번 더 흘끗 쳐다볼 것이다. 수치심은 그 공간 주변에 희미하게 어른거릴 것이다. 공개적으로 보이는 성적 행동은 흥분을 주지만, 더불어 잘못된 행동이라는 느낌도 함께 가지게 한다. 십 대란 조건과는 상관없이 그들의 열정을 사적인 공간 어딘가로 가지고 가야 한다고 느끼게 된다. 그때가 바로 욕정이 사랑으로 바뀌는 순간이다.

성과 관련된 행위는 자체로 매우 기분 좋은 느낌을 주기에 다소 경이롭다고도 할 수 있다. 또한 성적 욕망은 정서적 친밀성, 즉 자기 신체뿐 아니라 숨겨 온 비밀과 감정까지도 누군가와 공유한다는 느낌도 조성한다. 물론 자동으로 되지는 않는다. 친밀성은 오로지 사생활이 보장되는 곳에서만 나타난다. 친밀성 자체가 자기 정체성의 일부를 특별한 누군가와 공유한다는 의미이다. 그 누군가는 유대감을 갖고 당신의 폭로를 존중해 줄 사람이 되어야 할 것이다.

지나치지만 않는다면 수치심은 타인과의 성적 자유는 감정적인 자유로, 성에 관한 존중은 감정적인 존중으로, 성적 친밀감은 감정적인 친밀감으로 이어지게 한다. 비록 수치심을 공유한다 해도 남녀 모두 서로를 존중으로 대하는 법을 배운다면 친밀감도 더욱 두터워질 것이다.

상호 존중하는 성행위는 긍정적인 성 정체성을 확립하게 도와준다. 긍정적인 성 정체성을 가진 사람들은 굳이 남에게 보여주지 않아도 스스로 성적으로 유능하다고 느낀다. 성적 취향 속에서 타인과의 본질적인 유대 관계를 나타내는 자신의 인간성을 경험한다. 그들은 성 충동을 신중하게 다루며, 자신의 성적 경험을 통한 정서적 친밀성을 확립한다. 그들의 성적 접촉은 대부분 인간에게 존재하는 생명력을 향한 즐거운 찬사이다.

성적 취향과 사생활 사이의 관련성으로 인해 대부분 약간의 당황스러움과 불편함을 감수하며 산다. 그럼에도 그들은 자신의 성적 취향을 파트너와 상의하고 공유한다. 걷잡을 수 없는 과시 행위를 통해 자신의 성적 능력을 자랑하지도 않으며, 지나친 내숭으로 욕구를 감추려고 하지도 않는다. 그들에게 성행위는 단순히 자신들이 좋아하는 것 중 하나일 뿐이다.

동성애 : 오명을 쓴 성적 취향

이제는 서서히 용인하는 분위기로 가고 있다는 증거가 하나 둘 나타나지만, 동성애는 여전히 수치심을 동반하는 성적 기호로 남아 있다. 모든 동성애자들이 수치심을 갖지는 않지만, 거대한 도심 지역에 살지 않는 게이 남자들과 레즈비언 여성들은 괴롭힘과 차별, 신체적 위협을 피하기 위해 성 정체성을 비밀로 간직해야만 한다.

'오명'이라는 단어는 단지 해당 집단에 소속되어 있다는 이유만으로 전체 구성원을 나쁘게 몰아가는 것을 의미한다. 인종, 성별, 종교, 언어, 특별한 성적 취향 등에 따라 어떤 집단은 오명을 입게 된다. 오명을 입는다는 것은 일단 집단 구성원들이 '그런 부류의 사람'이라고 우선적으로 간주하고 나서 인간으로 인식하는 것이다. 성모 마리아의 남편이었던 요셉은 여성을 싫어하는 성격 탓에 우연히 게이로 간주되었다. 요셉이 된다는 것은 인간으로 간주되든 않든 동성애자가 된다는 의미가 되었다.

사회적 오명은 개인에서 사회 활동적인 면으로 수치심이 확대된 경우이다. 어떤 의미에서는 개인보다 동성애와 관련된 수치심을 전체적으로 더 많이 가진 사회가 바로 미국이다. 비록 동성애자들이 편안하게 정체성을 느끼고, 게이라는 사실을 자랑스러워해도 수치심 문제에서 완벽히 피해 갈 수는 없다는 뜻이다. 두 명의 남자가 손잡고 거리를 걸어간다면 얼마나 많은 지역 공동체의 관심을 받을지 생각해 보라. 사람들은 수군댈 것이다.

"봐, 게이 두 명이다."

사람들은 손으로 가리킬 생각도 하지 않고 말부터 먼저 뱉는다. 사람들의 판단으로부터 자유롭다 하더라도 과도한 관심은 개인적인 행동을 공개적으로 조사할 기회를 제공한다는 점에서 여전히 수치심을 유발한다.

대부분의 동성애자들은 조만간 수치심과 자부심에 관련된 문제로 힘겹게 싸워 가야 할 것이다. 아래는 사회적 편견으로 공격받은 수치심 때문에 게이들에게 훨씬 어려워진 문제들이다.

"사람들은 나의 성적 취향과 관계없이 왜 있는 그대로 받아주지 않을까?"

"올해 안에 부모님에게 내 파트너를 소개할까? 아니면 더 빨리 해야 할까?"

"나는 게이인 자신을 진정으로 받아들일 수 있을까?"

한 가지 중요한 주의 사항이 있다. 게이라고 해서 수치심이 모두 성적 취향과 관련되어 있지는 않다. 수치심과 자부심을 유발하는 원인들은 너무나도 많다.

자기 신체와 성적 취향의 회복

심각한 문제는 수치심이 당신의 신체나 성적 취향에 초점을 맞추고 있다는 것이다. 당신의 신체와 성적 취향은 그동안 수치심에 갇혀 있었다. 우선 첫 번째 목표는 수치심과 존재에 관한 연결 고리를 끊고 자기 신체와 성적 취향에 건강한 자부심을 가지는 것이다. 당신은 본질적으로 신체와 성적 취향에 관한 권리를 요구해서 수치심이라는 독재 권력으로부터 자유를 되찾아야 한다. 물론 시간이 걸리고, 과정을 진행해 갈수록 인내심이 필요하다. 그러나 낙천적으로 생각할 수도 있다. 신체적 수치심과 성적 수치심은 모두 치료할 수 있기 때문이다. 하물며 당신의 신체와 성적 취향을 완전히 받아들이고 이용하는 것도 가능하다.

모든 종류의 수치심과 함께 동작하는 것들도 이번 영역에서는 중요하다. 수치심이 지금 어떻게 영향을 주고 있는지를, 당신의 신체와 성적 경력이 관련된 구체적인 수치심 경험을, 당신의 신체와 성적 취향에 관한 수치스러운 메시지만이 아니라 그 메시지의 출처와 근원을, 당신이 어떻게 그런 확신에 도전할지를, 스스로를 좋게 느끼도록 도와주는 당신의 신체와 성적 취향에 관한 새로운 생각에 어떻게 대체할지 등을 당신은 생각해 보아야 한다.

당신은 또한 특정한 수치심 문제들이 전체 자아와 관련된 더 깊은 수치심을 얼마나 많이 가리고 있는지 스스로 물어보아야 한다. 때때로 신체적 수치심과 성적 수치심은 자기 평가가 필요한 세계적인 문제에서 사람들의 관심을 다른 곳으로 돌리게 만든다. 만일 그렇다면 당신은 좀 더 깊은 수치심 중 하나만 취급하기보다는 신체적 수치심과 성적 수치심 모두를 함께 다룰 필요가 있다.

회복할 수 있다면 당신은 자기 신체로 어떤 일을 하기를 원하는가? 당신의 성적 존재를 이용해 어떤 일을 하고 싶은가? 이전에 논의했던 세 가지 구체적인 영역인 인정하지 않고 무시하기, 집착, 혐오 안에서 지나친 신체적 수치심과 성적 수치심을 다시 회복시키는 방법을 찾아보자.

인정하지 않고 무시하기

+

자기 신체를 인정하지 않는 사람들은 스스로 신체를 소유하고 사용할 권한을 주어야 한다. 신체 소유가 수치스럽다는 생각을 깨치고 나오라는 의미이다. 신체를 인정하지 않는 사람들은 자신들에게 적합하다고 대체할 믿음을 찾아야 한다. 가령 당신은 자신에게 "나는 내 몸과 성적 취향을 회복할 거야"라고 말하는 것이다. 너무 힘들다면 "나는 내 몸을 더 이상 적으로 간주하지 않을 거야"나, "나는 기꺼이 과거보다 내 몸의 많은 것을 인지

하려고 노력할 거야"라고 말할 수도 있다.

신체 수용 문장을 선택한 당신은 새로운 믿음을 실행하고 싶을 것이다. 핵심은 당신이 주의를 기울이는 것이 무시의 반대라는 사실을 깨닫는 것이다. 당신의 신체와 성적 취향을 돌보는 것은 수치심과 자기 신체의 결합을 떼어 놓기 위해 반드시 해야 할 과정이다. 당신은 자신에게 호기심을 가지고 신체와 성적 취향에 관심을 가져야 한다. 우선 만지기, 붙잡기, 어루만지기, 때리기 등 성과 관련해서든 아니든 자기 신체가 원하고 필요로 하는 것을 들어주어야 한다.

당신의 몸이 어떻게 제대로 작동하는지 정보가 필요할지도 모른다. 당신은 일지를 쓰거나, 독서를 하거나, 걷거나, 운동하거나, 춤을 추면서 관련 정보를 얻을 수 있다. 기본적으로 당신은 '나는 어떤 기분인가? 내가 원하고 필요로 하는 것은 무엇인가? 내 몸이 하고자 하는 것은 무엇인가? 나의 욕망은 무엇인가?' 같은 기본적인 질문에 맞는 해답을 찾을 것이다.

집착

+

자기 신체와 성적 집착을 치료하는 것은 신체를 적합한 상태로 만들기 위함이다.

"내 몸은 적합한 상태이고, 내 성적 취향도 마찬가지이다."

집착의 근간을 이루는 '나는 결코 적합한 사람이 될 수 없을 거야'라는 두려움에 반대되는 표현이다. 오직 있는 그대로의 모습으로 당신의 신체와 성적 취향을 받아들이기를 바란다. 당신은 자기 신체를 완벽하게 만들어 잠자리에서 보여 주겠다는 필사적인 욕망을 깨뜨릴 수 있다.

당신의 신체와 다른 사람들의 신체를 비교하는 행위를 최소로 줄일 때가 되었다. 미국 사회는 신체에 관한 한 맹렬하게 경쟁적이다. 지나친 경쟁은 수치심과 실패만 야기할 따름이다. 아무리 노력해도 누군가는 반드시 당신보다 잘생긴 코와 예쁜 가슴, 두꺼운 근육, 튼튼한 다리를 가지고 나타날 것이다. 타인보다 나은 신체를 가지기 위함이 아니다. 당신의 건강을 지키기 위해 신체를 돌보는 것이다. 운전하고 제어해야 하는 기계가 아니라 자신의 일부로 당신의 신체를 존중하라.

신체 집착은 개인 간의 진정한 의사소통을 어렵게 만든다. 거울을 보면서 어떻게 다른 사람에게 초점을 맞추겠는가? 자신의 능력을 고민하면서 어떻게 타인과의 친밀감을 형성하겠는가? 충족되지 못한 서로의 욕구, 외로움, 공허함, 절망만이 결과로 나타난다. 신체에 집착하는 사람은 자기 신체를 수용하는 것과 동시에 타인과도 정직한 교류를 해야 한다. 당신의 주변에 있는 사람들은 어떤 생각을 할까? 어떻게 느낄까? 무엇을 할까? 무엇을 원할까? 당신은 너무 많이 비판하거나 신체적인 결점을 지적하지 않는 그대로의 모습으로 타인의 몸도 받아들여야 한다.

당신은 자기 신체나 성적 취향에 집착할 뿐 아니라 강박감에도 사로잡혀 있다. 만일 그렇다면 당신은 무자비하게 운동하고, 세심하게 다이어트하며, 모든 일에 성적 매력을 부여할 것이다. 당신은 강박에 의해 충동도 느끼고 통제되는 느낌도 받지만, 스스로 멈출 수 없다고 생각할 것이다. 당신 혼자만의 힘으로 이런 심각한 문제를 해결할 수는 없다. 전문가나 도움을 주는 단체로부터 도움을 구해야 한다.

당신은 모든 일에서 '절제'라는 개념에 초점을 맞춤으로써 치료 과정을 시작할 수도 있다. 절제를 실천하는 운동은 좋다. 다이어트나 성생활도 마찬가지다. 다만 무엇이든 너무 지나치면 개인의 선택이 사라진다. 선택할 수 없으면 사람은 인간성의 많은 부분을 잃는다.

혐오

+

수치심과 혐오가 짝을 이루면 사람들은 자기 신체와 충동에 대한 역겨움을 없애게 된다. 그러면 수치심을 치료하는 과정은 당신의 신체 쪽으로 방향을 돌리게 된다. 자기 신체를 인정하지 않는 사람들처럼 신체적 수치심과 혐오로 가득 찬 사람들도 자기 신체에 관심을 두는 것이 중요하다.

단순한 호기심만으로 문제를 해결할 수는 없다. 당신은 신체적 혐오와 성적 혐오를 동반하는 "아, 역겨워"라는 반응에 직접 맞서야 한다. 그러기 위해 부정적인 반응을 일으키는 근원을 근절해야 한다. 당신은 정확하게 언제부터 자기 신체를 싫어하기 시작했는가? 당신에게 어떤 일이 있었는가? 당신의 몸이 나쁘다는 말은 누가 했는가? 언제부터 자신을 거절하기 시작했는가?

아마도 당신의 성 혐오는 부적절함에서 자신을 보호하기 위해 어린 시절부터 시작되었을 것이다. 당신이 자기 신체를 싫어하거나 자신의 성과 관련된 부분을 경멸한다면 아무도 당신을 원하지 않을 것이다. 지금은 그러한 보호가 불필요하고 구식이 되어 쓸모가 없다. 수치심이 발생한 원인을 알고 있다면 쓸데없는 방어 체계를 없애는 데 도움이 될 것이다.

신체적이거나 성적인 혐오와 수치심의 근원이 종교적으로나 도덕적으로 엄격한 부모라면 어떻게 하겠는가? 그렇다면 당신은 특별한 믿음을 갖고 있는 부모에게 충성해야만 했을 것이다. 부모는 최선을 다해 악으로부터 당신을 지켜 내기 위해 노력했을 것이다. 부모는 자신들의 충동도 신뢰하지 못해서 당신의 성적 취향 속에 두려움, 수치심, 혐오 따위를 뒤섞어서 넣어 버렸다. 부모에게 성적인 것은 물리쳐야 할 적이었고, 그것이 바로 당신을 보호하려고 애쓴 이유이다. 그 과정에서 당신에게 심각한 상처를 입혔고, 당신의 자기 신체에 대한 믿음을 파괴해 버렸다. 이제 부모의 두려움에서 벗어나야 할 때가 되었다. 당신은 건강한 성적 취향을 가지고 성적으로 매력적인 사람이 될 수 있다.

당신에게 항상 뚱뚱하고, 못생기고, 매력 없고, 혐오스럽다고 욕하는 사람들과 함께 자랐다면 어떻게 되었을까? 더 나쁜 상황은 당신이 여전히 같은 욕을 듣고 산다는 것이다. 그것도 배우자나 파트너가 당신을 억압해서 스스로 우월한 느낌을 받기 위해 그런다면 어떻게 될까?

당신에게 욕하는 메시지들은 사라져야 한다. 당신은 인간이고, 다른 사람들과 마찬가지로 칭찬하는 말을 들어야 한다. 당신은 존중과 존엄으로 대우받을 권리가 있다. 과거부터 지금까지 들은 부정적인 메시지들과 맞서기 위한 무언가가 필요할 것이다. 당신은 직접적으로 수치심을 준 사람들을 중점적으로 다룰 필요가 있다. 그들이 지금까지 당신에게 했던 행동만으로 충분하다고 알려 주라.

"아니, 나는 더 이상 너의 비난과 욕설을 받아들이지 않을 거야! 나는 사람이야! 나는 매력적이야! 나는 적합한 사람이야!"

인생에서 중요한 사람이 당신의 저항을 받아들이지 않고 계속해서 무례하게 대한다면 어떻게 해야 할까? 주변 친구들과 가족을 바꿀 방법을 진지하게 고민해 봐야 한다. 당신에게 필요한 것은 그들이 아니라 바로 자기 존중이기 때문이다.

연습 문제

1. 신체의 모든 부분은 당신에게 필수적이다. 신체의 각 부분들은 당신이 최선을 다해 기능을 유지하도록 끊임없이 도와준다. 당신이 자기 신체나 그 일부를 물건처럼 취급하면 제대로 지원받을 수 없다. 자신과의 관계를 포함하여 최고의 관계는 감사하고, 잘 들어 주며, 사려 깊고, 보살피는 가운데 꽃을 피운다. 당신이 좋아하는 사람이 가진 특징은 무엇인지 1분 정도 생각해 보라.

무엇이 당신의 배보다 가까운지 자신에게 물어보라. 뇌를 포함하여 당신의 모든 것을 육성하기 위해 가장 가까운 자기 신체가 한 일에 감사해 본 적이 있는가? 존중하는 마음으로 당신의 배가 하는 말에 귀를 기울이는가? 아니면 배가 보내는 신호를 무시하는가? 배가 예민하다면 당신이 먹는 음식을 사려 깊게 선별하는가? 아니면 그냥 먹던 음식만 구겨 넣는 편인가? 당신의 배에 신경 쓰고 있는가? 당신이 밀어 넣은 음식 탓에 배가 버릇없이 굴어도, 당신이 인간이라는 사실을 상기시켜 주는 배가 있어 행복한가? 어쩌면 당신을 귀찮게 하지 않도록 최선을 다해 가득 채워 줘야 하는 배가 싫을지도 모른다.

당신은 인간이며 완벽하지 않다는 사실, 당신의 신체는 관심이 필요하다는 사실을 상기시켜 주는 것이 당신의 배이다. 당신의 배가 요구하는 것은 당신에게 필요한 것이기도 하다. 당신이 배에 감사하고, 배의 말을 경청하며, 당신과 배의 관계를 생각한다면 자신에 대해서도 훨씬 많은 것을 알게 된다.

신체의 다른 부분들도 마찬가지다. 어떤 의미에서 당신의 신체는 여러 부분들의 상호 의존적 공동체이다. 물질적인 존재뿐 아니라 정신적으로, 감정적으로, 지적으로 당신의 일부이다. 하나의 작은 부분이 잘못되면 다른 기관에도 영향을 미친다.

당신의 배와 관련하여 좋아하고, 인정하고, 감사하는 10가지를 적어 보라. 당신의 얼굴, 당신의 엉덩이, 당신의 발가락이나 발, 당신의 입술, 당신의 콩팥, 당신의 가슴과 생식기 들이 어떤 말을 하고 무엇을 요구하는지 하루를 정해 집중해서 생각해 보라. 그리고 난 후 당신이 인지한 신호에 따라 신체가 요구하는 것을 해주라.

당신의 신체를 탐구하는 동안 수치심이 나타나는지, 나타난다면 어떻게 나타나는지 주의해서 살펴보라. 당신의 신체에서 특정 부위가 수치심을 느낀다는 사실을 인지한 적이 있는가? 무언가를 원하고 있다는 점은 어떠한가? 당신이 원하는 것을 말하고 있다는 것은? 개인적 욕망을 충족하기 위해 집단에 들어가거나 떠나는 것은? 당신의 신체와 관련하여 발견한 내용을 신뢰하는 사람과 공유하거나 일지에 기록하라.

2. 당신은 신체와 관련된 문제에 어떻게 집착하는가? 당신의 신체에서 가장 염려하는 것은 무엇인가? 염려하는 것들 중 하나가 나은 방향으로 약간이라도 변한다면 적절하다고 생각되는가?

자신의 신체 중 잘못된 부분에 집착하면 다른 부분에 관심을 가지기가 힘들다. 일어나는 모든 것들을 집착이라는 매개물을 통해 보기 때문이다. 메리는 자기 신체에 수치심을 느끼고 있으며, '너무 뚱뚱하다'는 의식에 사로잡혀 있었다. 그녀는 클럽에 가입해 운동을 하고 있었는데, 운동이 끝난 후에는 월풀 수영장에서 쉬려고 생각했다. 그녀가 수영장에 들어가자 곧 세 명의 여성이 수영장을 나갔다. 혼자 남은 메리는 아무도 쳐다보는 사람이 없어서 안심이 되었다. 한편으로는 자신과 같은 이상한 사람과 함께 있기가 싫어서 세 여성이 나갔다고 생각하니 속상한 마음이

들기도 했다. 물론 그들은 이미 충분히 즐겼기 때문에 나간 것이다. 메리의 집착은 자신에게 상처를 주었고, 타인의 일반적인 행동을 너무 개인적으로 받아들이는 경향을 보였다. 당신도 같은 경험을 해본 적이 있는가? 그것은 언제인가?

대부분 가끔씩 집착을 한다. 당신이 자기 신체와 건강에 집착하는 것으로 생각되면 다음과 같은 연습을 해보라. 빈칸에 10회의 각각 다른 대답을 써 보라.

- 집착에 사로잡혀 있지 않다면 나는 _____를 할 것이다.

3. '완전한 진실'이면 1, '완전한 거짓'이면 10이라는 숫자가 주어진다. 다음 항목에서 자신에 대한 느낌을 숫자로 정해 보라.

- 나의 성적 취향이 자랑스럽다. _____
- 나의 성생활과 행동 방식을 스스로 존중한다. _____
- 나의 성에 대한 느낌과 충동에 편안함을 느낀다. _____
- 나는 완벽해질 필요 없이 성적으로 유능하다. _____
- 내게 성적 접촉은 능력이 아니라 공유에 관한 것이다. ___
- 파트너나 가까운 친구에게 나의 성적 취향을 편하게 말

한다. _____

- 나는 성 접촉에 기쁨과 선한 느낌을 받는다. _____
- 나의 성적 행동과 감정에 신중하다. _____
- 나는 섹스에 솔직하고, 무기나 속임수를 사용하지 않는다. _____
- 나의 성적 행동을 제어할 수 있다. 나의 감정이나 타인들의 바람에 휩쓸리지 않고 "예"나 "아니오"라고 대답할 수 있다.
- 나는 안전한 섹스를 요구할 만큼 자신을 존중한다. _____

당신의 성 정체성은 얼마나 긍정적으로 나타났는가? 당신이 원하는 점수는 몇 점인가? 점수를 올리기 위해 당신이 바꿀 한 가지는 무엇인가?

4. 성장 과정에서 당신이 가족에게 배운 성적 취향은 무엇인가? 당신에게 남성과 여성은 동일한 가치가 있는가? 그것이 당신에게 어떤 영향을 주었는가? 성에 관해 아버지에게 배운 것은 무엇인가? 성에 관해 어머니에게 배운 것은 무엇인가? 당신은 섹스와 분노, 공격성이 서로 연결되어 있다는 사실을 알고 있는가? 사춘기가 오기 전에 당신의 몸이 변할 것이라는 사실을 알고 있었는가? 그것은 당신에게 어떤 영향을 주었는가? 당신은

아무런 부담 없이 자유롭게 성적 취향을 물을 수 있었는가? 질문에 맞는 정중한 대답을 들었는가? 당신의 성적 발달로 인해 벌을 받거나, 비웃음을 당하거나, 소외당해 본 적이 있는가? 성적 취향과 관련해 당신의 파트너로부터 무엇을 알게 되었는가? 당신은 파트너에게서 말을 통해 들었는가, 비언어적인 느낌으로 알게 되었는가? 직접 알게 되었는가, 간접적으로 알게 되었는가? 긍정적인 말로 들었는가, 비난과 혐오가 섞인 말을 통해 들었는가? 당신의 성적 취향을 두고 어떤 말을 듣기를 바라는가? 당신의 성적 자아와 정체성에 좋은 감정을 가지기 위해 지금 듣고 싶은 말이 무엇인가?

대답을 일지에 적어 보라. 마지막 두 개의 질문을 자주 자신에게 말해 스스로 믿게 하라.

5. 당신이 과거에 알고 있었던 것은 모두 던져 버리고 자신에게 지금 당장 귀를 기울여 보라. 자신의 성적 취향과 관련해 어떤 것을 새롭게 발견할 수 있을까? 질문에 답하기가 이상스럽거나 당황스러웠는가? 왜 그렇다고 생각하는가? 한 가지 이유는 성적 취향이 매우 개인적이면서도 친숙한 문제이기 때문이다. 두 번째 이유는 성적 취향을 당신이 알아채고 생각하지 못하게 수치심이 막았기 때문일 수 있다. 아니면 당신이 성적인 인간이 되

어서 즐거움을 만끽하는 것을 막기 위해 수치심이 성적 취향과 충분히 연결되었을 수도 있다.

6. 동성애는 많은 사람들에게 위협적이어서 자주 비웃음을 당한다. 대략 10명 중 1명은 동성애자이고, 그보다 많은 사람들이 양성애자이다. 이 수치에는 어린 시절이나 10대 초기에 짧게 경험했던 동성애는 포함되지 않았다. 더욱이 성 상태는 아이가 태어나기 전에 유전적으로 결정된다.

두 명의 게이 남성이나 레즈비언 여성이 대화를 나눈다고 가정해 보자. 한 명은 성적 취향에 수치심을 느끼고, 다른 한 명은 느끼지 않는다. 그들이 할 말을 4가지만 적어 보라.

- 수치심을 느끼는 사람
- 자부심을 느끼는 사람

_____   _____

_____   _____

_____   _____

당신의 성적 생활 방식을 대체해야 한다면 위 두 가지 중 어디에 가깝다고 여겨지는가? 왜 그렇게 생각하는가? 전통적인 성적 방식을 고수하는 사람이라고 생각된다면 당신은 어느 쪽에 더 가깝다고 여겨지는가? 왜 그렇게 생각하는가? 두 명의 대화 중 당신은 어느 쪽에 해당된다고 생각하는가? 왜 그렇게 생각하는가?

수치심과 분노의 관계 :
수치심은 어떻게 폭력을 유발하는가

분노란 무엇인가?

분노는 강한 화 이상이다. 폭력적이고, 사납고, 맹렬하고, 격노하고, 격앙되고, 통제할 수 없는 화이다. 분노는 광기이다. 분노가 어떤 느낌인지 몇 가지 사례를 살펴보자.

- 저는 갑자기 화가 나요. 내가 무언가 잘못했다는 암시만 주어도 폭발할 지경입니다. 저는 더 이상 사람들의 비난을 참

을 수 없어요.

- 새로운 여자 친구를 사귈 때마다 같은 일이 반복해서 일어납니다. 저는 정말로 강압적으로 변해요. 점점 많은 시간을 그녀와 함께하고 싶고, 더 많은 관심도 원합니다. 저는 질투심이 많고 애정에 굶주려 있어요. 때로는 제가 너무나 필사적이어서 그녀에게 상처를 주기도 합니다. 한 명의 여자가 떠나가면 다음 여자 친구에게 똑같은 행동을 반복합니다.

- 저는 일단 화가 나면 정당하게 싸우지 않아요. 허리 아래도 때립니다. 저는 단순히 요점을 말하고 싶은 게 아닙니다. 상대를 뭉개 버리고 싶어요. 공개적으로 망신을 주고 싶습니다.

분노는 일반적으로 화나는 느낌과 관련되어 있지만, 대부분의 분노 관련 사건들은 화와 수치심이 결합된 결과이다. 수치심과 화의 결합으로 인해 분노는 몇 가지 중요한 측면에서 강한 화와도 다르다.

우선 분노는 자주 정체성 모욕으로 발생하며 수치심을 유발한다. 화가 자신의 목표나 행동과 관련된 좌절에 따르는 반응이라면, 분노는 자아에 가하는 위협에 가깝다. 분노는 무능함에 대한 강하고 깊은 감정이며, 보다 무의식적인 과정이며, 자신의 실제 감정(특히 수치심)을 더 적게 인지하고, 초점이 명확하지 않으며, '그들은 항상 날 무시해'나 '나는 더 이상 애 취급 받기가 싫어', '모두 그들이 한 짓이야'와 같이 일반화된 생각과 연관되어 있다.

분노는 극도로 심한 폭력을 부르는 주요한 요소이다. 경찰이 일상적인 살인과 잔인한 살인을 구별하는 방법을 설명하는 미셸 루이스의 말을 인용하면, "잔인한 살인범은 실제로 10번 이상 살인한 사람이다. 그런 살인은 분노를 참지 못해 일어나는 경향이 있다." 야만적인 공격은 대개 계획적이거나, 우연히 가해자의 자아의식을 공격하는 가족이나 타인과 직결된다. 스스로 나약하고 나쁘다고 생각하는 가해자는 참을 수 없는 느낌으로 인해 타인들이 자신을 파괴하려 한다고 믿고 공격을 가한다. 모든 공격이 살인으로 이어진다고 할 수는 없지만, 분노는 불가피하게 파괴를 갈망하고 있다는 사실을 알아야 한다.

분노는 많은 단계를 거쳐 형성된다. 때로는 단 몇 분 안에 형성되기도 하지만, 어떤 경우에는 한 달 이상 걸리기도 한다. 누군가 자신에게 일어나고 있는 일을 완전히 인지하고 있는 것처럼 단계들을 묘사한다 하더라도, 대체로 분노는 사람들 마음 속 깊은 곳에서 발생되는 부분적으로 의식적인 과정이다. 분노는 비이성적인데, 분노를 느끼는 사람들은 자주 자신들이 참을 수 없는 모욕으로 분개해서 마침내 소리를 질렀을 때를 이해하지 못한다. 그들의 파트너는 이렇게 말할지도 모른다.

"여보, 내가 몇 달 전에 했던 말은 진심이 아니었어. 당신은 지금까지 그것 때문에 마음 졸이고 있었던 거야? 왜 나한테 말하지 않았어?"

이것으로 충분하지 않다. 분노는 비굴한 사과, 굴욕, 완패를 요구하는데, 자신들이 몹시 상처받았다는 확신 때문에 적을 파괴하려 든다.

분노의 단계

1단계 : 5A

+

5A는 주의Attention, 승인Approval, 수락Acceptance, 칭찬Admiration, 긍정Affirmation이다. 이 기본적인 욕구들은 너무 깊이 뿌리박고 있어서 인생에서 빠지면 사실상 의미가 없어진다. 다시 말해, 타인들로부터 온 5A는 사람들이 살아 있음을 느끼고 스스로 인간임을 실감하게 한다.

꼬마 아이들은 5A를 받지 못하면 어떤 행동을 보일까? 심한 분노에 사로잡히게 된다. 예전에 어떤 귀여운 아이가 괴물이 되는 광경을 목격했다. 울음소리와 함께 아이의 항의가 공기 중에 떠다니는 것 같았다. 그들은 슬픔에 잠기고, 포옹과 키스조차 울화를 멈추게 하지 못한다. 오로지 스스로 기진맥진하는 것만이 분노를 멈추게 하는 유일한 방법이다. 만약 가능하다면 분노에 찬 아이가 눈에 보이는 모든 것을 파괴하고 그토록 바라던 주의, 승인, 수락, 칭찬, 긍정을 줄 사람들까지 모조리 죽일 수도 있지 않을까 하는 생각을 해본 적 있는가?

성인들도 똑같이 5A 욕구를 가지고 있다. 나이를 먹는다고 벗어날 수 있는 것은 아니지만, 대부분의 성인들은 너무 장시간이 아닌 한 일시적인 5A 부재를 견딜 능력을 스스로 개발했다. 그러나 특정 지점을 지나면 주의, 승인, 수락, 칭찬, 긍정의 부족을 느끼는 거의 대부분의 사람들은 완전히 고갈된 상태가 된다. 나약하고, 무기력하고, 활력을 잃은 상태가 되는 것이다. 소위 말하는 충분한 '감정 공급'을 받지 못해 정서적으로 굶주린 상태가 되며, 정서적 배고픔은 분노 단계를 야기하는 감정적인 절망을 키우는 온상이 된다.

사람들은 5A에 대한 독특한 욕구를 가지고 있다. 어떤 사람들은 좀 더 많은 관심을 바라고, 어떤 사람들은 좀 더 많은 승인을 원하기도 한다. 어떤 사람들은 훨씬 많은 욕구를 보이기도 한다. 그들은 항상 바로 직전의 감정적 굶주림 상태에 놓인다. 그들은 주의, 승인, 수락, 칭찬, 긍정이라는 선물을 받아들이는 데 어려움을 겪기 때문이다. 타인들이 아무리 잘해 주려고 해도 그들은 늘 감정적 배고픔을 느낀다는 것이다. 마치 장에 문제가 있는 아이는 지속적으로 영양을 공급받아도 제대로 자라지 못하는 것처럼, 그들은 감정적 부족으로 인해 정서적으로 잘 자라지 못했다. 5A의 부족은 분노의 가능성을 증가시킨다. 감정적 배고픔을 경험하는 사람들은 타인들보다 쉽게 분노하는 경향을 보인다.

2단계 : 실망스러운 세계
+

유일한 존재 이유가 되는 목적이 봉사하고 복종하는 것이라면 분노는 존재하지 않을 것이다. 안타깝게도 그것은 사람들의 목적이 될 수 없으며, 당신도 마찬가지다. 우리 중 누구도 단지 타인의 욕구를 충족시키기 위해 5A를 공급만 하는 사람은 없다.

세상은 가끔씩 두 가지 주요 방식으로 실망을 안겨 준다. 첫째, 중요한 사람들은 반응을 나타내지 않는다. 미국 사회에서 무반응을 나타내는 고정적 이미지는 아이들이 관심을 끄는 데 실패하는 동안 신문에만 몰두하고 있는 아버지의 모습이다. 무반응은 아버지뿐만이 아니다. 어머니도 마찬가지이고 조부모, 형제자매, 친구, 동료, 애인 등도 당신이 바보 같은 행동을 하며 관심을 가져 주기만을 바랄 때조차 당신을 무시한다. "내게 관심을 가져 줘!"라고 소리치지만, "안 돼. 나는 지금 다른 일을 하느라 바빠"라는 대답이나 반응만 돌아올 뿐이다. 그 결과 당신은 스스로 달갑지 않고, 사랑받지도 못하고, 인정도 못 받는 사람이라고 느끼게 된다.

둘째, 거절은 무시만큼 중대한 문제이다. 거절 메시지는 "저리가. 너한테 무언가 잘못된 게 있어"이다. 거절은 무반응이나 무관심보다 적극적이고 즉각적인 수치심을 야기한다. 타인들의 판단에는 의심할 여지가 없어서 종종 더욱 강력한 수치심을 발생시킨다. 의심할 여지 없이 당신은 자신이 결함 있고 부족하다고 여겨져서 거절당했다고 생각한다. 결국 무관심과 거절 모두 누군가의 자아 존중감에 강력한 위협이 된다.

3단계 : 오랫동안 인정받지 못한 수치심
+

"내게 무언가 잘못된 것이 있음에 틀림없어. 나는 적합하지 않아."

사람들, 특히 아이들에게 지지하는 반응을 보이지 못하면 나타나는 자연스러운 반응이다. 당신은 문제가 세상과 관련되어서는 안 된다고 생각하고 스스로를 비난한다.

"부모님이 아니라 내가 문제야."

자신을 하찮게 여기는 내면화된 수치심이다. 내면화된 수치심은 끔찍한 고통을 가져오는 수치심이어서 무의식 깊은 곳에 숨겨 있다. 느낄 수는 있지만 깊이 숨겨 있어서 치료가 불가능하기 때문에 더 많은 문제를 가져온다. 상처가 곪고 깊이 숨어 있어서 수치심을 느끼는 개인은 무의식적으로 과거의 실망에 속을 끓인다. 그때 당신은 아주 쉽게 분노로 바뀌는 모습을 보게 될 것이다.

오랫동안 인정받지 못한 수치심은 영혼에 부담을 준다. 수모로 더 많은 고통을 받을수록 내면에 고통을 주는 무언가가 잘못되어 있다는 것을 빠르게 감지하게 된다. 그러나 괴롭히는 것이 무엇인지 정확하게 확인하는 데는 실패한다. 느낄 수 없을 정도로 많은 상처를 주는 수치심은 의식하기 어려운 곳에 숨어 있다.

어떤 생각과 감정이 수치심과 함께 동반해서 나타날까? 실패, 공허함, 나약함, 열등감, 굴욕감, 나쁨 등이다. 이러한 반응들은 견딜 수 없을 정도로 심하며, 종종 의식의 가장자리를 맴돌면서 격렬하게 방어한다.

"공허함? 아니야! 실패? 그렇지 않아! 나약함? 절대로 그럴 리 없어!"

특히 굴욕감은 너무 지독해서 자주 억압된다.

4단계 : 수치심의 제거

+

우리가 설명하고 있는 것은 자존감을 지키기 위한 단호한 노력이다. 만일 오래 지속되는 수치심을 느꼈다면 재앙이 될 것이다. 가끔씩 수치심으로부터 숨는다 해도 아무런 도움이 되지 않는다. 그런 수치심은 단호한 성격의 지니가 램프에서 나가기를 원하는 것처럼 계속해서 밖으로 나가려고 애쓴다. 지금 깊은 수치심을 경험하는 사람들은 자신을 파괴해 버리기 전에 뭔가 해결책을 찾아야만 한다.

해결책은 수치심을 제거하거나, 멀리 던져 버리거나, 다른 사람에게 옮기는 것이다. 완전히 의식적이고 건강한 절차라서 원래 수치심을 가지고 있던 사람에게 돌려주는 것과는 다르다. 대신 수치심 소유자는 내면에 있는 수치심을 비밀스럽게 전가할 만한 사람들을 물색하기 시작한다. 그들이 게을러서 수치심을 느낀다면 자신이 사랑하는 사람이라도 TV 중독자라고 비난할 것이다. 그들의 실패감은 다른 사람들도 완전한 실패자라는 확신으로 바뀌며, 그들의 공허함은 다른 사람들도 영혼마저 잃어버렸다는 변명이 된다. 그러나 수치심이 분명하게 드러나고 있음에도 그들의 내면에 있는 수치심은 추방되어서 다른 곳으로 옮겨진다.

5단계 : 방아쇠 사건

+

이번 단계는 거의 완전히 분노에 관한 설정이다. 여기에는 '방아쇠 사건의 필요성'이라는 한 가지 요소만이 남아 있다. 문제를 유발하는 계기가 되는 것이 '방아쇠 사건'이다. 누군가의 수치심이 여전히 끔찍한 위협으로 남아 있었기 때문에 어떤 사건이라도 상관이 없다. 지금은 수치심이 다른 사람에게로 넘어간 상태이다. 그렇다 하더라도 수치심은 여전히 희미하게 어른거리며 남아 있다. 어디에 있든 수치심이 남아 있는 한 결국 원래 주인에게로 되돌아갈 수 있다. 유일한 해결책은 수치심을 파괴하는 것이다. 그렇게 하기 위한 유일한 방법은 수치심을 가지고 있는 사람을 완패시키는 것이다.

이 과정의 방아쇠는 수치심을 원래 주인에게로 돌려보내는 말이나 행동이다. 누군가 비꼬는 말을 할 것이고, 그 말은 비판적으로 해석될 것이다. 지나치게 수치심에 상처받기 쉬운 사람이라면 더욱 그렇다. 그렇지 않으면 방아쇠가 날조되어 만들어질 수도 있다. 전혀 증거가 없을 때 사람들이 자신을 하찮게 여기면 일이 일어난다.

근거 없는 욕설도 분노를 유발한다. 수치심은 수치심을 가진 사람의 무의식 속에서 기반을 다지기 전에 당장 근절되어야 한다. 수치심과 분노는 과장되고 강화되며, 결과적으로 분노하는 사람의 마음에서 참을 수 없는 굴욕이 된다. '당신을 영원히 파괴할 수 있다면 내 수치심도 영원히 없앨 수 있을 것이다' 같은 비합리적인 생각도 발생한다. 우리는 수치심을 패배시키는 것이 아니라 섬멸하는 것을 이야기하고 있다. 정신적으로든 물리적으로든 누군가의 적을 섬멸함으로써 달성할 수 있다. 그때 비로소 수치심도 말살된다.

6단계 : 공격

+

뒤에 이어지는 공격은 언어적일 수도 있고, 물리적일 수도 있고, 둘 다일 수도 있다. 신음하고 고통받는 이유가 무엇이든 토네이도나 허리케인과 동급인 개인 간의 폭력성으로 나타난다. 어쨌든 목표는 타인에게 투영된 수치심을 파괴하는 것이다. 분노로 불타는 사람들은 당연히 자신이 할 수 있는 최대한의 더러운 욕을 퍼부을 것이다. 물리적인 공격을 가할 때는 원초적인 폭력성이 동반되기도 한다. 그들은 지금 자신들의 수치심을 뿌리 뽑기 위해 시도하는 것이다.

공격이 얼마나 성공적이든 상관없이 잘못된 목표를 공격한 그들은 결코 완벽한 승리를 거둘 수 없다. 그들의 진짜 수치심은 내면에 있다. 아무리 열심히 자신을 납득시키기 위해 노력한다 해도 별로 도움이 되지 않는다. 엉뚱한 목표를 향해 계속해서 공격을 가하면 목표가 파괴되면서 분노도 치명적으로 바뀌어 결국 자멸적인 분노로 바뀌게 된다.

7단계 : 수치심과 분노 소용돌이

+

분노하는 사람들은 분노로 자신의 수치심을 없앨 수 없으며, 오히려 가중시킬 수 있다. 사랑하는 사람들에게 상처를 줄 때마다 그들의 수치심도 의식 수준만큼 증가하여 자신에게 더 나쁜 감정만 가지게 된다. 원래 양만큼의 수치심도 참을 수 없는데, 어떻게 더 늘어난 수치심을 감당하겠는가?

그렇다면 그들은 무엇을 할 수 있을까? 불행히도 해답은 없다. 그저 수치심만 더 늘어날 뿐이다. 수치심이 늘어날수록 그들은 보다 사납게 자주 분노할 것이다. 많이 분노하고 공격할수록 그들은 더욱 커지는 수치심을 감내해야만 한다. 이것은 수치심과 분노의 소용돌이를 비참함으로 바꾸고, 가족과 세상과의 지속적인 싸움을 보장한다. 분노하는 사람들이 이러한 패턴을 부수고 나올 때까지 극도로 잔혹한 공격, 살인, 자살 가능성은 계속해서 증가할 것이다.

수치심과 분노의 연결 고리를 끊는 방법

수치심과 분노의 연결로부터 자유로울 수 있는 방법이 있다. 다량의 정직과 지속적인 노력이 요구되지만, 이 패턴을 가지고 당신의 정체성을 확인한다면 가장 사랑하는 사람들뿐 아니라 당신의 생명까지도 구할 것이다.

수치심과 분노의 연결 고리를 끊는 묘책은 무엇일까? 바로 1단계에서 7단계의 과정을 거꾸로 실행하는 것이다. 7단계를 먼저 시작하고 마지막으로 1단계를 실행하는 방법이다. 당신이 어떤 것도 배제하지 않고 너무 빨리 달려들지 않도록 보장하는 최고의 방법이다. 이 방법을 활용하면 당신은 시간적인 여유를 가지고 제대로 연결 고리를 끊을 수 있다.

거꾸로 진행하려면 한 가지 예외가 존재한다. 당신이 폭력적으로 변하지 않겠다는 약속을 즉석에서 해야 한다. 개인적으로 작업을 시작하기 전에 반드시 이번 글의 나머지 부분들도 잘 읽어 보기 바란다. 이런 약속을 통해 당신은 수치심과 분노 사이의 연결 고리를 만들어 내는 깊은 원동력을 시간적인 여유를 가지고 이해하고 바꿀 것이다.

수치심과 분노의 소용돌이를 목록화하라
+

첫째 단계는 세심한 관찰을 필요로 한다. 당신의 분노가 언제, 어떻게, 어디서, 얼마나 오래, 누구를 대상으로 하고 있는지 상세하게 기록하기 위해 공책이나 일지를 들고 다녀야 할 것이다. 여기에 '왜'라는 질문이 빠져 있다는 사실을 주목해야 한다. '왜'를 사용해서는 안 되는 이유는 시기적으로 너무 이르기 때문이다.

당신은 어쨌든 '내가 분노하는 것은 그들 탓이지, 내 탓이 아니야'라는 식으로 타인을 비난하는 구문을 생각해 낼 것이다. 만일 그때 당신이 원하는 것을 타인들이 행하거나 말한다면 모든 일은 잘 풀린다. 다시 말해, '왜'라고 질문하면 당신은 또다시 분노에 사로잡히게 될 것이다. 그 외에 '언제, 어떻게, 어디서, 얼마나 오래, 누구를 대상으로'라는 질문들은 당신에게 중요한 정보를 풍부하게 제공해 준다.

당신이 가장 최근에 분노한 사건부터 시작하라. 어떤 일이 일어났는가? 어떻게 통제력을 잃게 되었는가? 당신은 어떤 말을 했고, 어떤 행동을 했는가? 당신의 생각과 느낌은 어떠했는가? 당신은 타인들이 한 말과 행동도 기억해야 하지만, 거기에 집중해서는 안 된다. 그들의 말과 행동은 진심에서 나온 것이 아니다. 그중 상당수는 당신이 그들에게 했던 행동으로 인한 것이라는 점을 명심하라. 수치심과 분노의 소용돌이는 일반적으로 당신의 생각과 행동을 인지할 필요성을 느끼도록 하기 위해 당신의 내면에서 발생한다.

그다음 계속해서 시간을 거슬러 진행하는데, 먼저 과거의 분노를 생각해 보라. 과거의 분노들이 정확하게 같은 패턴을 따랐는가? 다른 점이 있는가? 있다면 어떻게 다른가? 당신이 과거를 공부하는 동안에도 현재를 무시해서는 안 된다. 비록 완전한 분노를 유발하지는 못했다 하더라도 수치심과 분노의 소용돌이에서 현재 자신의 위치에 주목하라.

목표는 당신의 수치심과 분노의 소용돌이 패턴에 대한 전문가가 되는 것이다. 당신이 될 수 없다면 도대체 누가 되겠는가?

분노하지 않겠다는 장기적인 약속을 하라

+

당신이 수치심과 분노의 패턴을 파괴하는 법을 배우는 동안, 잔인한 말과 물리적인 공격을 동반하는 분노를 억제하겠다는 약속을 지금 당장 자신에게 하라. 수치심과 분노에 대한 작업을 시작하면 당신의 내면에 있는 나쁜 감정들을 자극할 수 있기 때문이다. 당신은 기분 나쁠 때 무의식적으로 공격하는 습관을 가지고 있다. 그런 감정들은 매우 위험하다. 과한 분노는 당신에게 필요하지 않다. 유일한 방법은 분노하지 않겠다는 서약을 지금 당장 받아 두는 것이다.

당신은 무턱대고 사람들을 계속해서 공격할 수도 없거니와, 이런 문제를 가지고는 세상 어디도 갈 수 없다. 우리가 이런 말을 하는 이유는 수치심과 분노의 연결을 끊기 위해 당신의 수치심을 회복할 필요가 있기 때문이다. 당신이 타인에게 분노할 때 발생하는 수치심을 다른 사람에게 넘겨주는 동시에 회복할 수는 없다.

분노할 때마다 당신의 건강과 타인의 안전을 위험에 빠뜨린다. 당신은 약속을 지키기 위해 모든 노력을 기울여야 한다. 기분이 나아질 때까지 훈련 현장을 떠나 있어야 한다면 '제한 시간'을 설정하라. 도움이 필요하면 당신을 진정시킬 친구에게 도움을 요청하라. 술과 마약이 문제를 일으킨다면 과감히 끊어야 한다.

어떠한 도발이 있더라도 화를 내어서는 안 되며, 분노를 일으킨 모든 사건들은 당신 자신과 타인들에게 피해만 줄 뿐이라는 사실을 명심하라. 모든 사람들의 안전을 지킬 유일한 방법은 당신의 분노를 몰아내는 것이다.

여기에서 멈추어서는 안 된다. 여기에서 멈춘다는 것은 당신의 분노와 수치심을 적절하게 처리하는 대신 오히려 유발할 수 있다는 의미이다. 장기적인 효과를 위해서는 수치심과 분노 단계들을 역방향 순서로 적용해서 계속 훈련해야 한다.

분노를 유발하는 원인을 인지하라

+

수치심과 분노를 일으키는 두 가지 종류의 방아쇠가 있다. 첫째는 타인의 말과 행동이다. 둘째는 스스로 분노하도록 자신에게 하는 말이다. 확실히 두 가지는 서로 많은 영향을 준다. 지금은 한 번에 하나씩 살펴보도록 하자.

사람들은 '무슨 말을 하든 나에 관해서는 하지 마'라는 약점을 가지고 있다. '나보고 비열하다고 하지 마', '나보고 얼간이라고 부르지 마', '나보고 너무 멋지다고도 하지 마', '나보고 알코올 중독자라고 부르지 마', '나보고 겁쟁이라 부르지 마' 등이다. 수치심을 유발하기 때문에 두려워하는 단어들로 만들어진 외부적 방아쇠이다. 사람들은 이러한 단어들이 금기로 되어 있다는 사실조차 알지 못한다. 그래서 아무런 악의 없이 말하지만, 당신은 노여움에 휩싸이게 된다.

"어떻게 감히 내게 그런 말을 할 수 있지? 그런 말을 할 아무런 권리가 없어. 어리석고 멍청한 얼간이들이야! 혼 좀 나야 정신을 차릴 건가"

당신이 분노에 휩싸이면서 하나의 사건이 터진다. 당신은 수치심을 준 사람들에게 수치심을 되돌려 주기 위해 노력할 것이다. 당신은 약간 화난 정도가 아니다. 당신에게 실제로 분노를 야기했다면, 목표는 그 자식들이 한 마디 더 하기 전에 파괴하는 것이 된다.

내부적 방아쇠는 외부적인 것보다 까다롭다. 여기에 수치심을 더해 주는 반의식적인 구문이 있다. '나는 바보다', '나는 이 교실에서 다른 사람들만큼 똑똑하지 않다', '나는 절대로 성공하지 못할 것이다', '나는 뚱뚱하다', '나는 못생겼다', '나는 적합하지 않다' 등이다. 내부적인 모욕은 때로 난데없이 발생하는 경우도 있다. 그때 사람들은 특별한 이유 없이 자신에 대해 욕을 하기 시작한다. 이러한 현상은 실패나 좌절을 직면했을 때 나타나는데, 당신은 무능한 자신에게 비난을 퍼붓게 된다.

내부적 방아쇠와 외부적 방아쇠가 어떻게 상호 작용하는지 살펴보자. 외부적 방아쇠는 자주 내부적 방아쇠를 활성화시킨 다. 당신이 정중하지 못하다고 누군가 말하면 '그들이 옳아. 난 너무 서툴러. 난 아마 세상에서 가장 꼴사나운 놈일 거야. 세상 에, 내가 스스로 멍청하다고 생각하는 거야?'라고 생각할 것이다.

내부적 방아쇠가 외부적 방아쇠를 자극하기 위해 패턴은 역 으로 진행될 수 있다. 자신은 교사나 배관공, 부모 등이 될 자격 이 없는 위선자라고 생각한다면, 그것은 당신의 비밀 수치심이 다. 그러나 당신과 관련된 생각이어서 자신의 두려움을 확인하 게 만드는 타인들의 어떠한 말에도 극도로 예민해지는 것이다. 만약 동료 교사가 당신의 수업은 자신의 수업보다 독서에서 하 루 뒤처져 있다고 말한다고 하자. 동료 교사가 진심으로 당신은 형편없는 교사라고 믿고 있다고 여기게 된다.

시간적인 여유를 가지고 당신의 외부적인 방아쇠와 내부적인 방아쇠를 주의 깊게 생각해 보라. 당신의 수치심을 유발하는 어 떤 것을 다른 사람들이 말하거나 행동하는가? 당신이 가진 자아 수치심은 무엇인가?

당신의 수치심을 회복하라

+

우리는 수치심과 분노 과정의 3~4개 단계를 결합했다. 분노하는 사람들은 수치심을 느낀다는 사실을 인정하지 못하지만, 다른 면에서 그들은 가능한 한 수치심에서 멀리 떨어지기 위해 자신의 수치심을 타인에게 전달하려고 노력한다.

수치심과 분노의 소용돌이는 지니고 있기가 너무 힘들다. 당신이 멀리 도망친다고 해서 수치심이 치료되는 것은 아니다. 아무리 자신에게서 멀리 떼어 놓는다 해도 항상 다시 돌아온다. 따라서 당신이 타인에게 전달하는 행위를 멈추는 것은 매우 중요하다. 타인들이 받기에도 껄끄러우며, 그렇다고 당신이 자신에 대한 좋은 감정을 가지게 해주는 것도 아니다.

수치심을 다른 사람에게 넘기려고 할 때마다 당신은 자신의 행동을 멈추고 '지금 나는 자신을 진정으로 신뢰하고 있다고 타인에게 말하고 있는가?'라는 한 가지 본질적인 질문을 던져야 한다. 당신은 자신이 못생겼다고 느껴지면 누군가 다른 사람에게 못생겼다고 말하는가? 당신은 최근의 좋지 못한 행동을 생각하고 싶지 않는다는 이유로 타인을 어리석다고 비난하는가?

당신의 수치심을 회복할 시간이다. 바로 당신이 스스로 해야 할 일이다. 당신에게 속한 것을 정당하게 되돌려 받을 때까지 좋은 일은 절대로 일어나지 않는다. 당신은 고통받기 위해서가 아니라 치료하기 위해 해야 한다. 자신에게 인정받지 못한 것들을 인정하고, 용인할 수 없는 것을 수용하고, 받아들여지지 못한 것을 받아들여야 한다. 당신에게는 지금까지 피해 왔던 일에 접근할 용기가 필요하다. 당신의 수치심은 적이 아니라 당신 자신의 일부라는 사실을 기억하라.

당신에게 도움이 될 아이디어가 하나 더 있다. 수치심은 거부라는 심리적 어둠 속에서 번창하지만, 완전한 의식의 밝은 빛 속으로 움츠러드는 습성이 있다. 당신의 수치심을 더 많이 알수록 두려움은 줄어든다. 수치심과 분노의 연결 고리를 끊는 유일한 방법이기도 하다. 당신이 완전히 의식하는 한 수치심으로 인해 분노가 유발되지는 않는다. 여타 방법보다 수치심 통제에 있어 효과적이다.

당신이 실망했던 이력을 추적하라

+

수치심으로 이끄는 개인 간 실망에는 두 종류가 있다는 점을 주목해 왔다. 당신의 요구에 중요한 사람들이 반응하지 않을 때와 그들이 적극적으로 당신을 거절할 때 발생한다. 현재와 과거에 당신이 언제 어떻게 실망했는지 진지하게 생각해 보는 것이 중요하다. 타인들을 비난하기보다 유용한 정보를 얻기 위해 당신의 고통을 주의해서 검토하라.

당신은 개별적 사건뿐 아니라 몇 가지 패턴을 찾아야 한다. 당신이 놀아 주기를 원할 때 계속해서 신문만 읽었던 아버지, 아프거나 형편이 어려울 때 당신을 무시했던 부모, 형제에 관한 기억도 포함된다. 남은 평생 동안 타인들의 관심을 얻기 위해 싸워야만 하고, 관심이 부족하면 수치심이 유발되어 완전히 받아들여질 수 없다는 확신처럼, 이런 패턴들은 마음속에 본보기가 되는 형식을 만들어 낸다.

실망스러운 이력을 검토하면서 어떠한 축소나 과장도 해서는 안 된다. 오로지 자신을 잘 이해하게 도와줄 정보에만 집중하라.

5A에 대한 자신의 요구를 들어주라

+

모든 사람들은 주의, 승인, 수락, 칭찬, 긍정이라고 하는 5가지 귀중한 선물을 타인들과 공유하고 싶어 한다. 그중 당신에게 가장 필요한 것은 무엇인가? 당신은 어느 항목을 열망하는가? 어린 시절 당신에게 부족하다고 느꼈던 것은 무엇인가?

감정적 배고픔은 필사적인 행동으로 이어진다. 바로 지금 당장 당신이 열망하고 있는 항목이 무엇인지 알아야 하는 이유이다. 그것이 충족되지 못하면 당신의 수치심과 분노 연계를 촉진시키게 된다.

"나는 당신의 (주의, 승인 등)이 필요하지만, 당신은 주고 있지 않아. 정말 끔찍한 기분이야. 수치심이 느껴져. 나는 널 증오해. 너를 파괴하고 말 거야."

타인에게서 자신이 원하는 것이 무엇인지 알고 있다면 당장 요구하라. 얻지 못하더라도 당신은 분노하지 않고 자신의 실망을 보다 쉽게 받아들일 것이다.

5A 중 당신의 기본적인 욕구에 해당하는 것이 수치심 영역이 될 가능성이 높다. 그렇다면 주의, 승인 같은 욕구가 생길 때마다 당신은 수치심을 느낄 것이다. 지금 당신은 그런 쓸모없는 수치심에 도전할 수 있다. 모든 5A 욕구는 매우 정상적인 것이라는 점을 명심하라.

수치심과 분노 사건을 막는 또 다른 핵심은 당신의 필요와 욕구를 인지하는 것이다. 물론 당신이 즉시 충족해야 한다는 의미는 아니다. 특정한 양의 실망감은 불가피하지만, 자신의 욕구를 알고 있으면 수치심이나 분노를 느끼지 않고도 욕구가 생길 때마다 타인에게 요구할 수 있다. 또한 쉽게 당신의 실망을 받아들이게 된다.

재발 조짐을 주시하라

+

수치심과 분노의 패턴이 다시 생성될 조짐이 있는지 가만히 기다리며 주시할 것을 제안한다. 수치심은 자신도 모르게 엄습해 오는 감정이다. 당신의 뇌에 등장을 크게 알리는 일 따위는 거의 하지 않는다. 당신이 스스로 잘하고 있다고 생각할 때조차 분노가 재발할 가능성이 높다. 당신은 분노가 나타나는 징후를 목록으로 만들어 지갑 속에 넣고 다닐 수도 있다. 위험을 감지하면 알려 달라고 누군가에게 부탁할 수도 있다. 사람들이 염려하는 말을 한다고 해서 콧방귀를 뀌며 무시해서는 안 된다. 당신은 자신이 분노로 돌아가고 있다는 증거를 무시하고 지나칠 수 있다.

폭력과 비참함으로 이어질지도 모르는 수치심과 분노의 연결 고리는 끊어 버릴 수도 있다.

연습 문제

1. 분노로 인한 수치심을 가지고 있다면 수치심과 분노의 연결 고리를 끊기란 대단히 힘든 일이다. 스스로 가치 없고, 위축되고, 나약하고, 부적합하고, 결함 있다고 느끼는 것에 대한 방어 수단으로 수치심과 분노의 연결 고리를 만들었기 때문이다. 독

선적이 되고, 허풍도 떨면서, 타인들을 판단할 충분한 자격이 있으며, 결함 있는 사람들과 비교해 훌륭한 몸매를 가지고 있다고 느끼게 해주는, 분노보다 나은 해결책은 무엇인가?

물론 가장 큰 문제는 당신이 '용감한 투사'가 아니라 겁 없는 척 행동하는 겁쟁이 사자라는 점이다. 분노를 생각하지 않는 것은 자신을 존중하는 행동이 아니다. 기껏해야 자신에게 많은 상처를 주었던 사람들에 대한 두려움, 증오, 원한, 복수, 정확하게는 수치심을 만들어 낼 따름이다.

첫 번째 구간은 평소보다 훨씬 커진 분노를 사용하는 대신 원래의 크기로 머물러 있는 것이다. 누군가 당신이 공격할 만한 말을 했다고 가정해 보라. 당신은 분노하기보다 공손하게 그가 한 말의 의도가 무엇인지, 혹시라도 힘든 시간을 보내고 있어서 성격도 까다로워지고 불안해하는 것은 아닌지 확인해 볼 수 있다. 아니면 반대로 그들이 당신을 염려하고 있는데 주의를 적게 기울였을지도 모른다. 당신은 매일 인간으로서 정상적인 모습으로 생활해야 하며, 타인들과 자신이 동등하다는 생각을 확립하고, 자신을 존중하는 마음을 많이 가져야 한다.

당신이 타인의 행동에서 자신의 두려움을 분리할 수 있다면 어떨까? 시간이 지남에 따라 당신에 대한 관심은 더욱 따뜻해지고 정중해지며, 보다 진심 어리게 바뀔 것이다. 성급하게 결론짓거나 추측하는 행동은 당신을 웃음거리로 만들 수 있다. 진정으로 사람들이 말하려는 바가 무엇인지 확인하는 연습이 필요하다.

사람들이 말하고자 하는 내용이 무엇인지 당신이 주장할 것이 아니라, 타인들이 의미하는 바를 알아내려고 노력해야 한다. 타인들을 조금 더 신뢰하는 법을 익히는 동안 자신의 불안을 진정시키기 위해 심호흡을 활용하라. 다음 중 하나를 말해 보고 직접 확인하는 연습을 해보라.

- 실례지만, 다시 한 번 설명해 주시겠습니까?
- 제가 당신의 말을 정확히 이해하지 못한 것 같습니다.
- 그 점에 대해 어떻게 생각하십니까?
- 당신 말이 정확하게 이해되지 않는군요. 다시 한 번 말씀해 주시겠습니까?

2. 지나친 수치심을 제거하는 한 가지 방법은 당신을 욕보이기 전에 먼저 비판적으로 행동하는 것이다. 당신이 이 책에서 얼마나 많이 배웠는지 확인하기 위해 최대한 정직하게 아래의 질문에 답해 보라.

- 당신은 상대보다 한발 앞선 상황을 즐기는가?
- 당신은 주변 사람들보다 우월하다고 느끼는가?
- 당신은 배우자, 친구, 아이들을 통제하기를 선호하는가?

- 당신은 다른 사람의 잘못을 지적하는 편인가?
- 당신은 만족시키기 힘든 사람으로 알려져 있는가?
- 당신은 다른 사람이 실패하면 자신에게 만족감을 느끼는가?
- 당신은 주변 사람들에게 혐오감을 느끼는가?
- 당신은 좋은 공격이 최고의 방어라고 믿고 있는가?
- 당신은 다른 사람을 비난하면서 자신이 비난받으면 억울하다고 생각하는가?
- 누군가에게 화가 나면 그의 모든 것이 나쁘게만 여겨지는가?
- 당신은 화가 났을 때 도덕적으로 올바르며 정당하다고 느끼는가?

당신을 그런 방식으로 취급했던 사람이 있었는가? 있다면 누구인가? 당신이 지금 방식 그대로 행동한다면 묘비명은 무엇이 될 거라 생각하는가? 당신은 어떤 묘비명이기를 원하는가? 수치심을 주는 분노는 진정으로 타인에게도 피해를 준다는 사실을 깨달았는가? 당신은 자기 신체에 변화를 일으키는 분노가 실제로 당신의 수명을 줄인다는 사실을 알고 있는가?

타인에게 영향을 주기 위해 당신이 화낼 필요는 전혀 없다. 다른 사람들도 당신과 똑같이 욕하거나 서로를 이해할 수 있다. 그들의 말에 주의해서 귀를 기울인다면 아무도 굴욕을 당할 필요가 없다는 사실을 알게 된다.

3. 최종 결승점으로 인도할 마지막 구간은 분노를 제외한 일을 결정하는 것이다. 행동하기 전에 당신의 생각을 먼저 확인하라. '나는 이것을 참을 필요 없다', '그들은 내게 그렇게 행동할 수 없다', '그들은 자신들이 누구라고 생각할까?', '그들은 나의 친절을 받을 자격이 없다', '나는 왜 여기에서 존중받지 못할까?' 같은 일상적인 생각들을 경계하라. 통제력을 잃기 직전에 떠오르는 생각의 패턴을 확인했다면 바로 중간 휴식 시간을 가져라.

아이들이 아주 어린데도 론은 자주 화를 내고 있다는 사실을 알게 되었다. 그가 자신의 생각들에 귀를 기울이자 막 화를 내려는 찰나에 '나는 지금 정말 잘 참을 수 있어'라는 내면의 목소리가 들려왔다. 그때 이후 '나는 지금 정말 잘 참을 수 있어'라는 생각이 들면 그는 자리에서 일어나 휴식 시간을 가진다. 일단 약간이라도 긴장을 풀면 그는 아이들이 의도적으로 무례하게 행동한다 여기지 않고 좋게 해결할 수 있었다.

4. 당신이 진정으로 원한다면 '존중'이라는 단어를 다시 정의하라. 순종할 정도로 두려워한다고 정의하기보다는 타인들이 진실을 말할 정도로 당신을 신뢰할 수 있다는 의미로 정의하라. 새로

운 정의가 진실인 것처럼 행동하라. 그러면 타인뿐 아니라 당신도 새로운 존중감을 갖게 될 것이고, 스스로를 사랑하게 될 것이다. 정직이 자신만이 아니라 모든 사람을 존중하는 일이어서, 늘 '정직이 최선의 정책이다'는 격언을 스스로 상기시켰던 사람을 우리는 알고 있다. 그는 필요할 때마다 주머니에 넣은 돌을 만지며 이 격언을 되뇌었다. 힘이 아니라 정직의 소중함을 자신에게 일깨우기 위해 주머니에 무언가를 넣고 다녀 보라.

5. 타인이 잘못한 일로 인해 화가 많이 나면, 당신 인생에서 그들이 한 일보다 중요한 것이 무엇인지 자문해 보라. 만일 그것이 도움이 되지 않는다면, 당신이 지적당하고 싶지 않은 일에 타인들이 너무 가까이 접근한 것은 아닌지 스스로 물어보라. 당신은 자기 마음 이외에 타인의 마음은 읽을 수 없다. 당신의 마음을 읽기 위해서는 자신을 면밀히 살펴보아야 한다. 어떤 사람들은 이렇게도 표현한다.

"당신이 손가락으로 누군가를 지적할 때마다 나머지 손가락은 모두 당신을 가리킨다. 남을 탓하기 전에 스스로 먼저 깨달아야 한다."

부부와 가족 :
수치심과 비난 vs 상호 존중

상호간의 무례

에머슨의 가족들에게는 너무나 일반적인 식사 모습이다.

"이 쓰레기 같은 음식은 정말 못 먹겠어."

"넌 돼지야."

"그렇다고 쳐. 넌 거식증 환자야."

모욕적인 말이 빵 조각보다 빠르게 식탁을 오갔다. 모두가 돌아가며 욕을 해댔다. 엄마가 아빠를 비하하는 말을 꺼내자 아이들은 서로를 모욕하기 시작했고, 뒤이어 아빠의 공격이 이어졌다.
결국 식사 시간은 식은 음식과 냉랭한 분위기로 끝을 맺었다. 상
대를 매우 기분 나쁘게 만들면서 가족은 각자 '승리'를 기록했다.
엄마를 울렸으니 대단히 큰 점수를 획득한 것이고, 아버지도 분노
로 타올랐으니 마찬가지다. 조이는 말을 더듬었고, 마티는 토했으
며, 테렌스는 식사도 하지 않고 테이블에서 멀찌감치 떨어졌다.

수치심과 비난이 이 게임의 이름이었다. 불행히도 이 게임에
는 진정한 승자가 없다. 오히려 에머슨 가족의 구성원들은 자존
감 하락, 무능하다는 느낌, 불신, 지속적인 분노, 정확하게는 가
장 사랑하는 사람들에 대한 무례로 고통스러워졌다.

상호 간의 무례는 수치심을 기반으로 하는 부부와 가족의 전
형적인 특징이며, 다음의 목적을 위해 사람들이 행하는 부정적
인 선택들의 집합이다.

- 칭찬하기보다 비난하기
- 귀 기울여 듣기보다 방해하기
- 누군가 관심이 필요하면 무시하기
- 상대의 좋은 점보다 사소한 일로 트집을 잡거나 결점을 찾
  아내기
- 각자의 독특함을 인정하기보다는 차이를 허락하지 않기

- 사적인 대화가 덜 굴욕적이면 가족의 잘못을 공개적으로 지적하기
- 가족에게 쓸모없고, 자격 없고, 불쾌하고, 무능력하고, 가치 없고, 나쁘다는 수치스러운 비평을 계속해서 하기

'상호 간'과 '선택'이라는 단어를 강조한다는 사실에 주목하라. 모든 구성원이 서로 수치심을 주고 비난하는 가족을 이야기하고 있기에 '상호 간'이라는 단어는 중요하다.

실제로 권력과 통제권을 얻기 위해 수치심을 주고 비난하는 행위를 활용하는, 일반적으로 불량배라고 불리는 사람이 부부나 가족 중에 꼭 한 명씩은 있다. 우리는 이러한 상황을 '일방통행' 방식의 모욕적 관계라고 부른다. 수치심을 주는 행위는 상대가 위축되고 나약하다고 느끼게 만들어서 제대로 먹힌다. 이러한 패턴에 도전하는 두 가지 방법이 있다. 행위자에게 맞서 존중적 대우를 요구하거나, 아니면 그냥 도망 다니는 수밖에 없다.

수치심을 주는 사람이든 받는 사람이든 당신이 일방통행적인 무례한 관계에 있다고 여겨지면, 이번 글은 자신에게 일어나는 일을 잘 이해하도록 도움을 줄 것이다. 수치심과 비난에 관련된 행위에 관여하기 위해 부부나 가족이 어떻게 서로 무례함을 조성하는지 알아내는 것에 기본적인 초점이 맞춰져 있다. 두 사람 사

이에 서로 비난과 수치심의 교환이 일어나기 때문에 우리는 '양 방향적' 모욕 관계라고 부른다.

양 방향적 모욕 관계는 상호적인 적대감을 나타낸다. 안타깝게도 그들은 최악의 상황을 끌어낸다. 이런 지속적인 전쟁에 얽인 사람들은 정정당당하게 싸우려고 하지 않는다. 상대의 존엄과 자부심을 공격하며 자신의 명예를 방어할 때조차도 그렇다. 그것이 잠시 동안 지속되어도 그들은 추악한 모습으로 변한다. 그들은 서로를 칭찬하고 감사하는 법을 잊어버린다. 가족이 서로에게 하는 좋은 말은 어떠한 것도 받아들이려 하지 않는다. 겉으로 보기에는 달콤한 말이지만(당신 오늘 정말 예뻐 보인다), 사실은 계획적으로 모욕하는 표현을 위장한 말이다(이번에야말로 네 주제를 똑바로 파악해 보는 건 어때?). 당신은 거짓된 칭찬이 들리기 시작하면 더 이상 속아 넘어갈 필요가 없다고 생각해 마음의 문을 닫아 버린다.

'선택'은 또 하나의 중요 단어이다. 우리는 무례한 관계가 상호 존중의 관계로 바뀔 수 있다는 강한 믿음을 가지고 있어서 '선택'을 강조한다. 이러한 변화를 만드는 비결은 부정적인 상호 작용을 긍정적으로 대체하는 것이다. 며칠이나 몇 주 동안 상대를 친절히 대하도록 노력해 보라는 의미는 아니다. 반드시 장기간에 걸쳐 일어나야 하며, 사람들이 진실로 받아들일 때까지 적어도 몇 달간 지속되어야 하기 때문이다. '상호 존중'은 결국 '상호 신뢰'로 발전하며, 그러기 위해서는 시간과 인내와 꾸준함이 요구된다.

무례한 가족들은 서로에게 수치심을 주는 방식에서 차이를 보인다. 어떤 가족들은 혼란스럽고 예측할 수 없는 경우도 있는데, 오늘 친했던 사람도 언제든 등을 돌린다. 어느 순간 제이가 네드를 괴롭히면, 그다음 네드는 엄마를 흉내 내고, 아버지는 집안에서 자기 가족이 가장 골칫거리라는 말을 하며 거든다. 이와 같은 가족에게서 유일하게 확실한 것은 누군가 언제든지 다른 구성원을 공격할 수 있다는 점이다.

다른 가족들은 상대적으로 영속적인 동맹 관계를 형성한다. 예를 들면, 남자 대 여자, 부모 대 아이들, 엄마와 아들 대 아빠와 딸의 관계를 생각해 볼 수 있다. 동맹 관계를 맺은 사람들은 명예를 걸고 동맹을 보호하며 상대를 공격한다. 결과적으로 다툼은 빠르게 악화되어 큰 싸움으로 번지고, 가족 전사들은 힘을 합쳐 전쟁을 시작하게 된다. 보통 한 사람이 상대로부터 동맹을 보호하려다 촉발되지만, 얼마 지나지 않아 모든 사람이 참여하는 장기전이 된다.

어떤 가족은 희생양을 만든다. 희생양이란 나머지 사람들의 모욕과 수치심을 받을 목표가 되는 한 사람을 뜻한다. 유대인의 전통에서 살아 있는 동물을 이용한 희생양은 사람들의 죄를 품은 채 사막에 던져졌다. 인간 희생양은 실제로 가족에게서 버려지는 똑같은 운명으로 괴로워할 것이다. 그러나 유용하다는 이유로 계속해서 가족들 주변을 맴도는데, 가족 희생양은 가족의 수치심을 떠안는 존재가 된다. 나머지 가족들은 아무런 수치심도 느끼지 않고 자신에 대한 순수하고 선한 감정을 가지게 된다. 희생양이 추방되거나 스스로 가족 곁을 떠난다면, 또 다른 가족 구성원이 바통을 이어받아 다시 같은 역할을 수행하게 된다. 이것이 바로 가족 주변에 항상 희생양이 존재하는 이유이다.

　냉소적으로 들릴지 모르나, 사람들이 의식적으로 이러한 행동을 하고 있다고 말하는 중이다. 당신이 집안의 '골칫덩어리'라면 아무것도 제대로 할 수 없다는 느낌을 가질 것이다. 그렇다면 스스로 노력해서 상황을 바로잡을 수 있을까? 당신이나 나머지 가족 모두 어떤 면에서 당신에게 주어진 '가족의 일'이라는 생각은 하지 못한다. 희생양을 가지고 있는 가족들은 보통 무의식적으로 받아들인다. 희생양 혼자서 모든 것을 다했다고 생각하는 것이 비로소 문제가 된다. 스스로 자신을 돌아보지 않으면 타인이 하는 행동을 제대로 알지 못하면서도 아주 쉽게 상처를 입힌다.

무례한 부부

  수많은 시간을 함께 보내며 열렬히 사랑을 고백하고 완벽하게 이성적이었던 두 사람. 두 사람은 왜 한순간에 지속적으로 상대에게 수치심을 주고 비난을 할까? 왜 둘은 자신이 사랑하는 사람을 적으로 간주하는가? 왜 배우자가 멀어지게 만드는 말과 행동을 하여 자연스러운 성적 욕망과 감정적 친근감이라는 욕구를 방해하는가? 왜 사랑을 증오로 바꾸는가? 왜 자신의 사랑을 영원히 잃기 전까지 미친 짓을 멈추지 못하는가?

  위 질문들에 맞는 세 가지 공통적인 대답이 있다. 물론 사랑하는 사람을 경멸하는 것은 불합리한 행동이어서 어떠한 설명도 완벽하게 이해될 수는 없다. 하지만 여전히 자기 방해 행위에 대한 내면적인 근원을 이해하는 것은 중요하다.

  첫째, 부부는 힘과 권력을 두고 지속적인 다툼을 벌인다. 이때 그들의 의사소통은 끊임없는 논쟁으로 이어진다. 누가 지출과 예산을 통제하는가? 휴가지 결정은 누가 하는가? 누구의 가족 근처로 이사할 것인가? 기본적으로 여러 관계에 따르는 책임은 누구에게 있을까?

  주도권을 두고 벌이는 부부의 지속적인 싸움에서는 배우자를 적으로 간주한다. 이때 수치심을 주고 비난하는 행동은 상대의 힘을 약화시킬 강력한 무기가 된다. 자신보다 약한 사람에게 자기 조건을 강요만 하지 말고 동등한 입장에서 협상해 보는 건 어떤가?

둘째, 배우자 한쪽이나 양쪽 모두 진정한 친밀감을 두려워하고 있을지도 모른다. 그들의 감정적인 허점은 지나친 두려움이다. 그들은 너무 가까워져서 서로 정체성을 잃을까 두려워한다. 그들은 상대에게 완전히 압도당하지 않기 위해 뒷걸음질 칠 방법을 강구해야 한다고 느낀다.

그렇다면 상대에게 수치심을 주고 비난하는 행동이 목적 달성을 위한 방법이 될까? 그렇게 한다면 상대방은 당신에게서 멀어질 것이다. 지속적으로 상대를 공격하면 더 가까워지기 위해 노력하기는커녕, 무례한 대화를 통해 서로를 모욕하고 비난하는 행동만을 끊임없이 하게 된다.

셋째, 타인에게 수치심을 주는 행위는 자신의 수치심을 숨기거나 전달하는 시도가 될 수 있다. "나는 멍청하지 않아. 네가 그렇잖아", "나는 음탕하지 않아. 음탕한 사람은 너잖아", "나는 게으르지 않아. 그건 너잖아" 등의 말이다. 수치심에 맞서는 이러한 방어를 '투사'라고 한다.

투사는 수치심이 느껴질 정도로 지나친 상처를 입었을 때 의식적으로 사용된다. 그런 상황에서 자신의 수치심을 전달하기에 배우자보다 나은 적임자가 누가 있겠는가? 결국 상대는 항상 당신의 주변을 맴돈다. 배우자를 쓰레기 하치장으로 걸어 들어가게 만들고 당신은 위협받을 때마다 수치심을 즉각 버릴 수 있는 것이다.

시작이 어찌 되었든 시간이 지날수록 무례함은 더 큰 무례를 키울 뿐이다. 부부는 서로를 모욕하고 비난하는 습관을 가지게 된다. 사랑, 존경, 애정, 기쁨, 신뢰, 특히 존중은 점점 부부의 관계에서 사라져 간다. 서로에게 무례한 부부는 불행한 삶을 살아갈 수밖에 없다.

무례에서 존중으로

서로에게 무례한 부부와 가족이라도 변할 수 있다. 당신은 간단한 두 가지 사항을 확실히 이행해야 하는데, 나쁜 행동(수치심을 주고 비난하는 행위)은 멈추고 좋은 행동(칭찬하고 자신의 행동에 책임을 지는 것)을 시작해야 한다는 것이다. 때로는 쉬워 보이는 일도 그렇지 않은 경우가 있다. 당신이나 가족이 변함없이 서로를 존중하는 마음으로 대하려면 오랜 기간에 걸친 인내와 노력이 필요하다. 비결은 서로를 신뢰하는 마음을 가지는 것이다.

당신이나 타인들이 가끔씩 행하는 실수에 용기를 잃어서는 안 된다. 우선 가족 모두 존중으로 향하는 배를 타고 흔들리지 않고 꾸준히 나아가야 한다. 다른 구성원이 어떤 말을 하고 어떠한 행동을 해도 수치심을 주거나 비난하지 않겠다는 약속을 명심하라. 당신이 확실하게 거절하면 다른 구성원도 모욕하고 비난하는 행위에 흥미를 잃는다. 결국에는 그들도 지저분한 게임을 제쳐 놓게 된다.

우리는 이번 글의 나머지 부분을 두 가지 섹션으로 구분 지었다. 우선 서로 존중하는 육아를 다뤄 보고 싶었다. 부모가 명예롭고 존엄하게 서로를 대하는 법을 몸소 실천하며 아이들에게 보여주면 가족 모두가 존중하게 된다. 아이들은 나이 많은 사람들을 존중해야 한다. 존중이 무엇인지 본 적도 없는데 어떻게 스스로 익히겠는가? 존중하는 행동이 무엇이며, 어떻게 하는지, 언제 어디에서 해야 하는지를 배울 부모의 본보기가 필요하다. 아이들이 긍정적인 본보기에 많이 노출될수록 서로를 더욱 존중하게 된다.

두 번째 섹션은 부부에 관한 내용이다. 각각의 구성원은 동반자 관계를 정중하고 덜 모욕적으로 만들기 위해 어떻게 해야 할까?

존중하는 육아

존중하는 육아는 단순히 아이들에게 수치심을 주지 않는다는 의미 이상이다. 아이들이 착하고, 자격 있고, 사랑스럽고, 가족에 소속되어 있으며, 존재 자체가 굉장한 일이라고 알려 주는 여러 행동들의 집합이다. 물론 아이들이 자기 존중감을 가진 성인으로 성장할지, 아무런 어려움 없이 살아갈지를 보장해 주지는 못한다. 아이들의 미래를 보장하기에는 너무나도 많은 요소들이 복잡하게 얽혀 있기 때문이다. 그러나 존중하는 육아를 실천하는 부모는 아이들이 사회에서 소중한 구성원이라는 사실을 스스로 깨우칠 최고의 기회를 선사해 준다는 사실을 알게 될 것이다.

대부분의 부모들은 아이들을 존중하는 법을 배울 수 있다. 당신도 지금까지 아이들에게 수치심을 심어 주었는지, 아니면 존중으로 대해 왔는지 깨달을 것이다. 이러한 깨달음은 당신에게 참담한 기분을 안겨 줄지도 모르지만, 그렇다고 당신의 자녀들이 그저 착하고 훌륭하다는 의미는 아니다. 당신의 행동에 스스로 죄책감을 가지고 괴로워할 필요는 없다. 가장 도움이 되는 것은 수치심을 주는 행동을 그만두고 앞으로는 명예롭고 존중하는 마음으로 아이들을 대할 것이라고 스스로 약속하는 것이다.

한 가지 주의 사항은 이 세상 어떠한 부모도 완벽할 수 없다는 것이다. 고의든 아니든 세상 모든 부모는 자신에게 가끔씩 수치심을 주는 행동을 한다. "우리는 영적인 완벽함이 아니라 영적인 진보를 원한다"는 말을 기억하라. 아마도 당신은 완벽한 육아가 아니라 진보를 찾을 수 있을 것이다. 당신의 목표는 수치심을 만들어 내는 육아 대신 존중하는 육아를 실천하는 법을 배우는 것이다.

건강한 아이도 가끔씩 수치심을 느낀다. 수치심이 적당하고 오랫동안 지속되지 않는다면, 아이들이 보다 큰 자기 존중감을 가지게 도와주며, 나아가 타인들도 존중으로 대하도록 인도하는 안내자 역할을 수행한다. 자기 영역과 인간의 한계를 인식하게 해서 사회에서 개인의 사생활과 친근감을 형성하는 데에도 도움이 된다. 부모의 역할은 아이들이 수치심을 느낄 때를 인식하여, 그때마다 아이들을 받아들이고 관심을 보여 주는 것이다. 부모는 아이들의 수치심을 모두 없애 주지는 못하지만, 아이들을 결코 포기하지 않겠다는 의지를 직접 보여 줄 수 있다. 이런 식으로 부모는 아이들이 수치심을 이겨 내는 법을 가르쳐 주는 것이다.

부족하다는 메시지를 존중 메시지로 바꾸라
+

부모가 아이들에게 하는 부족하다는 말은 잘하지 못하고, 자격

없고, 사랑스럽지 않고, 가족에 속할 수도 없으며, 존재하지 말았어야 한다는 느낌을 전해 준다. 이러한 메시지는 아이들의 인생에서 가장 중요하게 영향을 미쳐 수치심을 조장한다.

아이들은 훌륭하다는 말을 들을 필요가 있다. 대개 높은 점수를 받고, 무언가를 잘해 내고, 훌륭한 예의를 갖추는 아이들의 행동을 잘 인정하지 않는다. 부모로서 아이들이 가진 내면의 훌륭함을 존중해야 한다. 아이들은 단순히 살아 있다는 사실만으로도 가족에게는 크나큰 선물이다. 부모로부터 이러한 메시지를 받은 아이들은 목적과 의미를 가진 자신의 삶을 신뢰하게 된다. 자신이 하는 일뿐 아니라 진정한 자신에 대해서도 다른 누군가가 원하고 있다고 느낀다.

긍정적인 메시지는 보통 비언어적이다. 부모들은 미소와 신체적인 접촉, 소리, 모습을 통해 아이들에게 내면적인 훌륭함을 전달한다. 따라서 말의 내용이 아니라 말을 전달하는 방식에 신경 써야 한다. 비웃는 듯한 목소리는 칭찬을 무효로 만들고, 험악한 눈빛은 달콤한 말도 헛되게 만든다는 사실을 명심하라.

아이들은 충분히 자격 있다는 말도 들을 필요가 있다. 아이들의 단점을 비판하기보다는 성과를 칭찬해 주라는 의미이다. 아이가 스스로 의욕도 생기지 않는 수업에서 B를 받아 왔다고 하자. 그 수업은 아이에게 절대로 좋은 점수를 얻을 수 없다는 확신을 심어 준다. 이때 부모는 아이의 성과를 칭찬해 주고 다음번에는 최선을 다하도록 긍정적인 격려를 해주어야 한다. 대부분의 아이들은 잘해 보고 싶은 내면의 욕망을 가지고 있다. 아이들의 부족함에 집중하는 것은 쓸데없이 파괴적인 행동이다. 아이들을 그런 식으로 다루면 유능해지고 싶은 욕망만 감소시키고, 자기 능력에 의심만 생기게 할 뿐이다.

아이들은 깊이 사랑받고 있다는 느낌을 받아야 한다. 버림받을까 두려워하는 마음이 수치심 경험의 중심에 자리하고 있다는 사실을 기억하라. 오로지 사랑받고 있다는 확실성만이 삶을 위협하는 테러 행위를 완화한다. 더욱이 당신의 사랑은 끊임없이 이어져야 한다. 하루는 아이를 사랑하는 듯 보였다가 다른 날에는 불안과 불확실성만 심어 주는 부모가 되어서는 안 된다. 매일 언어적으로 비언어적으로 아이들이 사랑받고 있음을 상기시켜 주는 부모의 행동이 중요하다. 아이들이 다른 사람들로부터도 사랑받고 남들도 사랑하게 해주는 방법이다. 사랑받는다는 확신을 가지고 세상으로 나간 아이들은 사랑받을 자격이 없다고 생각하는 아이들보다 자신 있게 생활한다.

아이들은 안전한 가족 품에 있다는 느낌을 가져야 한다. 아이들에게는 소속감이 필요하다. 개성이나 성격에 영향을 주기 때문에 어떤 아이도 무시되거나 희생양이 되어서는 안 된다. 부모

는 아이들만의 관심 분야를 개발하게 격려함으로써 개인의 독
특함을 가지게 해야 한다.

　아이들은 자신이 존재할 권리가 있다는 말을 반드시 들어야
한다. 더 나아가 세상에 태어났음을 축하받고, 세상으로부터 환
영받는 느낌을 가져야 한다. 아이들은 실수로 태어난 것이 아니
며, 자신들의 삶은 가치 있고 의미 있는 일들로 가득하다는 사실
을 부모에게 배워야 한다. 부모로서 아이에게 줄 최고의 선물은
세상으로부터의 열렬한 환영이다.

이해하려고 노력하라

＋

　시간적인 여유를 가지고 아이들의 말과 생각을 이해하려고
노력하라. 호기심을 가지고 아이들의 진정한 모습과 무엇을 바
라는지 들어 보라. 아이들이 스스로 본연의 모습을 찾고 자립
심을 키우며 자부심을 느끼게 하라. 아이들은 단순히 부모처럼
되기 위해 태어난 것이 아니다. 아이들의 개성과 다름을 존중
해 주는 행동은 한 명의 독특한 인간으로서 가치 있음을 스스
로 느끼게 한다.

비판 대신 칭찬하라

+

칭찬에 인색해서는 안 된다. 아이들이 한 일은 당신을 기쁘게 한다는 점을 분명히 말하라. 아이들이 한 일을 칭찬하는 행동은 보다 많은 자신감을 가지게 만든다. 아이의 만화책 수집에 관심을 가지는 부모는 만화책은 책이 아니라고 무시하는 부모보다 독서를 더 격려할 수 있다.

어떤 부모는 아이들을 통제하기 위해 수치심을 활용한다. "부끄러운 줄 좀 알아"라는 말은 아이가 규칙을 지키게 만드는 데 도움이 되기는 하지만, 지나친 수치심은 자의식에 심각한 손상을 가져온다. 칭찬은 아이에게 상처를 주지 않으면서도 수치심만큼의 역할을 충분히 해낸다. 이것이 바로 우리가 아이에게 수치심 대신 칭찬을 강조하는 이유이다.

인내심을 가져라

+

아이들에게는 성장할 시간이 필요하다. 아이들은 완벽해질 필요가 없다는 사실을 스스로 깨닫기 위해 계속 실수를 저지른다. 아이들의 이런 실수에는 당신의 허락이 중요하다. 신발 끈을 묶는 법을 처음 배운 네 살배기 아이는 신발 끈을 묶는 시간이 길

것이다. 아이는 10걸음마다 신발 끈을 다시 묶기 위해 멈춰 서야
해서 평소보다 오랜 시간을 걸어야 한다. 부모들은 때때로 아이
를 기다려 줄 시간적인 여유가 없을 수 있다. 그래도 부모는 아
이들에게 시간을 충분히 할애하여 존중하는 모습을 보여야 한다.

정직하라

+

수치심과 비밀은 훌륭한 동반자이다. 수치심을 주지 않는 부모
는 아이들의 사생활을 존중하며, 사생활 보호라는 명목으로 아이
들의 비밀도 지켜 준다. 한편으로 가족 구성원에게 영향을 주는
중대한 사건은 아이들에게도 알려 주는 태도를 취한다. '중대한
사건'이란 나이에 따라 달라진다는 사실을 기억해야 한다. 세 살
배기 아이에게는 증조할머니의 죽음보다 집에서 기르던 애완용
햄스터의 죽음이 훨씬 더 고통스러울지도 모른다.

아이들과 함께 있을 때는 주변 사람들에게도 정직하게 행동
하라. 말하는 방식을 억제해야 한다면 그렇게 하라. 존중의 가장
큰 부분이 진실을 말하는 것이라는 점을 아이들이 이해하려면
완전한 모범 사례가 필요하다. 무언가를 요청해도 아이들이 거
부할 수 있게 허락하라. 아이들이 동의하고 따르거나, 심지어 요
구가 부당하다고 여겨 따르지 않는 것보다 존중하는 행동이다.

"내가 말한 대로 해. 내가 행동하는 대로 따라 하지 마"라는 말은 무례함의 전형이다. "네 눈에 보이는 대로 따라 해봐"라는 말은 부모의 모델을 존중하고 인간관계에서의 예의와 정직을 배우게 한다. "네 눈에 보이는 대로 따라 해봐"라는 말이 "내가 너 보고 하라고 했으니 시키는 대로 해"라는 말보다 존중을 가르치는 더 좋은 방법이다. 그러나 "이 길을 따라와"라는 말은 당신의 최고 모습을 보여 줘야 한다는 의미이다. 부모에게는 진정한 도전이 될 수 있다. 분명 효과가 있지만, 진정 아이들이 당신처럼 행동하기를 원해서 그러는 것인가?

당신이 돌아올 것이라는 확신을 주라

+

아이들은 부모가 몇 시간 떠나 있는 동안에도 버림받을까 두려워한다. 이런 두려움은 유전적이지, 부모의 잘못은 아니다. 아이들을 내버려 둘 수 없다고 계속 곁에만 있으면 오히려 아이의 의존성만 키울 뿐이다. 아이들이 사랑받고 있으며 절대 버림받지 않을 것이라고 참을성 있게 안심시키면 된다. 가능하다면 몇 분마다 아이들과 재회하도록 시간을 짜는 것이 좋다. 시간적인 여유를 가지고 안심시키고 아이들과 자주 만나는 부모가 되라. 지금 사랑받고 있으며, 부모가 자리를 비워도 자신을 사랑한다는 느낌을 아이들이 갖도록 도와준다.

존엄으로 아이를 대하라

+

누군가 자신의 머리를 툭툭 친다거나, 약삭빠르고 어리석다는 말을 들으면 기분 좋아할 사람은 거의 없다. 두 명의 아이가 서로의 머리를 툭툭 치면서, 적어도 150cm 이상 자라기 전에는 사람들로부터 관심받기가 정말 힘들 거라는 이야기를 나누는 만화가 있었다. 존중하는 부모는 아이의 생각에 진지하게 관심을 가지고 염려한다. 아이들을 무시하거나 생색내듯이 존중하는 척하지 않는다. 아이들을 무시하는 말을 하면 자부심이 쉽게 손상된다는 사실도 알고 있다. 존엄과 존중으로 대우받는 아이들은 자라서 보다 쉽게 타인들을 존중하고, 자신들은 대접받을 가치가 있다는 믿음을 가진다.

부모도 존중받을 자격이 있다

서로 존중하는 가족은 모든 구성원이 타인도 존중하기를 바란다. 부모는 행동을 통해 본보기를 보이며 가족을 이끌어 간다. 불행히도 아이들은 부모처럼 매양 상냥한 모습만 보여 주지는 못한다. 때로는 부모에게 버릇없이 행동하며, 연장자에게 욕하고, 거부하고, 말을 무시하기도 한다. 아이들이 부모를 따라 저절로 모욕적인 행동을 하지 않는 것은 아니다.

부모는 어떻게 이 시험에 응답해야 할까? 첫째, 반응보다는 대답이 중요하다. 아이들의 무례한 행동에 단순히 반응하는 부모는 모욕적인 단어와 행동으로 반격당할지도 모른다. 그것은 전혀 도움이 되지 않는다. 목적은 모욕적인 행동으로 아이들의 수치심을 강화하는 것이 아니라, 지나치게 모욕적인 행동을 막는 것이다.

아이들을 존중하게 만들기는 쉽다. 부모는 소리 지르거나 욕하지 않고 원하는 것을 아이들에게 요구할 수 있다고 규칙적으로 말해야 한다. 장황한 연설이나 신체적인 처벌까지는 필요 없지만(두 가지는 수치심을 증가시킨다), 아이들이 따르지 않으면 휴식이나 짧은 훈계를 동원해야 할 것이다. 대부분의 아이들은 존중하는 법을 빠르게 익힌다. 아이들도 수치심을 주는 가정보다는 존중하는 가정이 더 좋다는 사실을 느끼고 있기 때문이다.

아이들은 왜 자신들의 행동이 무례하게 받아들여지는지 배워야 한다. 4살배기 아이가 식사 중에 아빠에게 계속 말대꾸를 했다. 아이에게 왜 무례하게 굴었는지 물었다.

"내가 듣기 싫은 말을 아빠가 하기 때문이에요."

아이는 자신이 아빠를 방어하고 있었다는 사실을 잘 이해했다. 아빠가 자신에게 '친절하거나 존중하는' 행동을 하지 않았다는 것도 알았다. 아이가 해야 할 다음 단계는 싫어하는 말을 들었다고 해서 아빠에게 버릇없이 행동할 필요는 없었다는 점을 이해하는 것이다. 아이는 그 점을 아빠에게 말하고, 아빠와 함께 어떤 일을 할지 결정하는 법을 배워야 한다. 다만 지금은 어려서 완전히 익힐 정도가 아니다. 아이는 여전히 네 살이고, 자신이나 세상에 대해 아직 배워야 할 것들이 많다. 아이는 인내심을 가지고 도와줄 아빠를 가진 행운아였다.

아이들은 어른이 가진 이해력도 능력도 없다. 그래도 최선을 다하는 모습을 보여 준다는 사실을 명심하는 것이 중요하다. 일부러 나쁘게 구는 행동도 어쩌면 아이들이 지금까지 부모에게 알아낸 최선일지 모른다.

무례한 환경에서 자란 청소년과 청년에게는 더 큰 도전이 될 수 있다. 십대들은 간신히 아닌 척 숨긴 경멸의 시선이나, 공공연히 드러내는 경멸의 시선으로 부모를 바라보는 기간을 겪는다. 자신들이 믿고 있는 바를 알아내기 위해 부모와 사회의 가치를 무시하는 인생 단계이다. 결국 이러한 아이들의 대부분은 부모의 가치로 돌아간다. 지나치게 개인적인 행동으로 받아들이지 않는 것이 중요하다. 그들은 부모에게 수치심을 주고 욕보이기보다 자기 인생의 의미를 찾기 위해 더욱 애쓰고 있다.

아이들과 청소년들이 부모를 비평하거나 비난하는 행동은 영원히 용납되지 않는다. 세상 어떤 부모도 자녀가 하는 욕설이나 물리적인 학대를 그냥 가만히 참고 있지는 않는다. 부모 둘 다 관련되어 있다면, 최선의 반응은 연합하여 더 이상 참을 수 없는 모욕적인 말과 행동을 아이의 면전에서 그대로 되돌려 주는 것이다. 하지만 관련된 부모가 한 명뿐이라면 연합해서 대항할 수 없다.

반면 아이들은 관련 없는 다른 부모가 나타나 노력을 방해할지에 직접적인 관심을 보이지 않는다. 어떤 경우에서든 부모가 전하고 싶은 메시지는 아이들이 공손하게 존중하는 마음으로 문제를 말해 준다면 기쁘게 경청하고 협상할 용의가 있다는 것이다. 부모는 아이들이 결정하기 전에 사려 깊은 모습을 먼저 보여 주면서 존중하는 태도를 요청할 수 있다. 일단 결정을 내리면 모두 따라야 한다. 당신이 마음을 바꾸고 싶다면 아이가 끈질기게 질문하고 욕설까지 한 직후에 해서는 안 된다. 아이가 당신에게 무례하게 행동했다고 해서 마음을 바꾼다면, 그런 식으로 계속 행동하도록 강화시키는 결과를 가져온다.

아이들의 모욕적인 언동에 모욕적인 행동으로 반응하지 말라. 아이가 존중하는 법을 배우는 최선의 방법은 지속적으로 위엄 있게 대하는 것이다. "내가 가족들을 위해 내려야 할 결정이 몇 가지 있는데, 이것은 그중 하나일 뿐이다"라는 입장이 아이들을 무시하고 수치심을 주면서 맞서 싸우는 것보다 낫다. 수치심을 주면 아이들과 부모 모두의 상황만 더 악화시킬 따름이다.

존중하는 동반자 관계

많은 관계들이 수치심에 바탕을 두고 있다. 관계를 형성하는 배우자들이 수치심을 주고 비난하는 것에만 시간을 할애하며, 칭찬하거나 상대를 받아들이는 행동에는 거의 사용하지 않는다는 의미이다. 일반적으로 양쪽 배우자가 자신과 배우자 및 전체적인 관계에 나쁜 감정을 가지는 패턴의 결과는 이미 설명했다.

목표는 존중을 기반으로 한 동반자 관계를 만드는 것이다. 오직 수치심 공격을 최소화하고 긍정적인 상호 작용을 최대화시킬 때에만 가능하다. 특히 배우자에게 화가 났거나, 그로 인해 상처를 입었는데도 마음속에 이 목표를 품기란 쉬운 일이 아니다. 그러나 보복이 무섭지 않은가. 상호 존중하는 관계 속에서 기쁨을 맛볼 것이다.

부부가 서로 존중할 수 있는 중요한 방법 몇 가지를 모았다. 각각의 관계는 독특하다. 잘 읽어 보고 존중감을 느끼게 도와주는 항목을 추가해 살펴보라.

수치심을 주는 행동을 멈추라

+

어떤 행동을 하든 배우자에게 수치심을 주는 행동을 멈추기로 약속하라. 당신이 맨 처음 해야 할 행동이다. 존중하는 동반자 관계는 오직 당신으로부터 시작된다. 당신이 약속을 실천하면 배우자도 수치심을 주는 행동과 공격을 멈출 것이다. 물론 그렇지 않은 경우도 있다. 두 가지 모두에서 당신은 책임감 있고 존중하는 행동의 모델링을 할 수 있다.

"당신이 내게 수치심을 주는 행동을 하지 않는다면 나도 그렇게 할게"처럼 흥정은 금물이다. 흥정을 하면 각자 상대의 말과 행동에서 무례함을 찾기 위해 세심하게 조사하기 마련이다. 오히려 당신의 말과 행동을 조심하는 편이 더 낫다. 결국 제어할 것은 당신의 말과 행동이기 때문이기도 하다.

존중하라

+

배우자를 비난하거나, 무시하거나, 빈정대거나, 욕하거나, 상처를 주기 위해 위협하거나, 공격하려고 노력하지 말라. 서로에게 가장 수치심을 주는 무례한 행동이다. 이와 같은 경멸하는 행동들이 관계에 상처를 주며, 신뢰를 파괴하고 억울함을 느끼게 한다. 사람들이 수치심을 느끼고 화나게 만드는 확실한 방법이기도 하다.

감사하라

+

상대에게 감사하고 칭찬할 거리를 찾아라. 첫째, 상대의 좋은 면을 찾아 당신도 알고 있다는 사실을 알려 주라. 배우자는 스스로 중요하고, 유능하고, 사랑받고, 존중받고 있다고 느낄 것이다. 배우자가 당신과의 관계에 좋은 감정을 가질수록 당신에게 잘하려고 노력할 가능성이 높아진다.

다음의 중요한 사실들을 명심하라.

+

- 배우자도 자신의 생각과 감정을 표현할 권리를 가진다. 나의 말에 동의하지 않는다고 해도 어리석거나 나쁜 짓이 아니다.
- 배우자도 좋아하는 것과 좋아하지 않는 것을 구별하거나, 관심과 취미를 가질 자격이 있다. 존중하는 사람들은 상대의 차이를 인정한다.
- 배우자는 오로지 나의 욕구를 충족시키기 위해 태어난 것이 아니다. 내가 존중해 줘야 할 자신만의 바람과 욕망을 가지고 있다.
- 배우자도 실수할 권리를 가진다. 잘못을 저질렀다고 해서 나쁜 사람은 아니며, 단지 인간이라는 증거일 뿐이다.
- 배우자의 말도 진지하게 경청하고 받아들여야 한다. 무시하거나, 웃어넘기거나, 정당한 관심을 부정하는 것은 무례한 행동이다.
- 배우자는 나만큼 보람을 느껴야 한다. 상대와 싸워 기분이 좋아지기보다는 함께 좋은 감정을 가질 만한 일을 찾아라.
- 배우자는 존중받을 권리를 가진다. 지속적으로 권리를 존중하기 위해 노력한다.

연습 문제

1. 비난하는 습관을 멈추기란 매우 힘들다. 오랫동안 무례하게 상대의 잘못을 찾기 위해 노력하는 동안에는 정말 쉽게 느껴졌을 것이다. 나쁜 행동을 멈추기 위해서는 자신에게 맞는 방법을 찾아야 한다. 진정으로 당신이 원한다면 도움이 될 방법이 있다.

한 가지 규칙은 '비난하려면 세 가지 긍정적인 면을 먼저 찾아라'이다. 우리는 이 말을 가족을 비롯한 여러 환경에 적용해 사용해 왔다. 상대의 부정적인 면 한 가지를 말할 권리를 얻고 싶으면 우선 긍정적인 면 세 가지를 먼저 찾아서 알려 줘야 한다. 무척 실천하기 힘들지만, 집중을 요하는 일이어서 당신의 주의를 불편한 감정으로부터 잠시 멀어지게 해준다. 배우자에게서 칭찬할 만한 세 가지를 찾지 못한다면 당신은 비난할 자격을 가질 수 없다. 이것이 규칙이다.

처음에는 다른 새로운 행동들을 시도할 때와 마찬가지로 부자연스럽고 거부감이 생길지도 모른다. 반복해서 실행할수록 점점 쉬워진다. 당신이 적극적으로 상대의 좋은 점을 찾기 때문에 배우자를 대하는 태도도 변하기 시작할 것이다. 그러면 당신을 대하는 배우자의 태도도 바뀐다. 결국 당신은 비판보다 감사를 더욱 자주 하게 되는 것이다.

수치심을 주고 비난하는 결혼 생활에서 제일 큰 문제는 배우자가 상대를 자기편이라 생각하지 않는다는 점이다. 서로를 존중하는 결혼 생활에서도 이 사실을 알고 있지만, 서로에게 많은 상처를 주지는 않는다. 당신이 누군가로부터 비난을 받는 것은 가장 염려하는 상황일 것이다. 그래서 당신을 반대하는 적과 같은 배우자를 받아들이기가 어렵다. 하지만 한 번의 비난을 위해 세 번의 칭찬을 감수하는 당신에게 적이 될 사람은 아무도 없다. 나쁜 행동을 그만두라는 말은 당신이 상대의 입장이 되어 볼 수 없다면 비난도 하지 말라는 의미이다.

2. 당신에게 '하지 말아야 할 일'이 아니라 '해야 할 일'이 있다면 좋은 일을 시작하기가 쉬워진다. 지금은 당신이 멈추었던 모든 행동들을 새로운 것으로 바꾸어야 한다. 배우자에게 말할 때 지켜야 할 행동 수칙 몇 가지를 소개한다. 가족에게 직접 시험해 보라. 인내심을 가지고 일관되게 계속 시도한다면 시간이 지남에 따라 당신은 가족의 행동이 변하는 모습을 볼 것이다.

- 노려보지 말고 편안하게 눈을 맞추라.
- 중간에 끊지 말고 경청하라.
- 앉아서 등을 기대고 목소리를 약간 낮추라.
- 사람들의 마음을 읽을 수 있다고 자신하지 말고 무슨 생각

을 하고 있는지 물어보라.

- 눈을 굴리거나 얼굴을 찌푸리지 말고 존중하는 자세를 취하라.
- 나쁜 생각이 들고 인상이 찌푸려진다면 당신이 대꾸할 내용을 고민하는 대신 휴식 시간을 가지고 긴장을 풀라.
- 서로의 가족 관계에 관여하지 않는다. 당신이 관여하지 않아도 스스로 문제를 해결할 방법을 알아낼 것이다.
- 가족이 가진 재능과 기술을 인지하라.
- 숨을 참지 말고 깊게 들이마셔라. 숨을 참으면 불안을 가중시키고 수치심과 분노를 유발한다.

3. 상황이 어려워질수록 지혜가 발휘된다. 도움이 되는 10가지 말을 적어 서랍 속에 넣어 두라. 무작위로 하나를 뽑아 읽어 보고 상황이 어려운 그날의 조언으로 받아들여라. 도움이 될 격언 몇 가지를 소개한다.

- 자신이 하는 모든 일에서 배움을 얻을 수 있다.
- 자신의 성격은 누구에게서 배운 것이 아니다.
- 감사는 사람을 너그럽게 만든다.
- 추잡한 짓은 안 하느니만 못하다.
- 썩은 사과도 씨앗은 가지고 있다.

- 자신도 자신을 이해하지 못하는데, 왜 다른 사람이 이해하지 못한다고 놀라는가?
- 웃음이 보약이다.

수치심 : 중독의 동력

수치심과 중독 : 당연한 동반자

　수치심과 중독은 당연한 동반자이다. 수치심을 가진 사람들
은 스트레스를 받아도 스스로 달래고 위로하기가 매우 어렵다.
한 고객은 이렇게 말하기도 했다.
　"제 자신이 부끄럽습니다. 저는 계속 중독되기만 합니다. 먼
저 알코올에 중독되었다가 약물로 이어졌습니다. 둘을 끊자 이
번에는 눈에 보이는 모든 것을 먹어 치우기 시작했습니다. 지금

은 도박에 빠져 있습니다. 통제력을 잃을 때마다 정말 제가 멍청하다는 생각밖에 들지 않습니다. 제 자신이 나쁘다고 생각할수록 더욱더 통제력을 잃어 가는 것 같습니다. 저는 끝없는 악몽에 갇혀 있습니다."

수치심을 적게 느끼는 사람은 자신이 기본적으로 훌륭하고 가치 있으며 사랑받고 있다고 생각한다. 만성적인 수치심으로 고통받는 사람은 자신이 나쁘다는 생각으로 연속해서 고통을 당한다. 자신을 달랠 방법을 찾지 못하거나 누군가 다른 사람이 자신을 좋아할 거라고 믿지 못하면, 수치심을 가진 사람들은 위안을 얻기 위해 외부로 눈을 돌린다. 그들은 그야말로 마법 같은 일을 찾는 것이다.

수치심을 가진 사람들은 자신들이 정상적인 완전한 인간이라고 느끼게 해줄 무언가가 외부에 반드시 있을 것이라고 생각한다. 적어도 잠시나마 자신들을 수치심으로부터 벗어나게 해주는 무언가를 찾게 되는 것이다. 바로 알코올, 약물, 신비스런 종교 운동, 음식, 섹스, 쇼핑, 도박, 최근에 유행하는 치료법 등이다. 깊은 수치심을 가진 사람들은 필사적으로 하나 이상의 잠재적 중독성을 가지거나 강박적인 행동을 시도한다. 그렇게 하면 고통이 사라질까? 수치심을 통해 만들어진 공허함을 채워 줄까?

문제는 마법의 효과가 단지 일시적이라는 점이다. 술을 마시는 사람들은 술로 위안을 얻고, 음식을 찾는 사람들은 몇 봉지의 과자로 위로받는다. 도박꾼들은 내면적 공허함으로부터 주의를 다른 곳으로 돌릴 만한 행동으로 흥분한다. 그들은 너무나 짧은 시간 동안 좋아진 기분으로 스스로 인간이라는 확신을 가진다. 실제 내부적 공허는 완전히 덮여 있으며, 의미 있는 여러 가지 방식으로도 잘 다룰 수 없다. 그러나 마법이 오래 지속될 수만 있다면 끔찍한 느낌들은 영원히 사라질 것이다. 아마 이번에는 수치심의 일부라도 멀리 떠나보낼 치료법을 찾을 수 있을 것이다.

논의를 계속하기 전에 한 가지 주의를 당부하고 싶다. 우리는 중독들이 모두 수치심에서 비롯된다고 말하는 것이 아니다. 중독은 사실상 육체적 열망, 유전적 소인, 사회적 기대, 개인의 성격적 특성을 포함한 매우 복잡한 과정으로 인해 나타난다. 단지 이 책에서는 중독과 수치심의 연결을 집중해서 다룰 뿐이다.

이 문제를 지나치게 간소화할 생각은 없다. 불가피하게 수치심을 야기하는 중독만큼 수치심이 단독으로 중독을 많이 야기하는 것은 아니다. 하지만 일반적으로 서로에게 기여하는 특성을 보인다. 시간이 지날수록 중독된 사람들이 점점 자신에게 수치심을 느끼는 동안, 깊은 수치심을 앓고 있는 사람들은 고위험의 중독성을 가지는 후보가 된다. 수치심과 중독을 당연한 동반자라고 하는 이유이다.

수치심과 중독의 소용돌이

　마법은 평생 지속되지 않는다. 사람들이 심리적인 자양분을 얻기 위해 점점 외부적인 근원에 의지하게 됨에 따라 부정적인 결과도 더욱 늘어난다. 결함이 있는 느낌(수치심), 그런 느낌에서 벗어나기 위한 알코올이나 약물 등의 사용, 부정적 결과, 통제력 상실 등 네 가지 주요 요소로 구성된 부정적인 소용돌이가 만들어지는 것이다. 어떻게 이러한 과정이 나타나는지 확인하기 위한 '수치심과 중독 소용돌이'라고 불리는 그림을 살펴보자.

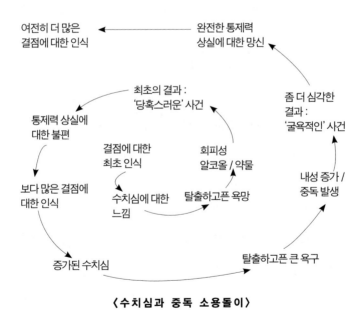

〈수치심과 중독 소용돌이〉

메리 하월은 이 소용돌이를 경험한 여성이다. 그녀의 사례를 한번 들여다보자. 몇 년 전 메리는 힘들고 실망스러운 결혼 생활의 종말을 향해 가고 있었다. 그녀의 가족 중에는 아무도 이혼한 사람이 없었지만, 그녀는 실패했다고 느껴졌다. 그녀에게 부족한 무언가가 있음에 틀림없었다. 그녀가 이혼에 가까이 다가갈수록 더욱 속이 상했다. 마침내 이혼 서류에 마지막으로 사인을 했고, 그날 밤 그녀의 '마법'을 발견했다.

"저는 포도주를 두어 잔 정도 마셨습니다. 그러자 어떻게 되었는지 아세요? 고통이 감쪽같이 사라졌어요. 기분이 끝내 주더군요. 아내로서 엄마로서 실패한 내 인생에 대해서는 아무 생각도 나지 않았어요."

다음 날 고통은 다시 찾아왔고 메리는 또 술을 마셨다. 그런 상황이 계속 반복되었다. 마법은 몇 시간 동안은 효과를 발휘했다. 하지만 고통이 완전히 사라지는 것은 아니었다. 항상 고통이 그녀의 뒤에서 기다리고 있었다. 그녀는 계속해서 마셨고, 점점 알코올 내성이 강해져 두 잔으로는 효과가 없었다. 세 잔, 네 잔을 지나 알코올의 양은 점점 늘어 갔다.

메리의 음주로 인한 사건들은 처음에는 아주 미미했다. 게다가 사람들은 그녀가 술에 취해 자동차 열쇠를 찾지 못하자 재미있어 했다. 시간이 지날수록 모든 것은 변해 갔다. 그녀가 음주

운전 단속에 걸린 날에는 아무도 웃는 사람이 없었다. 아침에 일어나 모르는 남자가 침대 옆자리에 자고 있는 모습을 발견했을 때는 확실히 웃을 만한 상황이 아니었다.

메리의 삶은 심각한 재앙으로 변해 있었다. 결과들은 계속해서 나빠져 당황스러움에서 굴욕으로 이어졌다. 각각의 사건들은 자신에게 실망감만 안겨 주었다. 그때마다 기분을 전환하는 유일한 방법은 술을 더 많이 마시는 것뿐이었다. 마치 그녀의 음주량과 수치심은 서로를 제치고 우승하기 위한 특별한 레이스에 참가한 듯 보였다. 그녀가 충분히 마셨다는 느낌이 들면 수치심보다 한 발 앞질러 가는 상황이 되었다. 그에 질세라 맹렬히 쫓아오는 수치심에 금방 따라잡힌 그녀는 더 많은 술을 마셔야만 했다.

메리의 통제력을 잃게 만드는 것은 바로 수치심이었다. 서구 사회는 몸과 마음, 감정을 통제하며 생활하는 것을 큰 가치로 여긴다. 역으로 생각하면 자신을 제어할 수 없는 사람들로 인해 무언가 잘못되어 가고 있다는 강한 암시이기도 하다. 비록 메리가 음주를 거부하거나 양을 최소화함으로써 통제력을 잃는 상황에 저항했다 하더라도, 여전히 자신은 술을 끊을 수 없다는 믿음으로 훨씬 큰 좌절감을 느껴야 했다. 그녀는 나약하고 형편없다는 느낌이 들어 자신을 더욱 심하게 비난했다.

메리는 수치심과 중독의 소용돌이에 갇혀 있었다. 소용돌이에서 빠져나오려면 두 가지 사항을 실천해야만 한다. 우선 술을 끊어야 한다. 동시에 자신의 수치심을 이겨 내야 한다. 그러지 못하면 다시 술독에 빠지거나 다른 중독으로 괴로워해야 할 것이다.

인간관계를 대신하는 중독

많은 중독자들은 일반적으로 다음의 두 가지 생각을 가지고 살아간다.

- 사람은 예측할 수 없다. 나는 아무도 믿을 수 없다.
- 알코올, 음식, 약물 등은 예측할 수 있다. 게다가 필요할 때마다 나를 위해 곁에 있어 준다.

버림받는 두려움은 수치심 경험의 중심에 자리하고 있다. "사람들 사이에서는 안전하다고 느껴지지 않아. 제대로 말하거나 행동하지 못한다면 사람들은 나를 거절할 거야. 그들은 나를 사랑하지도 않을 거고, 나와 함께라면 어떤 일도 하지 않을 거야. 특별한 이유가 없어도 나를 버리고 가 버릴지도 몰라. 나는 어쩔 수 없어."

사람들은 자신들이 사랑받을 자격이 있다는 믿음을 통해 버림받는 두려움을 조절한다. 그들은 스스로 '관리자'라 여기며, 실제로 인생에서 성공한 사람들은 자신들에게 감사하고 존중하는 마음을 지니고 있다고 믿는다. 그들은 변치 않고 지속되는 일관성에 가치를 둔다. 배우자가 수개월이나 수년 간 떠나지 않고 곁에 머무르면 사랑을 확신하게 된다. 하지만 수치심이 확신을 조금씩 갉아먹으면 상황이 달라진다. 두려움이 아무리 비현실적이라도, 수치심이 클수록 거절당할 것으로 예상할 가능성은 높아진다. 깊은 수치심을 겪고 있는 베스는 이런 말을 했다.

"20년간의 결혼 생활에도 결혼에 대한 내 마음은 여전히 자리를 잡지 못하고 있어요."

그녀는 확신이 없고 자존감이 너무 낮아서 어떤 분별 있는 사람도 자신과 함께하려고 하지 않을 것이라 생각했다. 조만간 남편도 그렇게 생각하고 이혼을 요구할 거라 믿었다.

베스는 알코올 중독에서 회복되는 중이었다. 그녀의 말에 따르면, 술을 마시며 가장 좋았던 점은 오랜 친구인 '알'에게 의지할 수 있었다는 것이다. 알은 그녀를 위해 항상 냉장고 속에서 기다리고 있었다. 처음에 알은 그녀에게 많은 것을 원하지 않았다.

그저 동전 몇 개와 함께 보낼 약간의 시간이 전부였다. 시간이 흐르자 알은 지나칠 정도로 질투심에 불타는 애인으로 변했다. 그녀에게 거의 모든 시간을 함께 보내자고 요구했다.

베스는 알의 요구를 받아들여 밤늦게까지 혼자서 술을 마셨고, 낮에는 거의 하루 종일 잠만 잤다. 그녀는 남편을 피해 다녔다. 남편 조지가 얼마나 비합리적이고 요구가 많은지 알에게 불평을 늘어놓았다. 술을 먹으면 남편이 그녀를 버리기 전에 자신이 먼저 남편을 포기한다는 사실을 전혀 깨닫지 못하고 있었다. 그녀의 중독은 사람들로부터 자신을 격리시켜 버렸다. 사람들로부터 거절당하는 두려움을 그나마 줄일 유일한 방법이었다.

수치심과 중독 결합의 심화

자부심과 우정

+

"나보다 술이 센 사람은 거의 없을걸"이라며 자랑하고 다니는 21살 청년 티모시 에드워드는 결국 자신을 죽이게 될 것이다. 다행스럽게도 아직은 아니었다. 그는 술에 잘 견디는 자신의 굉장한 능력에 감탄하며 대단한 자부심을 가지고 있었다. 6병? 12병? 1박스? 2박스? 몇 병이든 말만 하면 세상 어느 누구보다 빨리, 그리고 오래 맥주를 마실 자신이 있었다.

세상에는 티모시처럼 술 마시는 능력을 과시하고 싶어 하는 사람들이 많다. 이런 행동이 실제로 자부심의 원천이 되며, 타인들과 우정을 나누는 최고의 방법이 되기도 한다. 약간의 술과 마약은 사람들에게 소속감을 느끼게 해준다. 술이나 마약을 하지 않으면 다소 부끄러움도 느끼고 자존감도 높지 않다. 평소에는 사람들이 자신과 함께하는 것을 싫어한다고 생각한다.

그들은 자신에 대해 완전히 수치심을 느끼지는 않지만, 좀 더 외향적이고 자신감이 넘치게 해주거나 조금이라도 불안한 마음을 덜어 줄 무언가를 찾아 헤맨다. 알코올이나 약물이 그런 활력을 주기 때문에 소심하고 수줍은 마음에 긍정적인 변화를 가져다주는 물질에 점점 더 의지하게 된다. 알코올과 약물에 의존하면 할수록 더욱 의존하는 악순환만 가져올 뿐이다. 술이나 약물 없이는 친구도 즐거움도 없으며, 사랑할 수도 없고, 사람들 속에서 편안한 마음으로 지낼 수도 없다며 스스로 납득시키려 노력한다.

숨어 버린 수치심

+

"제 남자 친구인 해리는 도박에 빠져 있다는 사실에 참담함을 느낍니다. 자신에게 좋은 감정만 가질 수 있다면 그도 도박을 끊을 것이라고 확신합니다."

그럴 수도 있고, 그렇지 않을 수도 있다. 때로는 중독이나 강박적인 욕구를 가지고 있다는 수치심이 깊은 곳으로 숨어 버린다. 그러다 보니 중독자나 그의 가족, 심지어 상담자조차 중독을 끊는 것이 치료 과정의 시작이라는 점을 간과할 때가 있다.

중독 자체가 수치심과 많은 죄책감의 근원이긴 하지만, 그 배경에는 엄청나게 많은 수치심이 있을 수도 있다. 많은 중독자들이 스스로를 쓸모없고 하찮게 여기도록 만드는 것이 바로 수치심이기 때문이다. 중독을 끊은 사람들은 아마 나은 결정을 한 자신에게 좋은 감정을 가지고 있을 것이다. 술을 비롯한 중독성 행동을 그만두면 내면에 자리한 수치심을 솔직한 눈으로 바라보게 된다. 그렇다고 절제나 금욕으로 핵심적인 수치심까지 치유할 수 있는 것은 아니다.

수치심을 막는 중독

+

집착은 중독을 판별할 한 가지 방법이다.

"나는 언제쯤 술을 마실 수 있지? 어디서? 누구랑? 파티장에 술이 없으면 어떡하지? 차에 몰래 숨겨 가지고 가야 하나? 사람들이 눈치 못 채게 하려면 어떻게 해야 할까? 이러다 술을 못 마시면 어떡하지?"

중독자의 마음속에는 이러한 질문들로 가득하다. 중독이 집착으로 변한 것이다. 그렇다 하더라도 집착으로 인해 수치심을 가진 사람들이 자신에게 다음과 같은 고통스러운 질문은 하지 않게 되어서 그나마 좋은 면도 있다고 할 수 있다.

"내게 도대체 무엇이 잘못된 거지?"

"왜 나는 실패자이지?"

"왜 사람들이 나를 싫어하지?"

"왜 나는 이런 자신이 싫은 걸까?"

중독성 집착이 수치심을 피하도록 도와주긴 하지만, 안타깝게도 수치심으로부터 숨는 기간이 길어질수록 더 많은 두려움으로 고통받는다. 수치심으로 불편한 감정을 느낄 수 없는 대신, 괴물처럼 변한 수치심이 언제든 자신을 완전히 파괴할 것 같은 공포를 느끼는 것이다. 결국 수치심에 대한 두려움은 수치심 자체가 주는 고통만큼 술을 마시고 싶은 욕망에 사로잡히게 한다는 말이다.

뻔뻔함의 완성

+

수치심과 죄책감은 억제해야 한다는 마음을 일으킨다. 목청껏 소리치거나, 벽을 때려 구멍을 만들거나, 부적절한 성적 행동을 하지 못하게 막는 것이다. 그러나 일부 사람들은 수치심과 죄책감으로부터 잠시 휴식을 취하기 위해 술과 마약으로 황홀감을 느끼고는 자제력을 잃는다. 그들은 "그건 제가 아니었어요. 단지 술에 취해서……"라는 변명만 하게 된다.

물론 억제하지 못하는 것이 항상 나쁘다고는 할 수 없지만, 부도덕하고 부적절한 행동을 하는 변명으로 사용되어서는 안 된다. 더구나 수치심을 피해 뻔뻔스러움으로 가는 것은 오래가지 못한다. 결국 술과 약물에서 깨어나면 통제력을 잃은 동안 새롭게 수치심을 야기한 행동이나 도취되고 뻔뻔스러운 자신과 정면으로 대면해야 한다.

뻔뻔함의 증명

+

자신을 불쾌하게 여기는 사람들 중 일부가 뻔뻔함을 증명하고픈 욕구를 가지고 있다는 사실에 주목하자. 그렇다면 멀쩡한 얼굴로 굴욕적인 성적 행동을 일삼거나, 마약을 구할 돈을 마련 하기 위해 성매매를 하다 붙들려 감옥에 가는 것보다 좋은 방법 은 무엇일까? 그런 사람들은 걱정하는 사람들에게 "나는 사랑받 을 자격이 없어. 난 완전히 불량품이야. 혼자 있게 내버려 둬"라 고 말한다. 어떻게든 초라해진 느낌을 과시하려 하며, 자신들은 치료가 불가능한 수치스러움의 극치라고 말한다. 자신들의 비참 한 고통 속에 혼자 남으려 하는 것이다.

수치심과 재발

중독이 자신과 타인들에게 고통만 안겨 줄 뿐이라는 사실을 알면서도 술과 약물을 제대로 끊지 못하거나 끊었다가 돌아가 는 짓을 왜 계속해서 반복하는 것일까? 지나치게 단순화시켜 수 치심 때문이라고 말하고 싶지는 않다. 그러나 해결되지 않은 수 치심이 많은 사람들을 다시 타락으로 빠뜨리는 주요한 원인이 라는 점을 강하게 주장하고 싶다.

중독에서 벗어나면 인생은 훨씬 더 좋아진다. 사람들은 보통 자신에게 좋은 감정을 가지고 타인과 함께하며 행복을 느끼기를 기대한다. 만일 그들이 자신이 가진 수치심을 덮으려고 중독을 사용해 왔다면 어떻게 될까? 술이나 약물을 하고 있지 않아서 자괴감이 홍수처럼 밀려와 감당하기 힘든 고통을 느끼고 있다면 어떻게 될까? 중독에서 회복한 많은 사람들은 스스로 쓸모없고, 자격 없고, 사랑스럽지도 않다는 느낌에 압도당한 자신을 발견하고는 한다. 너무나 고통스러워 때로는 더 이상 수치심을 참지 않아도 될 것이라는 생각에 자살을 생각하기도 한다.

중독에서 벗어나는 것만으로는 충분하지 않다. 술도 도박도 끊고 중독과 관련된 어떠한 행동도 하지 않는다고 해서 수치심을 치료할 수 있는 것은 아니다. 삶 속에 공허함을 만들어 낸 사람들은 공허함을 채우기 위해 조만간 또 다른 문제 행동을 한다. 수치심을 치료하지 않으면, 수치심을 못 견뎌 절제하던 사람들 중에서도 상당수가 다시금 같은 중독에 빠지거나, 아니면 또 다른 종류의 중독에 빠져든다. '재발'이 그들의 눈에 보이는 유일한 생존 방식이 되는 것이다.

수치심과 중독의 연결 고리 끊기

60대 후반의 한 여성은 세 번째 약물 의존 치료를 받던 모임에서 이렇게 말했다.

"그동안 한 명의 완전한 인간으로 제대로 생활했더라면 제 삶은 훨씬 더 나았을 겁니다."

이 여성은 마음의 공허함은 아무리 많은 알코올이나 약물로도 절대 채울 수 없다는 '중독의 덧없음'을 이야기했다. 깊은 수치심으로 고통받는 사람은 있는 그대로의 자신을 받아들일 수 없다. 결국 수치심으로 인해 공허함이 발생하는 것이다. 수치심은 사람들을 본연의 모습에서 자신의 블랙홀에 빠지는 것을 막아 주는 어딘가로 데려간다. 중독에 의한 강박적인 행동은 자아에 있는 블랙홀을 가려 줄 뿐 치료하지는 못한다. 실제로 그러한 행동들은 시간이 지날수록 마음의 블랙홀을 키우며, 결국 중독자들을 피할 수 없는 절망감으로 이끈다.

수치심이 동력원인 중독자들은 심각한 딜레마에 빠진다. 정상적인 생활을 위해서는 반드시 중독을 끊어야 하기 때문이다. 그러나 스스로 멈추려 할 때마다 수치심과 공허함으로 압도당할 위험을 감수해야만 한다. 앞에서 지적한 대로 그러한 고통은 다시 중독의 재발로 이어진다. 재발은 스스로 패배자라 믿는 수치

심만 높여 준다. 수치심이 절제의 기반을 서서히 약화시켜 재발
을 일으키고, 재발은 다시 수치심과 중독을 악화시키는 것이다.

중독의 고리를 끊기는 확실히 어려운 일이다. 그러나 수치심
과 중독의 소용돌이에 성공적으로 도전해 연결을 끊을 수 있다
는 점에 우리는 확신을 가지고 있다. 다음 단계를 활용해 실천
해 보기 바란다.

1단계

당신의 중독적인 행동이 수치심에서 벗어나는 데 얼마나 도움
이 되었는지 주목하라. 자신에 대한 나쁜 생각에서 벗어나려고
할 때 수치심과 중독의 소용돌이가 시작된다는 점을 명심하라.
"나는 쓸모없는 인간이다. 나는 자격이 없다. 나는 어디에도
속할 수 없다. 나는 사랑스럽지 못하다. 나는 태어나지도 말았
어야 했다."

위의 5가지 자기 부정적인 말들이 마음속에서 계속 귀찮게 웅
성거리고, 소리치고, 비명을 지르면 당신은 참을 수 없다고 느끼
게 된다. 사람들이 여기에서 벗어나기 위해 애쓰는 것은 당연하
다. 알코올, 약물, 음식, 도박, 섹스, 기타 중독적인 행위들은 모두
일시적으로 그러한 생각에서 벗어나게 해줄 뿐이다.

당신에게 적용하려면 자신에게 한 가지 기본적인 질문을 해보

라. '중독에 굴복하기 직전에 내가 생각하고 느꼈던 자기 부정적인 생각은 무엇이었는가?' 혹시 무언가 내게 잘못된 것이 있다(나는 쓸모없다), 나는 결코 성공할 수 없다(나는 자격이 없다), 배우자가 나를 버릴 것이다(나는 어디에도 속할 수 없다), 아무도 나를 좋아하지 않는다(나는 사랑스럽지 않다), 나는 죽는 게 더 낫다(나는 존재하지 말았어야 했다)고 생각하고 있지는 않았는가?

당신은 이러한 생각에서 벗어나기 위해 자신에게 도움을 줄 무언가를 찾고 있는가? 수치심을 주는 생각들과 두려움은 많은 중독의 연료가 된다. 지금 당신은 자신에게 중독적인 행동을 자주 유발하는 것이 어떤 생각인지 확인해야 한다.

2단계

당신의 중독성 행위가 실제로 수치심을 어떻게 증가시켰는지 주목하라. 중독성 행위가 수치심을 증가시키는 두 가지 방법이 있다.

첫째는 금단 증상, 정신적 고통, 죄책감, 손상되었거나 잃어버린 관계, 경제적 문제, 약해진 건강 상태, 손상된 업무 능력, 가족들의 걱정, 법적인 문제 등과 같은 재빨리 쌓여 가는 부정적인 결과이다. 이러한 무서운 결과들은 자존감을 낮추고, 깊은 중독으로 빠질 원인을 제공하며, 수치심도 가중시킨다.

둘째는 통제력 상실이다. 사람들은 자기 삶에 대한 통제력을 잃어 가는 것을 받아들이지 못한다. 그들은 압도적인 현실에 직면하지 않기 위해 부정(이봐, 난 마약 문제는 없어)과 최소화(하지만 조금 했을 뿐이야)를 사용한다. 통제력을 잃는 것은 중독적이고 강박적인 패턴의 일부에 지나지 않는다. 중독자들에게는 그들이 할 수 있는 일과 할 수 없는 일에 대한 선택의 여지가 많지 않다. 그들의 중독이 "제자리에서 뛰어 봐"라고 명령하면 그들은 그저 "얼마나 높이 말이야?"라고 되묻는 정도밖에 할 수 없다. 가끔은 아무런 대꾸도 못 한다. 통제력 상실은 본질적인 문제이며, 사람들에게 자신은 부족하고, 무능하고, 가치 없고, 어리석다는 느낌이 들게 한다.

중독이 자신의 삶에서 어떻게 통제력을 잃게 만들었으며, 어떻게 자신의 수치심에 추가되었는지를 본인이 직접 확인해야 한다. 진실을 알아보기 위해서는 거부와 최소화라는 자신의 방어 수단을 활용하는 것이 유일한 방법이다.

삶에서 어떻게 통제력을 잃었는지 살펴보는 일은 매우 고통스럽다는 점을 미리 경고한다. 신중하게 다루어야 하며, 자신이 신뢰하는 주변 사람들에게 알릴 필요가 있다. 어쨌든 통제력을 상실한 원인을 알아내는 일이 오히려 또 다른 수치심을 일으키는 원인이 되어서는 안 된다. 통제력을 잃은 원인을 확인하는 것이 회복을 위한 첫 단계이다.

3단계

수치심은 더 이상 적이 아니라고 스스로 믿어야 한다. 근본적인 그릇된 믿음이 '수치심과 중독의 소용돌이'의 핵심에 자리하고 있다. 이러한 오해가 바로 수치심은 당신을 공격하거나 파괴하기를 원하는 적이라는 개념이다. 수치심이 적이라는 생각은 최대한 수치심으로부터 도망치도록 만든다. 중독적이고 강박적인 행동이 수치심으로부터 약간 멀어지게 도와준다는 사실을 발견하면 수치심에 대한 두려움은 중독을 위한 단계로 바뀌어 설정된다.

최악의 경우 일부 중독자들은 수치심이 자신들을 죽일지도 모른다는 직감적인 두려움에 사로잡힌다. 그들의 수치심은 너무나 끔찍해 견딜 수 없을 지경이다. 느낌을 언어로 정확하게 표현하는 것도 거의 불가능하다. 라틴어에서 나온 '치욕^{mortification} : 자부심이나 자기 존중에 생긴 상처로 인한 굴욕, 수치심'이라는 단어는 '죽음'이나 '죽을 상황에 처하다'라는 의미를 가진다. '죽음'은 정확하게 극한의 수치심으로 인해 느껴지는 감정이며, 영혼에 대한 심리적 죽음이기도 하다. 일부 사람들은 마치 죽음을 피해 달아나듯 수치심으로부터 도망친다. 그들은 실제로 수치심이 자신들을 죽일 것이고, 어쩌면 스스로 자살을 택할지도 모른다는 두려움에 사로잡힌다.

중독은 수치심으로부터의 탈출을 의미한다. 역설적으로 중독도 그 본질은 몸과 마음에 치명적인 것으로 판명되었지만, 실제로는 그러한 목적을 위해 고안된 것은 아니다. 오히려 중독은 지속적으로 자아의 소멸을 위협하는, 괴물 같은 내면의 수치심을 피하는 한 가지 방법이다.

수치심은 괴물이 아니며, 실질적인 적도 아니다. 수치심은 자연스럽고 절제를 위해 사용될 수 있는 단순한 하나의 감정이다. 수치심 자체는 사람을 죽일 힘을 가지고 있지 않다. 많은 중독자들에게는 수치심에 대한 공포가 수치심 자체보다 훨씬 더 큰 상처를 준다. 중독으로 몰고 가는 것도 수치심에 대한 두려움이고, 중독을 계속해서 이어 가는 것도 같은 두려움이다.

수치심과 중독의 연결 고리를 파괴하기 위해서는 자신의 수치심에 정면으로 맞설 용기가 필요하다. 당신은 수치심과 정면으로 맞서도 살아남는다는 사실을 가슴속 깊이 명심해야 한다. 수치심과 친구가 될 필요는 없지만, 수치심에 충분히 친숙해진다면 더 이상 두려움에 떨며 살아갈 필요가 없다. 당신에게 가장 중요한 개념은 '수치심은 나의 일부이다. 수치심은 단지 감정일 뿐이다. 나는 수치심을 만나도 잘 처리할 수 있다'이다.

4단계

스스로 약속하고 실천하라. 사람들의 어떠한 말도 당신이 술이나 마약, 다른 중독에 빠지는 것을 막을 수 없다. 살아가다 보면 스스로 행동을 취해야 하는 상황이 닥치곤 한다. 기본적으로 수치심과 중독의 소용돌이를 육성하는 행동을 중단하겠다는 약속을 자신에게 해야 한다. 자신이 한 약속을 절제, 금욕, 멀쩡함, 통제, 무력감의 수용 등 마음에 드는 이름으로 부를 수 있다. 어떻게 부르든 당신에게 수치심을 몰고 오는 행동을 그만두는 약속을 이행해야 한다.

수치심을 야기하는 행동을 중단하는 것은 단지 시작에 불과하다. 당신은 스스로 자부심을 느낄 행동을 시작하거나 늘려야 한다. 그렇지 않으면 당신의 수치심은 의식의 끝자락에서 끊임없이 맴돌며 다시 중독으로 끌어들일 궁리만 할 것이다. 물론 당신에게는 자부심 강화 활동을 받아들일 시간적인 여유가 필요할 것이다. 일단 사람들이 삶에 대한 통제력을 회복하고 나면 스스로 행동할 힘과 에너지가 넘치게 된다는 점은 실로 놀랍다.

목표는 단순히 자신에게 좋은 감정을 가지는 것이지만, 행운이나 우연으로 일어나지는 않는다. 적극적으로 중독을 이겨 내려고 노력하지 않는다면 불가능하다. 건강과 자부심을 개선하는 긍정적인 행동을 위한 꾸준한 훈련이 필요하다. 그러면 당신의 삶은 향상되고 진정한 자아 존중감도 생길 것이다.

5단계

도움과 지원을 받아라. 수치심은 사람들을 고립시킨다. 자신의 내면 깊숙이 안전한 곳에 머물러 있는 동안 치유되는 경우는 거의 없다. 당신은 타인들과의 접촉을 통해 장기간의 건강을 보장하고 재발 기회를 확실히 줄일 수 있다.

단주 모임, 약물 중독자 모임, 기타 자활 단체에 참여할 것을 적극 추천한다. 이러한 단체들은 고통과 비참함 속에 홀로 지내는 사람들에게 특히 유용하다. 자활 단체에 참여한 사람들이 자신의 중독에 관해 이야기도 하지 않고 그저 빈둥거리기만 하는 것은 아니다. 그들은 스스로 자부심과 자아 존중감, 능력을 회복하기 위해 적극적으로 서로를 돕는다. 동시에 술과 마약에 찌들지 않은 맑은 정신으로 지내도록 도와준다.

모든 중독자들이 자활 단체에 들어가고 싶어 하지는 않는다. 당신도 그렇다면 가능한 대안을 생각해 보라. 당신이 수치심을 느끼고 있을 때 누가 대화하려 하겠는가? 당신을 지원하는 네트워크의 일원으로 누구를 받아들이겠는가? 당신의 지원 네트워크는 친구, 가족, 전문 상담가, 직장 동료, 기타 회복에 도움을 주는 사람들로 구성되어 있다. 수치심은 고립을 가속화한다. 스스로 모든 것을 제어할 수 있다는 중독자는 정확히 술병과 도박장 티켓, 1회분 마약만 다룰 수 있을 뿐이라는 사실을 기억하라.

수치심은 당신을 걱정하고 수치심을 주지 않는 친구가 있으면 줄어든다. 그런 사람을 찾아서 인생의 완전한 일부로 만드는 것은 당신에게 달려 있다.

연습 문제

1. 버려짐에 대한 두려움은 당신의 중독에 큰 영향을 미칠 것이다. 버려짐에 대해 공포를 느끼는 사람은 실제로 경험했거나 종종 강한 위협을 느낀다. 사람들이 죽거나, 핵가족으로 남거나 (아이는 부모의 일시적인 부재에도 영향을 받는다), 부정적인 것이나 거절에 대한 경험을 하거나, 버려질 거라는 위협을 받는 형태를 취한다.

지금까지 살아오면서 버림받았거나 비슷한 위협을 느꼈던 경험을 목록으로 만들라. 그런 경험들이 당신에게 어떤 영향을 주었는가? 당신은 일상생활에서 중독될 만한 행동을 하고 있는가?

있다면 당신은 그러한 활동을 감정적인 고통이나 불확실성 해소를 위해서라기보다 자신을 포기하는 법을 배우게 된 하나의 방식으로 생각하고 있는가?

2. 당신과 당신의 인생의 공허함을 채우기 위해 중독이 사용될 수 있다. 일반적으로 쓰이는 공허한 이미지들이 많이 있다. 아래에 몇 가지 예를 살펴보자.

- 텅 빈 곳을 달리는 기분
- 블랙홀 같은 것
- 속이 비어 있는 느낌
- 속이 비어 있는 조개껍질
- 눈에 보이지 않는 느낌
- 큰 동그라미
- 뜨거운 공기로 가득 찬 풍선
- 항상 멍한 기분
- 중심이 없는 느낌
- 로봇이 된 기분
- 자신에 대한 지루한 느낌

위를 포함하여 공허함을 주는 다른 이미지들은 너무나 고통스러워 참기 힘든 외로움, 상처, 슬픔을 나타낸다. 이러한 것들은 좌절과 절망을 스스로 무력하게 만든 결과이다. 공허한 이미지 중 당신과 가장 관련성이 높은 것은 무엇이며, 이유는 무엇인가?

당신은 자신의 공허함을 채우기 위해 강박적이거나 중독적인 행위를 하고 있는가? 그것이 진정으로 당신의 공허함을 채워 준다고 느끼는가?

텅 빈 유리잔이라도 공기가 가득 차 있다는 사실을 기억하라. 숨을 깊이 들이쉬어 보라. 자신의 공허한 마음속에 무엇이 들어 있는지 놀랄 것이다. 약간의 시간적인 여유를 가지고 생각해 보라.

3. 중독과 긍정적인 정체성을 발견하고자 하는 욕구는 서로 연관성을 가지고 있다. 어떤 사람들은 중독이 정신적인 잘못된 판단이라고 생각한다. 확실히 정체성은 사람의 정신적인 구성 요소이지만, 각자 개인마다 다른 독창성을 지니고 있다. 과거의 선택, 현재의 특징, 지나친 비난에 대한 수치심의 경우 맞서기 힘들 때가 있다. 정체성은 그러한 문제들을 정면으로 직시할 용기를 줘서 진정한 당신의 모습을 좀 더 충분히 알 수 있다.

수치심과 자기혐오

수치심, 나쁨, 5가지 유형의 자기혐오

현재를 살고 있는 사람들은 자기 파괴적 행동의 전문가인 것 같다. 그들은 자신을 공격하는 믿을 수 없는 능력을 가지고 있다. 자신의 욕구를 무시하고, 추잡스런 이름으로 자신을 욕하고, 잘못을 저지르지 않았으면서도 죄의식을 느끼고, 이유 없이 굶기도 하고, 자신의 몸을 칼로 베거나 불로 지지고, 때로는 자살을 시도하기까지 한다. 그들의 행동에 대한 간단하면서도 대답하기 어려운 기본적인 질문이 바로 '왜'이다. 왜 사람들은 물질적으로나 정신적으로 자신에게 상처를 주는가? 자기 파괴적 행동은 만성적 수치심과 강한 분노가 혼합된 결과라는 것이 우리의 견해이다.

분노보다 수치심이 먼저 찾아오며 자신에게 나쁜 감정을 가지게 된다. 사람들에게 이러한 부족한 느낌은 일시적이며, 몇 가지 결함이나 문제로 제한되어 있다.

"사실 내가 지금은 웃음거리가 되고 어리석게 느껴지지만, 곧 괜찮아질 거야."

가끔 수치심이 오래되어 만성이 되는 경우가 있다. 용서와 회복을 넘어서고 구제가 불가능한 나쁜 감정에 휩싸였을 때이다. 이때의 파괴되고 버려지는 행동은 다른 사람이 아니라 스스로 만든 것이다. 깊은 수치심을 앓는 사람은 스스로 자신을 버린다.

"나는 내가 싫다. 내 자신의 곁에 있는 것조차 싫다. 나 같은 사람을 친구로 두는 일은 절대로 없을 거야."

만성적인 수치심을 가진 사람들은 경멸로 자기 존재를 대한다.

강한 분노는 자기혐오를 일으키는 두 번째 재료이다. 수치심이 사람을 우울하고 나약하게 만드는 동안 분노는 공격할 에너지를 공급한다. 따라서 자신에게 화를 많이 낼수록 좀 더 자기 파괴적인 행동을 하는 경향이 있다. 수치심이 자아의 옳고 그름을 판단하고 처벌의 필요성을 결정하는 재판관이라면, 분노는 처벌

을 이행하는 집행관이다. 재판관은 항상 한 가지 처벌만 내리는
것은 아니다. 실제로 수치심에 기반을 둔 자기 파괴적 행동의 경
우 적어도 5개의 판결문이 있을 수 있다.

- 무시. 당신을 무시해야 하며, 당신의 필요와 요구 사항을 들
  어주어서는 안 된다.
- 비난. 어떤 나쁜 일이 일어나도 당신을 비난해야 하며, 당
  신 행동의 결점만 찾아내야 한다.
- 패배. 당신은 확실히 패배해야 한다. 당신은 어떠한 성공과
  능력도 받을 자격이 없다.
- 공격. 물질적으로나 정신적으로 당신에게 상처를 주어야
  한다. 당신의 나쁜 행동 때문에 고통받고 아파해야 한다.
- 죽음. 당신은 스스로 너무 끔찍하기 때문에 죽어 마땅하다.

자기 파괴는 수치심과 분노의 5가지 조합으로 구성되어 있지
만, 자기혐오는 근본적인 조건을 나타낸다. 자기혐오를 느끼면
자기 파괴적으로 변하게 된다. 그때 자기혐오를 느끼는 사람들
은 자신들이 너무나 수치스러워서 온갖 방법을 총동원하여 자
신에게 상처를 줘야 한다고 생각한다. 가끔은 자해하는 행동이
자신을 회복시켜 준다고 여기며, 자기 처벌을 통해 수치심을 줄

이거나 제거할 수 있기를 바란다. 일종의 정화 의식으로 자신의 수치심을 완전히 몰아내려고 하면 충동적으로 폭식과 구토로 이어지는 원인이 된다.

다른 자기혐오자들은 덜 희망적이다. 그들은 스스로 충분히 벌받을 만하다고 믿기 때문에 신체에 상처를 주고 자신을 욕한다. 신체가 다시 완전해질 수는 없다는 점을 흉터가 가리키는 것처럼 신체적인 상처는 정신적인 실패를 의미한다.

자기 파괴적 행동을 유발하는 자기혐오는 다양한 형태를 가진다. 일부는 명확하며, 일부는 미묘하다. 어떤 경우에는 중요하지 않은 듯 보이고, 어떤 경우에는 생명을 위협하기도 한다. 핵심은 행동의 유형이나 크기와는 상관없이 만성 수치심은 자신을 적으로 인식하게 만들 수 있다는 사실이다.

〈자 기 파 괴 피 라 미 드〉

자기혐오 피라미드

자기혐오는 앞에서 언급한 5가지 유형, 즉 자기 무시, 비난, 패배, 공격, 죽음으로 나타난다. 5가지 유형 중 자기 파괴적 행동의 분포는 피라미드 모양이다. 절반 이상의 상당히 많은 자기 파괴적 사건들은 무시와 비난과 관련된 비교적 심각하지 않은 행동들이다. 자기 패배는 그보다 빈도는 적지만 종종 심각한 상처를 가져온다. 자기 공격은 상대적으로 적게 일어나지만 큰 상처를 남긴다. 죽음 시도는 자기혐오에 있어 극도로 위험한 형태이다. 자기 파괴적 행동은 강도와 잠재적 치사율이 상승할수록 빈도는 줄어든다.

사람들은 자기 파괴 피라미드에 약간의 친숙함을 가지고 있다. 거의 모든 사람들은 가끔 자신의 욕구를 무시하거나, 자신에 대해 불쾌한 무언가를 말하고 생각한다. 대부분 자신들이 성공할 만하다고 생각하지 않기 때문에 자기 패배 역시 결코 드물지 않다. 그러나 자기 파괴적 수치심을 가끔씩 경험하는 것이 수치심에 갇힌 상황을 의미하지는 않는다. 피라미드의 높은 단계인 자기 공격과 자살 경향은 지나치게 강하고 완고한 수치심을 가진 사람들에게서 좀 더 자주 발생한다. 수치심과 관련이 있든 없든 심각한 우울증을 앓고 있는 사람들도 마찬가지다.

우리는 행동을 변화시키는 방법을 제안하고, 더불어 자기 파괴적 행동을 자세하게 설명할 것이다.

자기 무시

+

샐리는 훌륭한 관리인이다. 그녀는 사람들에게 지나칠 정도로 관대하고 호의적이다. 그녀는 병원의 선물 가게에서 4주 연속이나 자발적으로 토요일에 일을 하고 있다. 이번에도 다른 사람을 찾지 못한 매니저가 믿음직한 오랜 동료인 샐리에게 나와 달라고 요청했다. 사실 그녀는 대학 농구팀의 경기를 보기로 계획하고 있었지만, 어렵지 않게 계획을 취소해 주었다. 그녀는 정기적으로 자신의 필요와 욕구를 제쳐 두고 사람들에게 호의를 베풀었다. 그녀는 사람들을 돕느라 너무나 바빠 병원에 가거나, 쇼핑을 하거나, 재미있게 놀 시간조차 없었다.

그렇다면 샐리가 혼자 몰래 숨어서 속상해할까? 아니, 전혀 그렇지 않다. 그녀에게는 다른 사람들에게 숨겨 온 혼자만의 비밀이 하나 있었다. 바로 수치심이다. 그녀는 자신이 다른 사람들보다 못하다고 생각하고 있었다. 어떻게든 가치 없는 자신의 모습을 사랑받고 싶었다. 이것이 바로 그녀가 마음을 열고 다른 사람들을 보살피는 일에 많은 시간을 보내는 이유이다.

샐리는 적어도 사람들이 자신의 존재를 너그럽게 봐 주기를 바라면서 행동했다. 그녀는 사람들이 '우리를 돌보기만 한다면 널 참아 줄 수 있어'라고 생각한다고 여겼다. 그녀는 부분적으로는 가치 없는 자신을 벌하기 위해, 한편으로는 사람들로부터 거절당하지 않기 위해 자신을 무시했다.

자기 무시는 자기혐오의 숨겨진 모습이었다. 자기 무시적인 사람들은 간단하게 자신의 존재를 무시해 버리는데, 이는 어릴 적 경험을 반영한 것이다. 자기를 무시하는 많은 사람들은 부모의 관심을 받지 못했던 어린 시절을 기억한다. 결국 자신들에게 무언가 잘못된 것이 있어서 관심을 하찮은 것으로 만들어 버린다고 결론짓는다. 자신이 너무 나빠 부모도 돌보지 않는다면 자신도 자신에게 관심을 둘 필요가 없다고 결정하는 것이다.

그들은 자신을 제외한 모든 사람들에게 주의를 기울이고, 자신을 제외한 모든 사람들을 돌보고, 자신을 제외한 모든 사람들을 염려한다. 수치심을 주는 자신에 대한 처벌은 일종의 영혼의 추방과 같다. 그들은 다른 사람들에게 집중하기 위해 자신의 존재를 멀리 마음 한구석으로 몰아넣어 버린다. 그들은 거절당하지 않기 위해 자신을 거절한다.

수치심으로 고통받으며 타인들을 돌보는 다른 사람들과 마찬가지로 샐리도 지쳐 쓰러질 것이다. 자신을 돌보는 어떠한 행위도 금지되어 있어서 제대로 조절할 수 없기 때문이다. 그녀는 기본적인 욕구를 충족하기 위해 자신이 원하고 바라는 일에 주의를 줄 수 없다. 그것은 이기적인 행동이 될 것이다. 그녀가 자신을 돌보기 시작한다면 사람들은 주변에 있기조차 싫어할 것이라고 믿는다. 그래서 그녀는 사람들이 패배할 때까지 일하고는 다시 기력을 회복할 정도만 쉬고 급히 나온다. 처음부터 다시 사람들을 돕기 시작하는 것이다. 자기 무시는 하나의 삶의 방식이 되었다.

자기 무시를 해결하기 위한 방법을 몇 가지 소개한다.

내면의 자기 돌보미에 귀를 기울여라

사람들의 내면에는 자기 돌보미의 목소리가 존재한다. 자기 돌보미는 이렇게 말한다.

"이봐, 자신을 돌보는 것은 좋은 일이야. 자신에게 필요한 것이 무엇인지 알아도 돼. 자신을 돌보느라 시간을 써도 괜찮아."

자기 무시자들도 다른 사람들과 마찬가지로 이런 목소리를 가지고 있다. 단지 목소리를 듣는 법을 배우기만 하면 된다. 잠시 동안 수치심과 거절에 대한 두려움을 가라앉혀야 한다. 당신이 다만 몇 분이라도 그렇게 할 수 있다면, 깊은 내면에서 말하고 있는 자기 돌보미의 목소리를 들을 것이다. 처음에는 속삭이는 소리처럼 들리지만, 귀를 기울일수록 목소리는 커질 것이다.

자신을 돌보는 일에 전념하라

단지 목소리를 듣는 것만으로는 충분하지 않다. 당신은 충고를 받아들이기 시작해야 한다. 당신의 돌보미가 치과 예약을 잡아야 한다고 하면 바로 실행해야 한다. 그렇게 하려면 자기 무시로 인해 스스로 만든 종신형 생활을 바꿔야만 한다. 상상으로 만들었든 실제로 그렇든, 결함을 가졌다고 여기는 자신을 용서해야 한다. 타인들을 돌보듯 자신도 친절하게 돌봐야 한다는 뜻이다. 당신이 타인들에게 중요하지 않으며, 자신을 위해 사람들에게 무언가를 요구하면 거절당할 것이라는 믿음에 정면으로 맞서야 한다.

실제로 자신을 잘 돌보라

치과 예약만 해서는 안 된다. 예약을 지켜야만 한다. 단지 건강을 유지한다는 의미보다 자기 무시를 끝낸다는 의의가 있다. 당신의 바람이나 욕구도 신경 써야 한다. 스스로 꿈꾸게 하라. 진정으로 하고 싶고, 보고 싶고, 경험하고 싶고, 소유하고 싶은 것은 무엇인가? 당신만의 '소망 리스트'를 만들어서 실행해 보고 필요한 것을 골라 '필요 리스트'로 바꾸라. 내면의 돌보미 목소리가 점차 자랑스러하는 자신의 일부가 되도록 계속 귀를 기울여라.

자기 비난

+

"내가 어떤 일을 하더라도 충분하지 않아. 나는 계속 자신에게 그때 더 잘하고 더 많이 했어야 한다고 말해. 모든 사람들이 나로 인해 행복해하지만, 만족을 모르는 사람은 바로 나야. 내 속에서 누군가가 단점을 지적하는 것 같아."

우리는 이러한 목소리를 '내면화된 비평가'라고 한다. 사건에 따라 비평가의 목소리는 화난 듯이(넌 멍청이야!), 역겨운 듯이(넌 한심해), 실망한 듯이(이게 전부야?), 경멸하는 듯이(넌 바보야!) 들린다. 당신의 비평가는 당신이 생각하거나 말하려고 할 때 귀에 대고 불안하게 하는 메시지를 속삭인다. 당신의 사생활을 방해하기도 하고, 갑작스러운 악담과 욕설로 깨우기도 한다. 당신의 내면화된 비평가는 간간이 말하기도 하고, 좀처럼 사라지지 않는 유령처럼 주변에 출몰하기도 한다.

대개 비평가는 당신의 규칙적인 생각처럼 같은 말을 한다. 가끔씩 목소리는 누군가가 욕을 하기 위해 당신의 뇌 속으로 잠입해 들어온 것처럼 들린다. 부모, 배우자, 상관 같은 사람은 식별할 수 있는 목소리지만, 과거에 그들이 했던 말과 같은 말만 반복할 것이다. 그렇지 않으면 그 목소리는 당신에게도, 특정한 다른 사람에게도 속할 수 없게 된다. 당신의 목소리처럼 또는 다른 사람의 목소리처럼 들리든, 속삭이든, 소리를 치든, 그 메시지는 모두 너무나 명확하게 말한다.

"네가 또 망쳐 놨군. 너는 절대 제대로 하는 일이 없을 거야."

자기 비난자는 마치 자신이 재판 중에 있는 것처럼 생활한다. 자신은 기소를 준비하는 지역 변호사처럼 행동하고, 도시에서 최고로 능력 있는 검사를 지명한다. 교수형을 즐기는 가혹한 재판관을 판사석에 앉히고는 마침내 가장 나약하고 실력 없는 변호사를 선임한다. 의뢰인이 정말로 유죄라고 생각한다면 싸움을 걱정할 이유가 있겠는가? 이 무능한 변호사가 할 수 있는 유일한 양형 거래는 지속적인 수치심을 가하는 형벌에 동의함으로써 당신의 목숨을 구하는 것이다.

그렇다면 자기 비난자는 정확하게 무엇 때문에 자신에 대해 비난하는가? 물론 그들에게는 자격이 없다. 그들은 능력이 부족하고, 더 잘했어야 하고, 실수를 저지르고, 무심하고, 이기적이고 탐욕스럽고, 치명적인 결함을 가졌다.

유죄로 판명된다면 어떤 처벌이 내려질까? 첫째, 압도적인 수치심을 느끼게 한다. 둘째, 당신은 가족이나 직장 등에 진정으로 소속되지 못하고 추방당한다. 셋째, 앞으로도 충분한 자격을 가지지 못할 것이다. 당신의 실수에 대해 지금까지 종신형을 받아 왔음이 판명될 것이다.

재판이 하나뿐이라면 충분히 나쁠 수 있지만, 자기 비난자들은 계속해서 반복적으로 기소를 준비한다. 그들은 나약함과 결함에 대한 징후를 찾기 위해 지속적으로 삶의 내용물들을 조사한다. 아무도 완벽한 사람이 없기 때문에 그들은 항상 증거들을 찾아 다시 법정으로 가지고 간다.

자기 비난자들은 왜곡된 자아의식을 가지고 있다. 그들은 오로지 수치심에만 관여하고 있으며, 자신이 올바르게 한 일이나 삶의 긍정적인 측면들은 좀처럼 알아차리지 못한다. 마치 자신의 결점에 완벽하게 초점을 맞추어 스스로 카메라로 촬영하는 것과 같다. 자신에게 잘못된 점에 집중하기 때문에 실수를 저지르는 인간으로서 자신들을 용서하기가 불가능해 보인다. 자신들의 훌륭함을 받아들일 수 없는 그들은 전체적인 자아를 지금까지 포기해 왔다.

자기 비난은 하루아침에 멈출 수 있는 것이 아니다. 내면의 비판적 목소리는 단순히 지치거나 멀리 가 버리지 않지만, 시간이 지남에 따라 목소리의 규모에서는 균형을 맞출 수 있다. 우선 당신의 비평가와 나란히 함께 말하는 내면의 칭찬 목소리를 개발함으로써, 결국에는 인간의 조건에 해당하는 당신의 강점과 약점을 받아들이는 법을 배움으로써 가능하다.

자기 비난자들은 사실은 유죄이다. 그러나 그들이 저지른 범

죄는 단지 인간이라는 점이다. 자기 비난을 통한 처벌이 아니라, 모든 인간은 결점을 가지고 있다는 사실을 이해하고 받아들이는 법을 배워야 한다.

자기 패배

+

"저는 성공의 문턱에서 실패를 떼어 내는 전문가입니다. 예를 들어, 저는 대학 합격 통지서를 다시 돌려보내지 않았다는 이유로 장학금을 받을 기회를 놓쳤습니다. 저는 사랑하는 사람과의 결혼 약속을 저버렸습니다. 지난달에는 만점을 받고도 관리자 훈련 프로그램에서 낙제했습니다. 나는 왜 이럴까요?"

자기 패배자들은 실제로 할 수 있는 일을 성취하는 것에 정기적으로 실패하는 사람들이다. 종종 인생에서 중요한 측면(직업, 관계)의 실패를 의미한다. 아마도 중요한 업무에서 기대에 미치지 못하는 성과를 내면 생각보다 자주 자기 패배가 나타날 것이다. 왜 이러한 일들이 일어나는가? 자기 패배자들은 두 가지 주요한 이유로 실패한다. 첫째, 스스로 성공할 자격이 없다고 생각한다. 둘째, 자신들이 너무나 성공적이어서 거절당할까 두려워 실패한다.

첫째 이유는 성공할 자격이 없다는 믿음에서 비롯된다. 자발적 수치심과 분노는 자신의 능력을 신뢰하지 못하게 막는다. 자신에게 성공을 가져다줄 업무, 계획, 프로그램 등을 망쳐 버린다. 그들은 스스로 사랑, 친절, 애착 같은 것을 받을 자격이 없다고 여긴다. 그들의 개인적인 관계 또한 서서히 약화되는 이유이다.

자기 패배자들은 자기 파괴 공작원이기도 하다. 자신이 성공을 위해 시도한 일을 몰래 파괴해 버린다. 자기 패배자들은 능력과 가치를 향해 노력하는 자기 존재의 일부를 꺾어 버린다. 그들은 완벽하게 할 수 있는 일들을 하지 않음으로서 조용히 실패를 부른다. 진정한 수동 공격자들은 스스로 사람들을 제어하기 위한 의도라고 여겨지는 행동으로 사람들을 좌절시키는 일은 절대로 하지 않는다. 수동 공격적인 자기 파괴 공작원들은 자신들에게 수치심과 분노가 가득하다는 사실을 의식적으로 깨닫지 못한다.

반면 일부 자기 실패자들은 자신의 역경을 완전히 인지하고 있다. 매번 그들이 성공에 근접할 때마다 수치심을 야기하는 머릿속 목소리의 크기는 훨씬 커진다. 단지 그들이 생각할 수 있는 것은 자신들이 얼마나 나쁜지 알아보는 것이다. 그들의 수치심은 그들이 모든 것을 망치기를 바라고 실패를 요구한다. 그들이 실패하면 무능함의 타당성을 다시 한 번 증명하는 것이 된다.

두 번째 주요 원인은 거절 두려움이다. 사실 자기 실패자들은 실패를 이용하여 자신을 벌한다. 자신들의 성공으로 누구도 위협받지 않아서 실패해도 오히려 안도감을 느낀다. 일부 사람들에게 자기 실패 행동의 원인은 자신들이 성공하면 다른 사람들이 불행해지거나 질투할 것이라는 강한 믿음이다. 질투하는 부모, 형제자매, 학교 친구, 동료, 상관 같은 사람들로부터 거절당하는 위험을 떠안기보다 차라리 스스로 실패하거나, 성공에 제한을 가하는 편이 낫다고 생각한다.

과거 자신들의 성과에 사람들이 부정적으로 반응했던 특정 사건을 기억할 수도 있다. 그들은 안전하다고 느끼는 것과는 상관없이 타인들에게 능력을 숨겨야 소속감을 느낀다. 그런 이유로 타인들과 다르면 위험하고 수치심을 불러오기 때문에 무슨 수를 써서라도 피해야만 하는 것이다. 그들은 거절 두려움으로 인해 자기 패배 행동을 선택해 자신을 벌한다.

자기 패배 행동을 회복하려면 두 가지 주요 원인이 해결되어야 한다. 먼저 성취로 인한 두려움부터 시작해 보자. 스스로 두려움이 어떻게 발생하게 되었는지 물어보는 것은 매우 중요하다. 무언가를 너무 잘해서 사람들이 당신을 비난하거나, 벌주거나, 무시했던 사건이 있었는가? 거절당할 위험을 감수하기보다 성과를 제한하는 것이 더 안전하다고 언제 결정하는가?

과거 사건만큼 중요한 것은 '당신이 지금 성공하는 것이 얼마나 위험하다고 생각되는가?'라는 질문이다. 당신을 행복하게 하는 사람은 누구인가? 당신의 업적을 축하해 주는 사람은 누구인가? 우울해하거나 질투할 사람은 누구인가? 실패하고 낮은 성과를 올리는 것 외에 타인들의 불만을 처리할 방법은 무엇인가? 일단 위의 모든 질문에 대답하고 나면 지금 당신의 인생을 지배하고 있을지도 모를 거절 두려움이 얼마나 많은지 스스로 결정할 위치에 서게 될 것이다.

그렇다면 자신이 성공할 가치가 없다고 생각하는 개인적 신념은 어떠한가? 당신의 모든 긍정적인 노력을 약화시키는 수치심과 의심과는 어떻게 싸워 나갈 수 있을까? 오로지 자아 개념을 향상시키기 위한 꾸준한 노력이 있어야만 가능하다. 당신은 조용하지만 단호하게 지나친 수치심에게 밝혀야 한다. 당신을 제어하도록 가만두지 않겠다는 거절 의사를 말이다.

실패를 통해 당신을 알리는 행위를 하지 않겠다는 개인적인 약속도 해야 한다. 물론 약속만으로는 부족하다. 당신은 자기 패배 패턴이 언제, 어디서, 어떻게 효과가 나타나는지 검토해야 한다. 그러면 당신의 실패가 거의 하나의 의식처럼 뚜렷한 순서를 따르고 있다는 사실을 깨달을 것이다. 평소 당신을 방해했던 시간에 접근해 갈수록 실패에 대한 강한 압박감을 느낄 것이다. 그때가 바로 성공에 따르는 불안을 처리해 줄 진정한 친구의 지원이 절실하게 필요할 때이다. 실패 의식을 파괴하는 행위는 지속적이고 의식적인 생각을 요한다. 당신에게는 창의적이고 경계를 늦추지 않는 자세가 요구된다.

자기 공격

+

"나는 자신을 증오하기 때문에 스스로 상처를 준다. 나는 '암캐'나 '창녀' 같은 단어로 자신에게 욕을 한다. 그것으로도 충분하지 않다. 나는 내면의 고통만큼 외부적으로도 고통을 주기 위해 가끔씩 몸에 벌을 가해야 할 필요성을 느낀다. 그때가 바로 내 몸을 자르고 불태울 때이다."

자기 공격은 사람들이 인식하는 것보다 훨씬 더 보편적이다. 가끔씩이라도 갑작스러운 실패나 수치심 반응으로 자신에게 더러운 욕을 해보지 않은 사람이 누가 있겠는가? 이따금씩 머리카락을 잡아당기거나, 머리를 쥐어박거나, 그것도 모자라 너무나도 화가 난 나머지 벽을 주먹으로 세게 때리는 사람이 있지 않은가.

당신을 맹렬히 비난할 때 "멍청이!"라는 말을 할지도 모른다. 갑작스러운 처벌은 수치심에 대한 당신의 기분을 잠시 경감시켜 준다. 그러나 스스로 당신의 몸에 상처를 입혔다는 사실을 깨달으면 오히려 기분은 악화될 것이다. 대부분의 사람들에게 자아에 대한 분노 수치심은 드물고 제한적인 강도를 보인다. 그렇다고 항상 진실로 적용되지는 않으며, 자기 공격은 일부 사람들의 삶에서 완전하고 지배적인 부분이 될 수 있다.

수치심과 분노가 가장 강력한 수준에서 결합할 때, 단순히 능력 이하의 성과를 올리거나 실패하는 것은 충분하지 않다. 그 정도의 자기 패배 행동은 자신들의 존재감을 증오하고 경멸하는 사람들에게는 지나치게 수동적이다. 그들은 매우 규칙적으로 자신이 말로 표현할 수 없을 정도로 불쾌하다고 생각한다. 그들은 말로 자기 가치를 공격하고, 가끔은 물질적으로 신체를 공격한다. 욕하고, 자르고, 불태우고, 머리를 세게 때리고, 기타 고문 같은 행동을 한다. 자신들은 반드시 고통받아야 한다는 메시지이다. 그들의 신체적인 상처는 정신적인 번민을 구체적이고 시각적인 무언가로 전환한다. 그들의 존재를 향한 내면적 고뇌와 극심한 고통을 보여 주는 역할을 하는 것이다.

자기 공격적 행동의 의미가 폭넓게 다양하다는 사실을 언급하고 싶다. 모든 개인은 자신이 자초한 고통 속에 독특한 메시지를 가지고 있다. 메시지의 일부는 수치심 자체와는 거의 관련이 없어서 추측하지 않는 것이 중요하다. 하지만 핵심 메시지인 상처의 깊은 의미를 들을 수 있다면 많은 것들이 수치심과 관련되어 있다는 사실을 알게 될 것이다.

"나는 자신이 나쁘기 때문에 스스로 상처를 준다", "나는 수치스럽고 두렵기 때문에 자신에게 상처를 준다", "나는 어쨌든 느끼기 위해 자신에게 상처를 준다", "나의 고통에 당신의 주의를 집중시키기 위해 자신에게 상처를 준다", "나는 주관적인 고통에 현실성을 부여하기 위해 자신에게 상처를 준다", "나는 타인들이 나를 욕보였던 방식으로 자신을 욕보인다", "나는 감정적인 고통에서 주의를 돌리기 위해 자신에게 상처를 준다", "나는 상처받아야 마땅하기 때문에 자신에게 상처를 준다", "나는 나쁜 것들로 가득 차 있기 때문에 자신에게 상처를 준다" 등이다.

때로 자기 공격자들도 타인들에 의한 분노를 자신들에게로 돌린다. 타인들보다 자신을 공격하는 것이 더 쉬울 때, 특히 분노를 크게 표출하는 것이 현실적으로 덜 위험할 때 발생한다. 신체적, 성적 학대의 피해자인 아이들과 성인들이 주로 경험하는 방식이다. 분노에 차서 무언가를 해야 하지만, 감히 두려워 학대자에게는 직접적으로 하지 못한다. 대신 너무나도 나약해 공격을 막을 수 없는, 수치심이 있는 내면으로 방향을 돌린다. 안타깝게도 내면으로의 방향 전환은 결국 자신에 대한 학대자가 된다는 의미이다.

자기 공격적 행위는 치명적이지는 않다. 누군가 자신의 신체에 물리적인 고통을 가할 때는 겉으로 보기보다 위험하지는 않다. 그러한 공격은 자살 시도는 아니며, 단지 자신을 처벌하는 중일 뿐이다.

자기 공격자는 자신에게 해를 입히는 행위를 그만둘 수 있을까? 확실히 가능하다. 그러나 자아를 향한 각각의 공격이 수치심을 가중시키면서 자존감을 낮추게 되고, 자기 공격은 스트레스에 맞서는 습관성 반응이 될 수 있으며, 자기 공격이 진행되는 동안 뇌는 모르핀처럼 진통 효능이 있는 화학 물질을 중독을 일으킬 정도로 분비하게 된다는 세 가지 주요 원인으로 인해 자기 공격을 낮추기는 어려워진다. 그럼에도 변화는 가능하다. 사람들은 자신이 죽을 때까지 무자비하게 스스로를 공격할 운명은 아니다. 이것은 존재의 목적도 이유도 아니다.

변화는 자해적인 생각과 행동에 일시적인 중단을 선언함으로써 시작된다. 북아일랜드 가톨릭교도와 신교도, 이스라엘과 팔레스타인 간의 전쟁 같은 장기간의 전쟁에 휴전을 선언하는 것과 흡사하다. 휴전 선언에도 불구하고 여전히 잦은 충돌과 사건들이 발생하기도 한다. 가끔씩 발생하는 욕설과 신체적인 상해가 거기에 해당된다. 억제하지 않고 그대로 둔다면 휴전임에도 발생하는 각각의 폭력성은 다시 전면적인 전쟁으로 이어질 것이다. 대개는 현명한 지도자들에 의해 극복된다. 평화가 진정으로 원하는 것이라는 점을 사람들에게 상기시켜 주는 것이다.

당사자들에게 특별한 휴전은 자아 수치심을 유발하는 부분

(지속적인 처벌을 주장하는)과 수치심 유발자와 계속해서 싸워 나가기를 원하는 자기 관리 부분이 해당될 것이다. 휴전 선언은 양측 모두에게 대화를 시작할 시간적 여유를 준다. 대화의 최종 결과는 적당하고 일시적인 수치심과 만성적인 수치심을 긍정적 자아 존중감으로 전환하는 것이다.

목표는 자학적인 행동을 멈추거나 최소화하는 것이다. 자아 공격성은 타인에 대한 분노로 잘못 흘러갈 수 있다. 따라서 목적 달성을 위한 적극성 훈련은 상당히 유용하다. 조사해 볼 만한 다른 방법들도 있다. 자신에게 상처를 주는 대신 수치심을 주지 않는 사람들로 구성된 지원 네트워크를 형성하거나, 자기 공격 메시지의 근원을 이해하게 도와줄 치료사를 찾는 것이다.

긍정적인 형상화도 유용하다. 예를 들어, 당신에게 지속적인 처벌을 선고했던 판사는 은퇴하고 이제는 당신을 자유롭게 놓아줄 자비로운 판사로 교체되었다고 상상해 보라. 당신은 자신이 과거에 했던 일이나 실패한 일에 맞는 충분한 처벌을 받지 못했다고 생각되는가? 보다 나은 현실로 진입하기 위해 지금은 과거의 고통과 수치심에서 벗어나야 한다고 생각하지 않는가?

죽음

+

"나는 인간에 대한 불쌍한 변명이다. 나는 쓰레기다. 아무도 나를 좋아하지 않는데, 사람들은 왜 그렇게 행동할까? 나는 사랑할 가치도 없다. 내가 죽는다면 모든 사람들에게 이득이 될 거야. 나는 오늘 자살할 거야. 내게 그럴 배짱만 있다면 말이지."

자살 충동과 자살 시도의 원인은 많다. 자살을 생각하는 많은 사람들은 엄청난 우울증에 시달리고, 자신들이 다시 행복해질 거라는 희망을 잃어버린 상태다. 애인에게서 버림받은 10대나 심각한 질병을 진단받은 성인처럼 때로는 중요한 사건이 자살 충동을 자극할 수도 있다. 특히 우리는 수치심과 분노의 심각한 조합이 자살을 조장한다고 믿고 있다. 이러한 조합은 자신이 쓸모없거나 나쁘다고 여겨 죽어야 한다고 생각하는 사람들을 양산한다.

수치심으로 가득 찬 "나는 존재해서는 안 돼"라는 말은 살인을 조장하는 말이다. 수치심에 충분한 분노만 추가되면 사람들은 삶을 끝낼 완전한 능력을 가진 인격을 가지게 된다. 그들은 자신의 존재에 분노하고 제거할 방법을 도모한다. 심지어 자신의 몸을 자아에게서 제거해야 할 물건처럼 취급하며 "죽어야 돼!"라고 자아에게 크게 소리친다. 그들은 종종 자신의 손으로 직접 죽어야 하고, 또 그렇게 죽는 것이 운명이라는 확신을 느낀다.

수치심이 원인인 많은 잠재적 자살자들은 내면화된 파괴자를 가지고 있다. 파괴자의 목소리는 자신들은 죽어야 하며, 자기 몰살이야말로 내면의 파괴자를 최고로 만족시킬 유일한 수단이라고 주장한다.

자살 충동을 느낄 정도의 수치심을 가진 사람들은 '나는 시험에 실패했다'는 한 가지 생각으로 고통받는다. 그렇다면 정확하게 '시험'이란 무엇인가? 바로 '나는 존재할 자격이 있는가?'라는 전체적 가치이다. 그들의 대답은 "절대로 아니야"이며, 그들이 행하는 처벌이 바로 죽음이다.

희망은 있다. 자신은 죽고 싶다는 바람을 바꿀 수 있다. 인생은 시험이 아니라는 사실을 스스로 깨닫는 것이다. '존재할 자격'에는 어떠한 공식적인 기준이 없다. 시험 자체가 없어서 당신은 실패할 아무런 이유가 없는 것이다. 모든 이들에게 살아갈 자격이 있으며, 비교는 아무 의미가 없다.

우리는 수치심을 기반으로 한 자살은 예방할 수 있다고 믿고 있다. 우선적으로 자신들이 타인들에게 중요한 존재라는 사실을 기억해야 한다. 그들이 자살한다면 사람들은 진심으로 그리워할 것이다. 또한 자신의 내면화된 파괴자와 맞서 싸우는 신체와 연락해야 한다. 아무리 자살 충동을 느낀다 해도 내면에는 항상 생명의 불꽃이 존재한다. 개인의 내면에 존재하는 '자기 수호자'는 삶 자체에 가치를 부여한다. 더구나 자기 수호자는 '삶은 소중한 것'이라는 대진리를 감지한다. 이러한 진리는 '나는 존재한다'라는 간단한 문장으로 표현된다.

'나는 존재한다'는 말은 수치심으로 인한 자살 성향이 있는 사람들을 위한 치료 원칙이다. '나는 존재한다'는 단순한 선언적 문장이지만 어떠한 자격도, 수식어도, 비교도, 사과나 변명 따위도 필요 없는 말이다. '나는 존재한다'는 말은 사실이며 판단이 아니다. 단지 누군가 살아 있다는 명백한 사실을 말하고 있는 것이다. 사람들이 살아가는 이유는 전 우주에 알려져 있다. 삶의 진실은 반론할 여지도 없이 확실하다. '나는 존재한다'는 진리는 과거도 미래도 아닌 현재의 사람들에게 초점을 맞춘다.

'나는 존재한다'는 진리는 사람들이 직면하는 모든 수준의 자기 파괴적 수치심에 맞서는 기본적인 치료 원칙이다. 자기 무시자들에게는 자신을 돌봐야 한다는 사실을 기억하게 도와주고, 자기 비난자들에게는 비난적인 판단을 적게 하도록 도와준다. 자기 파괴 공작원들에게는 자신의 일을 약화시키는 행위를 중단하게 도와주고, 자기 공격자들에게는 형 집행 정지를 요청하게 하며, 자기 파괴자들에게는 자신의 존재를 받아들이도록 도와준다. 결국 '나는 존재한다'는 진리는 자아를 다시 자아로 복귀시킨다.

연습 문제

1. 자기혐오로부터 고통받는 사람들을 위한 아주 중요한 계획 중 하나는 자기 돌보미의 목소리를 찾는 것이다. 우선 당신에게 자기혐오가 있다면 자기 돌보미의 목소리는 모습을 숨겨야 했을 것이다. 누군가에게 심하게 두들겨 맞은 경험이 있는 강아지처럼 당신이 부르면 다시 나갔다가 두들겨 맞을까 염려되어 은신처 뒤로 숨어 버린다. 따라서 당신이 직접 찾아 나서야 한다.

한 가지 방법은 중고품 할인점으로 가서 방치되고 버려진 동물 인형이나 튼튼한 조각상을 찾아 집으로 데려오는 것이다. 사람 손에서 소중히 다루어진 시간이 어느 정도 흘렀을 것이다. 눈에 자주 띄는 곳에 두고 무엇을 필요로 하는지 곰곰이 생각해 보라. 그것이 원하는 일을 개인적으로 해주라. 따뜻한 온기를 원하면 밖으로 데리고 나가 따뜻한 햇살 아래 함께 앉아 보라. 세척을 원하면 수영장에 데리고 가라. 선명하게 세상을 볼 공간을 원한다면 창가에서 잠시 동안 밖을 보게 해주라. 격려를 원하면 농담으로 분위기를 띄워 주거나, 재미있는 영화를 보여 주라.

열심히 돌봐 줄수록 당신은 더 많은 목소리를 듣게 되고, 더 많은 일을 해줄 수 있게 된다. 당신이 계속해서 돌보면 다시 한 번 당신의 목소리로 변할 것이다.

2. 자기혐오에 균열을 만들고 자기 구제의 과정을 시작하는 것이 당신의 바람일 것이다. 자기혐오가 우울증에서 온 것이 아니라면, 너무나 수치스러워서 당신이 다시 인간성을 회복하지 못할 것이라고 믿는 일의 결과이다. 우리를 찾아온 한 남성은 자신이 절망적이라고 했지만, 균열 중독에서 회복되어 다시 학교로 돌아갔다. 지금은 다른 균열 중독자들을 도와주는 상담가가 되었다.

원래 그는 자신을 의지해서 정직하고, 믿을 수 있고, 옳은 일을 할 수 있다고 생각했다. 그러나 그는 그렇게 할 수 없었다. 그는 재혼해서 아내와 딸과 함께 행복하게 살고 있음에도 바람을 피웠다. 아내가 알게 되어 온 가족이 그를 버리고 떠났다. 그는 결혼 생활을 회복하고 싶었지만 두려웠다. 다시금 정직하지 못한 일을 저질러서 아내와 가족들에게 상처를 줄 것만 같았다. 그는 더 이상 자신을 신뢰하지 않았고, 그가 한 일들이 옳은 일이라는 생각도 들지 않았다. 그저 도덕적인 인간이 되지 못한 자신이 원망스러울 뿐이었다.

우리는 그에게 크고 오래된 나무가 있는 숲에 가 보자고 제안했다. 높이 솟아 있는 나무마다 커다란 구멍이 났거나 가지가 부러져 있었다. 어떤 나무는 금속으로 된 지지대를 가지고 있었고, 나무에 난 상처도 또렷하게 보였다. 우리는 그에게 앉아서 나무 중 하나와 대화를 나눠 보라고 했다. 나중에 그가 돌아와서 한 시간 동안 앉아 있었고, 지금은 자신에 대해 좀 더 이해할 것 같다고 했다. 그는 더 이상 자신을 증오하지 않게 되었고, 모든 존재하는 것들은 살아가며 어떤 방식으로든 상처를 입게 된다는 사실을 깨달았다. 어떻게 나무들이 상처 속에서도 제대로 자라날 수 있었는지도 알게 되었다고 했다. 그는 "저도 계속해서 성장하기 위해 열심히 노력한다면 나무들처럼 될 수 있을 거 같습니다"라고 말했다.

산책을 나가 자신에게 상냥하게 말을 걸어오는 것이 무엇인지 찾아보라. 당신의 자기혐오를 악화시키는 것은 피하고, 예전에는 알아채지 못했던 당신의 주의를 끄는 무언가에 집중하라. 당신의 우뇌가 도와줄 테니 제대로 못 한다고 너무 염려하지 말라. 당신을 불러 세우고 상냥하게 말을 걸어오는 것을 찾으면 함께 시간을 보내라. 그것이 당신의 인생에 대해 알려 줄 사항이 무엇인지, 당신에 대해 더 좋은 감정을 가질 충고를 해줄 수 있는지 물어보라.

3. 자기혐오는 거름 더미 속에 앉아 있는 느낌과 약간 비슷하다. 잘 만들어지고 깨끗한 거름조차도 냄새가 지독하고 건강에는 좋지 않다. 당신이 자리를 박차고 일어나기 전에는 온몸이 더러워진다. 자기혐오 제거는 상당한 정화 효과를 얻는 것이다.

우리는 감정적인 과정과 자기혐오를 놓아 버리는 것을 이야기하고 있다. 상상 속에서 가능하지만, 현실에서는 소나기를 맞으며 할 수도 있다. 그것을 놓아 버릴 수 있는 비결이 거기에 있다.

소나기나 비를 맞으며 서 있다고 상상해 보라. 당신의 몸 위로 빠르게 떨어지는 물은 모두가 연한 파스텔 색이다. 빗물은 당신의 주변에서 원을 그리며 떨어지거나, 당신의 몸을 타고 흘러내린다. 당신의 주변에 있는 칙칙하고 어두운 색을 씻어 내린다. 당신은 그러한 것들이 소용돌이치면서 배수구로 빠져나가는 모습을 본다. 파스텔 색의 물이 당신의 몸을 적시고는 주변까지 넘쳐 흘러간다. 어두운 색들은 서서히 사라지면서 소용돌이가 되어 배수구로 빠져나간다. 물속에 빛이 모여 있는 한 지점이 보이면 당신 몸의 일부나 빛의 아우라를 그곳에 넣어라(현실이든 상상이든). 빛보다 강한 것은 없으며, 파스텔 색의 빛이 당신 몸에 있는 *끈끈한 오물들*을 모두 없애 줄 것이다.

자신에게 등을 돌리는 대신 당신이 할 수 있는 아주 쉽고 명확한 시각화를 적어도 매일 하루에 한 번씩 해보라.

부끄러움이 말해 주는 것들

초판 1쇄 인쇄 2016년 9월 30일
초판 1쇄 발행 2016년 10월 7일

지은이 패트리샤 S.포터-에프론, 로널드 T. 포터-에프론
옮긴이 김성준

펴낸이 박세현
펴낸곳 팬덤북스

기획위원 김정대·김종선·김옥림
편집 김종훈·이선희
디자인 강진영
영업 전창열

주소 (우)03966 서울시 마포구 성산로 144 교홍빌딩 305호
전화 070-8821-4312 | **팩스** 02-6008-4318
이메일 fandombooks@naver.com
블로그 http://blog.naver.com/fandombooks

등록번호 제25100-2010-154호

ISBN 979-11-86404-71-3 03320